梦山书系　"新时代课堂教学深化改革"丛书　丛书主编◎余文森　陈国文

基于学科实践的课堂教学新样态

莆田市第二实验小学◎编写

丛书编委会

主　　　任：彭鲤芳　余文森
副　主　任：曾国顺　柯健俊
委　　　员：陈国文　刘家访　章勤琼　李功连　龙安邦
　　　　　　刘洪祥　方元山　胡　科　杨来恩　郑智勇
　　　　　　李政林　蔡旭群　丁革民　白　倩　程明喜
　　　　　　陈国平　魏为燚
总　主　编：余文森　陈国文
副总主编：刘洪祥　胡　科　杨来恩　李政林　郑智勇
总主编助理：陈国平　魏为燚

本书编写人员

主　　　编：龚朱红　崔玉兰　刘洪祥
参与人员：唐金建　林淑娴　朱冰华　张惠双　林淑芬
　　　　　　林丽娜　崔春玉　傅娇红　方　丽　蔡俊萍

总　序

2022年3月，教育部印发了国家义务教育阶段新的课程方案和16门课程标准。福建省莆田市教育局为了落实新课标，推进基础教育高质量发展，决定与福建师范大学联合开展新课标样本学校和领头雁培育项目研究，在全市遴选20所学校和100名教师作为样本，在福建师范大学专家团队的引领下开展新课标实施研究，打造一批落实新课标的示范学校，造就一支落实新教学理念的名优教师队伍。

我荣幸地担任福建师范大学专家团队的负责人，每个月带领团队成员分赴20所样本校开展调研与指导。我曾从2014年开始全程参与了普通高中和义务教育阶段的新课标修订，对新课标新理念新精神新追求充满了憧憬和期待，现在正好借着这个项目来变理想为现实、变理论为实践、变蓝图为成果。这个过程同样是充满挑战的过程，是课程改革更为重要的阶段。目前这个项目就成为我当下的主要科研工作了。

作为一个项目，它一定有其任务和目标的指向性。具体来说，就是如何有效指导样本校的改革，让新课标真实、深刻地在学校发生，使之尽快地出经验出成果出品牌，尽早地成长为实施新课标的样本和典范，从而发挥示范和引领作用并带动其他学校发展。

如同我们大学教授带研究生一样，我们认为做好这个项目最关键的环节是帮助各个学校确立自己的研究方向和主题。这些研究方向和主题从哪里来呢？毋庸置疑，它们来自新课标——是新课标教学改革的重点、难点和支点。我们从中梳理了以下问题：如何确立和编写核心素养教学目标？如何基于核心素养教学目标开展教学？如何推进从以教为主走向以学为主、建立新型的学习中心课堂？如何构建适应学生差异的个性化教学体系？如何实现育人方式从"坐而论道"转向"学科实践"、构建基于学科实践的课堂新样态？如何实现教学内容的统整化、实现基于大概念的大单元教学？如何有效推进跨学科主题学习？如何构建全学科整本书阅读体系？等等。显然这些问题是新课标深化改革的"关键环节和重点领域"。

  我们在深入各校调研的基础上，结合学校已有的改革经验和优势，围绕上述问题，指导学校从中确立自己的研究方向和主题。比如莆田实验小学确立了"以大概念为本的大单元教学实践探索"、莆田第二实验小学确立了"基于学科实践的课堂教学新样态"、莆田市教师进修学院附属小学确立了"核心素养教学目标的确立、编写与使用"、莆田梅峰小学确立了"跨学科主题学习的实践探索"、莆田市城厢第一实验小学确立了"基于读思达的学习中心课堂建设"、莆田市荔城区黄石中心小学确立了"全学科整本书阅读体系构建的实践探索"等等。确立研究方向和主题之后，我们基于理论和实践的有机结合引领学校进行了全方位和全过程的探索，并指导学校对探索的成果进行及时的提炼和归纳，在多次反反复复的讨论和修改之后，完成了书稿。

  应该说，这只是完成了研究工作的初始目标，接下来我们要指导和推进学校的改革逐步走向细化、深化，提炼和总结更出彩的案例、课例和文章，使改革成为学校的特点、品牌，并向外进行传播和辐射，带动越来越多的学校和地区真正走进新课标。

前　言

在学校改革的历程中，莆田第二实验小学有注重实践的传统，综合实践活动曾经开展得如火如荼，但是一直把综合实践活动与学科课堂教学视为两个平行的轨道。直到新课标提出学科实践，我们眼睛为之一亮，看到了两者的交集和融合。我们真切地感受到了，只有学科实践才能让实践真正地走进教育，实践能力和创新精神的培养才能真实落地。我们学校义无反顾地选择"学科实践"作为新课标落地的改革主题。在余文森教授团队的多次指导和我们学校的不断研讨中，我们提炼出了学科实践"五进"实施策略，让实践浸润和引领全学科全过程的教学。

我们经历了一个不断学习、不断探索、不断研讨的过程。通过不断学习我们认识到，学科实践在根本上是一种学习方式，是一种实践参与和具身参与下的高阶学习、完整学习，有利于激发学生的学习活力和创造力，有助于学生核心素养的形成和发展。在不断探索中我们发现，学科实践在我们二实小将会是一种能够助力学生学习、教师成长、学校发展的制胜"法宝"。专家指导下的不断研讨让学科实践变得清晰而慢慢落地，特别是在学科实践"五进"策略的基础上，我们最终确立了"基于学科实践的课堂教学新样态"的研究主题。本书就是对我们所经历的这个学习、探索和研讨过程的反思、总结。

本书围绕"基于学科实践的课堂教学新样态"这一核心问题，在探讨了学科实践的基本精神及"五进"单元教学的策略之后，重点研究了"从实践中来，到实践中去"的实践型课堂教学范式建构，以及如何在各学科教学中实施的问题。主要内容如下：

第一章，主要分析了学科实践的基本精神。首先分析了学科实践的实践性、学科性和学习性，它们是探究学科实践课堂样态的前提。然后分析了学科实践的教学意蕴，从革新知识本质、转变学习方式、变革育人方式三个方面把握了学科实践落地教学的内在旨归。最后分析了积极探索学科实践落实的价值定位，包括知识学习、知识运用和知识创新。

第二章到第六章，主要以单元整体教学设计为视角，系统探究了学科实践进入各个教学设计环节的要求和路径等问题，并以具体的学科实例加以阐释。主要涉及学科实践进目标的要求和路径、进内容的意蕴和路径、进活动的要义与思路、进作业的内涵和意义、进评价的一致性要求等，相应地结合语文、数学、英语、道法、科学、艺体、劳动等学科加以实例展示，做到叙述与举例相结合。

第七章，主要分析了学科实践课堂的新样态及其教学设计。在前六章研究的基础上，本章试图从整体上建构出基于学科实践的单元整体教学的基本范式。遵循"从实践中来和到实践中去"的基本思路，构建出"试一试、议一议、用一用、评一评"的多维实践活动，旨在促进学科知识积极转化为学科素养。它们作为一个整体，表现在教学设计和实施中就是实践以习得知识的"情境与任务""探究与交流""概括与提炼"和实践以运用知识的"迁移与拓展"。在范式构建的基础上，积极探索和完善各学科教学设计，初步形成了一些典型的学科教学案例。

本书旨在分享我们在探索"基于学科实践的课堂新样态"过程中的认识、思考和经验。由于探索的时间较短，经验尚不丰富、思考有待深入，书中的欠缺和不足还有很多，恳请各位读者和专家批评指正。我们自己也会继续学习和探索，不断将学科实践课堂研究深化下去、细化下去。书中参考了众多专家和同行的研究成果，在此深表谢意。

目　录

第一章　学科实践的基本精神 ·· 1
　第一节　学科实践的内涵特点 ·· 1
　第二节　学科实践的教学意蕴 ·· 4
　第三节　学科实践的价值落实 ·· 9

第二章　学科实践进目标 ·· 13
　第一节　学科实践进目标的要求与路径 ································ 14
　第二节　学科实践进目标的学科实例 ·································· 18

第三章　学科实践进内容 ·· 34
　第一节　学科实践进内容的意蕴和路径 ································ 34
　第二节　学科实践进内容的学科实例 ·································· 39

第四章　学科实践进活动 ·· 53
　第一节　学科实践进活动到"学科实践活动" ························· 53
　第二节　学科实践进活动的学科实例 ·································· 57

第五章　学科实践进作业 ·· 77
　第一节　学科实践进作业的内涵和意义 ································ 77
　第二节　学科实践进作业的学科实例 ·································· 80

第六章　学科实践进评价 ……………………………………… 106
第一节　学科实践进评价的一致性 ……………………………… 106
第二节　学科实践进评价的学科实例 …………………………… 108

第七章　学科实践课堂的新样态及其教学设计 …………… 138
第一节　学科实践课堂的新样态 ………………………………… 138
第二节　学科实践课堂的范式解析 ……………………………… 143
第三节　数学学科实践型课堂教学设计 ………………………… 147
　　人教版五年级上册第六单元　多边形的面积 ……………… 147
　　人教版六年级上册　扇形统计图 …………………………… 155
　　人教版四年级上册　角的度量 ……………………………… 166
　　人教版二年级上册　数学广角——搭配（一） …………… 173
　　人教版三年级上册　长方形和正方形 ……………………… 181
　　人教版一年级上册　11～20各数的认识 …………………… 192
第四节　语文学科实践型课堂教学设计 ………………………… 202
　　统编版一年级上册　奇思妙想之旅 ………………………… 202
　　统编版四年级上册　神话故事的魅力 ……………………… 210
　　统编版六年级上册　艺术之美 ……………………………… 216
　　统编版二年级上册　美丽中国 ……………………………… 221
　　统编版五年级上册　舐犊之情 ……………………………… 227
　　统编版三年级上册　我眼中的缤纷世界 …………………… 235
第五节　其他学科实践型课堂教学设计 ………………………… 245
　　闽教版英语四年级上册 Unit 8　The Spring Festival ……… 245
　　四年级科学　我们的朋友——鸟类 ………………………… 252
　　二年级上册音乐　音乐小剧场 ……………………………… 258
　　体育　篮球运动 ……………………………………………… 265

第一章　学科实践的基本精神

《义务教育课程方案（2022年版）》明确指出要以"强化学科实践"来深化新课标引领的基础教育课程教学改革。即"注重'做中学'，引导学生参与学科探究活动，经历发现问题、解决问题、建构知识、运用知识的过程，体会学科思想方法。加强知识学习与学生经验、现实生活、社会实践之间的联系，注重真实情境的创设，增强学生认识真实世界、解决真实问题的能力"。[①]

第一节　学科实践的内涵特点

2022年，教育部颁布的《义务教育课程方案》和各学科课程标准均特别强调以学科实践落实立德树人根本任务，即注重"做中学""用中学""创中学"，鼓励和引导学生在学科探究活动以及学科思想方法使用过程中，探索与素养目标和课程内容结构化相匹配的学科典型学习方式，推进以学科实践为标志的育人方式的转型。各学科课程标准也大都相继明确了自身实践活动的形式和特点。如语文学科的实践活动包括识字与写字、阅读与鉴赏、表达与交流、梳理与探究；英语学科的实践活动涉及感知、体验、积累和运用；地理学科的实践活动有实验、调查、考察等。学界的基本共识是以学科实践推动学生核心素养发展，这是当前基础教育课程与教学改革的创新之路和必由

---

① 教育部. 义务教育课程方案（2022年版）[M]. 北京：北京师范大学出版社，2022：14.

之路，也是谋求新时代我国基础教育现代化与高质量发展的重要抓手。

一、学科实践的实践性

学科实践的根本内涵是实践性。实践是人类特有的活动方式，人类通过实践活动认识世界、改造世界，满足自身需要，它是人的本质力量的确证——人在实践活动中不断认识世界、改造世界的过程也是自身发展的过程，体现了人的本质力量，是人具有自我意识、能动性和创造力的存在。另外，实践也是人存在和发展的基础，在获取物质生活资料、满足基本需求的同时，也形成了人的各种社会关系和文化传统，标示着马克思关于"人是一切社会关系总和"的本质认识。学科实践是在实践作为人的认识的基础和来源的意义上讲的。换句话说，实践出真知。即个体通过实践活动获得大量有序或无序的感性经验和理性认识；反之，实践也是检验认识正确与否的唯一标准，只有在实践中，人们才能检验自己的认识是否正确，从而不断修正和完善自己的认识。学科实践是学科知识转化为学科素养的关键环节，其达成取决于实践活动的设计与实施。所以说，实践性还是学生核心素养形成与发展的关键阶段，必须经历学科实践这一过程，并最终以实践为检验学生核心素养是否形成的评价场域。

二、学科实践的学科性

学科性是学科实践的特有属性，它不是一般的实践，而是以学科为框架的实践。首先，学科实践是对学科知识的理解和应用。学科知识来自于学科实践，并且鼓励学生将所学学科知识应用到实际情境中，通过实践来巩固和深化对学科知识的理解，形成学科素养。这种应用不仅限于简单的知识记忆，而是要求学生在实践中灵活运用所学知识，解决真实问题。其次，学科实践指向学科思维的强化和培养。学科实践是学科思维的可视化再现，注重培养学生的学科思维，即让学生像学科专家一样思考和解决问题。通过实践，学生可以学习到学科的思维方式和方法论，提升他们的学科素养和综合能力。学科实践倡导学生进行学科探究，通过探索未知领域和解决问题来推动学科发展。这种探究不仅要求学生具备扎实的学科知识，还需要他们具备批判性思维、创新能力和实践能力等综合素质。最后，学科实践是学科价值实现的载体和平台。学科实践强调学科知识的价值和意义，让学生认识到、体验到学习学科知识的重要性和价值性。通过实践，学生可以亲身体验到学科知识的实际应用和社会价值，从而增强他们的学习动力和社会责任感。

三、学科实践的学习性

在教学语境内，学科实践本质上是一种学科学习方式。[①] 这种学科学习方式特别强调了将学科知识与实际操作相结合的重要性，让学生在实践中深化对学科知识的理解，提升他们的应用能力和创新能力。首先，学科实践是学生亲身体验和实际操作的学习方式。通过参与学科实践活动，学生能够更加直观地理解学科知识的实际应用，从而加深对知识的理解，使得学习从单纯的知识积累转向素养的生成。学生的学习兴趣和动手实践能力以及解决问题的能力均来自于此。其次，学科实践倡导学生像学科专家一样思考和行动，积极运用学科知识和方法来解决问题，鼓励学生在实践中进行反思和总结，从而提升自我认知和学习反思能力。第三，学科实践还是"自主、合作、探究"的迭代升级，是一种具有创新性的学习方式。因为学科实践为学生不断探索、尝试学科方法和思路提供真实的问题情境，这有助于培养他们的创新精神和创造力。当然，学科实践也意味着合作与自主的师生、生生关系，团队协作能力和沟通能力也因此而不断形成。最后，学科实践强调"实践—反思"，利于学生实现知行合一和自我建构。学生在实践中不仅要行动，还要对自己的行动进行反思，从而深化理解、提升认识，促进学生的自我建构，提升他们的自主学习能力和终身学习能力。

总而言之，学科实践是作为一种学习方式、育人方式而显示其内涵，是基于学科知识的实践性、学科性和学习性的综合学习体现，根本上指向学生核心素养的形成与发展。它们共同构成了学科实践得以展开的活动逻辑，成为学生学习成长和核心素养形成的必经之路。

---

① 刘艳. 学科实践：作为一种学科学习方式[J]. 教育研究与实验，2022（01）：57—63.

第二节　学科实践的教学意蕴

学科实践作为具有学科意蕴、能够促使学生在行动中学习的亲身实践，其教学意蕴旨在提出学科实践的内容及其教学价值及意义。学科实践的内容要具有发展性和包容性。余文森教授提出学科实践既具有某一学科的特殊性，又与其他学科有跨领域的联系，任何基于实践或通过实践的学科学习都可以称为学科实践，如学科探究、跨学科活动、做中学、具身认知等。因此，学科实践是从学科视角出发，利用学科概念、规则、精神，发动意志、运作身体去解决真实情境问题的思维倾向和典型做法。义务教育阶段强化学科实践符合学科与实践关系规律，适应素养取向的学科教学目标和新时代育人目标，切合义务教育阶段学生认知特点和社会转型期现实需要。

学科实践是一个主体持续建构的过程，学生对知识进行探究、发现、建构和创造，突出了学生的主体性、能动性和创新性。因此，学科实践不单是为了促进学生知识获得的教学工具，还是促进学生主体成长的载体。学科实践亦能实现教学意义的增值。"意义创造"将学生定位为意义创造者，是作为描述教学的有效视角。从意义创造角度出发，学科实践提供了发展学生学科意义和技能的资源和背景，实现了学生学科概念、技能、思维和情感的获得，用学科特定的思路、方式和方法产生了新的知识意义，有助于延续教学意义的增长。

基于对学科实践内容与意义的理解，下面将从学科实践在革新知识本质、转变学习方式和变革育人方式等方面，结合小学数学学科阐述学科实践的教学意蕴。

一、革新知识本质：从静态知识转向动态知识

学科实践的意蕴之一是促进知识观的革新升级。传统教学观认为，从本质上看，知识具有确定性、结果性、现成性等属性。而基于学科实践的教学

观认为，知识内蕴在探究、建构、运用、实践的过程中，知识的本质不是脱离具体的生活实践情境和个人经验而独立存在的，不是静态的，而是个体解决问题的工具，在实践中创造、生成的产物，具有生成性、动态性。知识本位的教学观认为知识是科学家发现的原本就"安放在人类知识库"的亘古未变的真理，教学的目的就是把这些静态的真理一成不变地传授给学生，无须重新探究，也谈不上什么发现。基于学科实践的教学规则强调知识是动态的、生成的，知识是实践探究的副产品。实践探究的过程就是知识与真实情境的互动过程，这种交互作用可以克服传统文字无法完整表达事物本意的问题。通过实践，知识与情境成为在真实场景中解决问题的工具与手段。可以说，知识就产生于这种交互作用中。实践取向的教学观认为，学科知识不应该直接从人类知识宝库中一成不变地传承，而应该引导学生在真实情境中通过探究获得。突出学科实践的观点意味着知识观的革新升级。学科知识体系因实践而形成，正是因为在实践中遇到各种问题，所以在问题解决过程中构成了一个有机的理论体系，从而形成学科。学科体系因实践而发展，正是因为在实践中不断遇到新问题，所以人类在解决新问题的过程中发展新知识和新观念。

知识存在与发展的意义就是为了实践，为了不断推动实践、成就更好生活。因此，学科实践的意蕴在于教师将孤立的、静默的、碎片化的"惰性知识"转变为动态联系、整体建构的创新性知识，从学生理解的视角出发进行知识重构，最终对标核心素养的生成。

以数学学科为例。依照数学教学中的学科实践，我们知道数学知识是在解决实际问题中动态的产物。比如在教学认识平行四边形时，需要知道平行四边形的特征是"两组对边分别平行"。如果只是口口相传，那么知识就是静态的、枯燥的，而没有经历探究过程的知识无法得到深度运用，便容易与即将学习的梯形特征"只有一组对边平行"相互混淆。只有结合真实情境，在通过动手操作两组平行线的探究中，发现平行四边形最本质的特征是两组对边分别平行。知识从静到动，经历了探究与实践，才体现了知识的本质，知识与探究的交互作用也正是学科实践的意蕴所在。

二、转变学习方式：从坐而论道转向知行合一

学科实践的意蕴之二是有利于促进学习方式的变革。"坐而论道"是传统教学的显著特点，学生的学习活动主要表现为听、看、写、记、练等方式。学生所学的知识通常与其生活经验相脱离，课程内容被"教条化"地逐一传递、吸收。课堂上教师具有强大的控制力，学生的学习方式以理解、记忆、操练为主，大量刷题被视为获取高分的法宝。正是这种学习方式，批量生成"高分低能""眼高手低"的学生，培养了只会"动口"不会"动手"的书呆子。新课程强调从坐而论道转向学科实践，是核心素养导向下学习方式转变的必然要求。学科实践强调"做事"，要求知识的获得过程需要做中学、用中学。学科实践在目的上强调学以致用，在功能上强调以用促学，在过程上强调运用即学习。

学科实践有助于优化学生的学习行动方式。学科实践以学生的年龄阶段、接受能力和学习水平为基点，是学生进行学科学习的关键途径。它既不同于抽象的教育原则，也超越了具体的教学方法和学习策略，通过师生共同参与、共同实践的方式，将教与学二者紧密结合。学科实践指向学生生活中的知行自觉。学科实践所追求的社会问题解决反映了完善人性的价值观，学科实践由此着眼于学生的未来生活，帮助学生习得自觉的行为模式，进而观照学生长远的精神世界，帮助学生懂得人之为人的义务、责任与权利，实现人的"尊严"，形成知行合一的自觉生活样态。

再以数学学科为例。观之"坐而论道"的数学课堂模式，学生长期在乏味的课程内容中学习缺乏积极主动性，对于有些提前预学过的学生来说便缺乏好奇心和挑战性。例如，在教学认识周长时，学生通过预学就已经知道"封闭图形一周的长度就是它的周长"，倘若把这一概念"教条式"地传递给学生，接下来就是无止境的训练求各种物体图形的周长，那么学生的学习方式便转向"机械化"，未来学生的创造性和发展性又谈何培养？因此，学科实践下学习方式的变革倡导"知行合一"，便发挥出它的意蕴价值。我们把周长的认识教学放在情境中的问题解决，并结合实地测量某个草坪的一周长度，从而产生了"周长"，加深了对周长概念的深刻感知。学生在做中学，也能学

以致用，体现出学科实践在转变学习方式上的意蕴。

三、变革育人方式：从学科学习转向素养形成

学科实践的意蕴之三是促进育人目标从知识技能转向核心素养。学科实践是学科知识与核心素养的中介，也是学生基于知识发展核心素养的必经之路。传统教育目标强调知识的核心价值，通常优先考虑学科知识的系统性和准确性，学生的主体性必须服从于知识优先的权威性，即学习活动更关注是否获得知识这一结果，而不关注如何获得知识的过程，不关注知识获取的途径和方法。学科实践观点认为把知识本身作为教学目标是远远不够的，知识只是形成素养的基础性因素，仅有知识是无法形成素养的。只有用适切的方法进行学习才能形成素养，只有当学什么、怎么学、学会什么三者高度匹配时，知识、实践、素养才能形成一个有机整体，学科实践是实现发展学生核心素养这一终极目标的重要方式。

因此，学科实践以学科体系知识和技能的发展为基础。学科知识的权威性、体系性和完整性决定了学科实践要基于学科的本质、思想方法和特点，关注学科内部的知识结构、能力架构和情意指向。学科实践作为中介连接了学科知识和学科核心素养。知识、实践、素养三者是一个有机整体，学生通过对学科知识的迁移、创造和应用，经历问题解决的实践，达成学科知识向学科素养的转变。

我国课程标准的发展历史，经历了由"教学大纲"到"课程标准"的转型，实现了从"双基"到"三维目标"再到"核心素养"的迭代。课程标准的更新迭代反映的是教育根本立意的时代变迁，体现了对学科本质的认识从学科知识教学到学科育人的回归。学科实践作为一种学科学习方式，是实现学生知识学习向学科素养转化的基本过程和方式。我国新课程改革强调"促进学习方式多样化"，但在现实课堂教学境遇中不难发现，自主、合作和探究学习等学习方式并没有真切地在与学科特质深度耦合的基础上发生。学科实践作为一种学科学习方式，是指向学科核心素养下学习方式的根本变革，以学生主动探索并积极参与学科问题解决的"类实践"学习活动为中心，发挥学科实践之于知识理解、关键能力和素养转化的发展性价值意蕴。因此，深

化学科实践的学习变革是当前创新育人方式、实现学科育人功能所探讨的核心问题。

以往的数学学科学习更多体现的是学科性，而新课标提倡的素养培养该如何落实？在实现从学科到人的过程中，学科实践因其具有巨大的实践性便一直充当着媒介的重要作用。例如，在教学不规则图形的周长时，通过已有的规则图形周长的实践学习探究，学生能轻松实现旧知迁移，而不再局限于旧知本身，便不会出现在求周长时把图形内部的边长也加上去求总周长的错解。这就是学科实践带给学生迁移学习经验最终达到能力应用的意义，也正是素养形成道路上所必需的基石。素养的培养不是简单的技能应用，而是通过实践产生不同知识技能之间的沟通联系，最终使学科有发展人的价值，因此要牢牢把握学科实践的实践性之于学科素养形成的意蕴。

综上所述，学科实践试图让学生在知识学习和问题解决过程中习得不同学科所蕴含的人类面对世界时独特的问题解决和经验积累，构建多种认识世界和改造世界的独特学科视角。此外，学科实践通过综合性、开放性、创造性的学科问题和真实且富有意义的学习情境，让学习者在实践学习过程中实现与学科知识、与客观世界之间的互动与交融，并通过不同学科之间作用力的交织、融合与激荡，一同构建学习者的整体素养。多维实践活动能够最大程度地激活个体原有知识，通过分析、综合、判断、推理和想象等思维过程建立深刻的关联并灵活运用，伴随着学生问题解决能力、知识运用与迁移能力的提升，个体内部的认知与非认知心理资源在问题情境中实现沟通与共融，表现为学生胜任复杂情境的综合性学科核心素养。然而，新课程改革中有关学习方式的变革大多局限于表面化、表演化、表层化实践形式的变革，无论是探究、体验，还是操作学习，都需要回到学科立场、回到知识基础，让学科知识与学生进行生动地相遇，才能真正发挥实践学习之于个体素养发展与精神成长的教育价值。

第三节　学科实践的价值落实

落实学科实践的最终价值和追求是发展学生核心素养，但审视落实的这一过程，具体是以学习方式变革及其知识活化来体现的。如新课程方案所言，"引导学生参与学科探究活动，经历发现问题、解决问题、建构知识、运用知识过程，体会学科思想方法。"余文森教授提出：学科实践是学科探究、学科实验、学科活动、"做中学""用中学""创中学"的总称，任何基于实践、通过实践的学科学习，都是学科实践的表现。学科实践是核心素养形成的路径，通过学科实践，学生掌握的是活性的知识，能够真正地学以致用，让知识变为素养。因此，在课堂教学中，构建基于学科实践的教学新样态，将会有效促进学生核心素养的形成与发展。

一、关注知识学习，促进深度思维

布鲁纳在《教育过程》中提出"不仅要关注内容，更应关注学会怎样去学习"。也就是说，在课堂教学中，除了要明确学生需要习得的知识内容外，更要关注学生习得知识的过程，因为它关乎学生的思维发展和提升。

2001年，课程改革提出了自主、合作、探究的学习方式，改变传统教学中接受学习、死记硬背与机械训练等现状，但在"探究学习"的课堂中，出现了流于形式的现状，虚假的探究学习没有达到本质要求。在大多数一线课堂教学实践中，经常将探究学习混同为一般意义的活动，误以为"热热闹闹"的氛围就是在探究学习，一节课安排了好几个探究活动，看似在实践，实则只是走个过场，为了探究而探究，只有形式没有实质，没有真正理解探究的意义。因此，2022年新课程改革提出了"核心素养"，课程目标从三维目标转向了核心素养的培养，而这也促进了学习方式的第二次变革——从探究学习转向学科实践，使课堂中探究活动的目标得以落到实处。

体验和感悟是学科实践的内在属性。传统课堂中经常出现教师"一言堂"

现象，教师在讲台上单方面"输出"一节课的知识重难点，学生只是单纯地"认识"知识，没有思考，也无法学会如何获得知识。学科实践强调尊重学科的性质和特点，强调学科的学习方式和学习活动，例如数学学科强调的观察、猜测、实验、计算、推理、验证、数据分析、直观想象等。学生只有通过具有学科特色的课堂活动，经历发现问题、提出问题、思考问题和解决问题这样一系列完整的知识习得的过程，才能在思维层面将知识进行结构化梳理，真正建立起知识体系。

学生学习知识的过程本身是一个建构的过程，无论是对知识的理解，还是对知识的运用，都离不开知识产生的环境和适用的范围。也就是说，学习中的建构过程总是与知识赖以产生意义的背景及环境关联在一起，即知识与学习总是具有情境性的。因此，基于学科实践的教学样态也应立足于真实情境，通过创设情境来组织课堂，在学生熟悉的环境中寻找与学科知识的关联，让真实情境贯穿知识学习的全过程。学生围绕生活中的真实问题，带着问题展开实践，在自主或合作的基础上积极探究，教师只要关注和引导学生思考、探究的方向，学生在学科实践活动中去发现、去感悟、去探究，将知识生活化、情境化，深入理解知识，最终达到自己获得问题答案的目的，从而生成知识结构、提升素养。

二、关注知识运用，崇尚学以致用

毛泽东同志曾说："从实践中来，到实践中去。"因为实践是检验真理的唯一标准，这与学科实践的理念不谋而合，只有经历知识使用的过程，才能检验、完善并升华我们所掌握的知识。知识来源于生活，也将应用于生活。学习不能局限于知识本身，而要让学生学会发现问题，并运用所学知识解决实际生活中遇到的问题。从课内走向课外，知道问题"是什么""为什么""怎么做"。通过这样的认识、分析过程，激活学科知识，实现知行合一，在"做中学""用中学""创中学"，培养学生学习的主动性、独立性和创造性。

余文森教授指出："学科实践是一种学习，相对于传统的认知学习，这种学习是一种学生在场的学习，具体而言，就是身体参与和亲身经历的学习，也就是现代认知科学所倡导的具身学习。具身学习是学生身心全面参与的学习，它获得的不仅仅是知识，更重要的是经验。"学科实践强调学生的身体参与和亲身经历，学生在学科实践中获得的经验是极其宝贵的。认识只是学习的第一步，是学生在遇到新事物、新问题时被动的学习。这时，知识对学生而言只是符号和概念，但学习不是停留于表面的枯燥的概念认识、机械演算。在学科实践中，学生通过对学科知识的迁移、创造和应用，经历问题解决的实践，将学科知识内化，对知识产生真正的理解、感受和见解，主动形成知识结构，被动学习转向主动学习，达成学科知识向学科素养的转变。

知识运用过程中，除了总目标之外，可以为学生各个学习阶段设计具体目标，以便从知识的理解、转化、迁移等多方面进行评价反馈。学生根据具体目标进行评价反思，及时调整自己的学习行为和学习状态，从而在生活中自觉运用知识。

三、关注知识创新，发展创新能力

中共中央、国务院印发的《中国教育现代化 2035》明确提出，要"加强创新人才特别是拔尖创新人才的培养"。小学是培养学生创新能力的基础阶段，在教育教学中，应改变传统观念，立足于学科实践的教学样态，培养学生的创新能力。余文森教授指出："学科实践是一种学习，这种学习是以学科的方式进行的，可以说是一种基于学科、通过学科、为了学科的学习。学科实践是学科（学习）的实践性与实践（活动）的学科性有机统一。"在基于学科实践的课堂中，学生经历进入情境、面对问题、完成任务和实施项目等过程，理解知识，内化知识，创新知识，从而促进学生发展创新能力。

创造力就是要创造、传播和应用知识并获取新的收益，其核心是知识创新，创新要具备习惯于寻求与他人不同的思维方式或行动方式，以创造性方式进行思维和采取行动，包括动机、兴趣、好奇心、求知欲、探究性、主动性、对问题的敏感性等。美国心理学家斯滕伯格提出的"创造性的多因素理论"认为，个体的创造力能否充分发挥会受到环境的影响。因此，基于学科实践的课堂也需要教师通过情境、问题、任务、项目等学科实践的载体和抓手，引导学生创新知识。

在注重知识创新的学科实践课堂中，以下方法可以培养学生的创新能力：

一是营造有利于形成创新性思维的学习氛围，在教学过程中提高对学生求知欲、创造性思维、独立思考能力的重视和培养力度；二是注意引导学生展开大胆的联想和想象，鼓励学生结合自己的认知水平和日常生活中观察到的自然现象，充分发挥想象；三是引导学生进行发散思维训练，如数学学科中的一题多解任务巧妙地结合了创造性思维与数学问题解决能力，学生可以从多角度分析，利用多种方法解决，在此过程中积极发挥创造性潜能，从而展现自身的数学创造力。很多创新都是在各种发散思维共同作用下形成的，教师要注意引导学生进行多角度发散思考，提升发散思维能力。

此外，在教学评价与考核方面，可以增加对学生创新能力的考查，设计更加科学的考核指标。例如，动手设计能力、发散思维型作业的完成情况、提出不同问题以及课堂大胆联想与想象等。通过对这些内容的考核，引导学生由原来知识的被动接受者转变为知识的自主探索者。

综上所述，在课堂中建立基于学科实践的教学样态，不仅可以促进学生进行深层思维，激活学科知识，还能发展创新能力。学科实践是指向人自身成长和发展的实践，它在本质上就是一种学习，这种学习是在基于学科、通过学科和为了学科的过程中进行和完成的。结合学科实践的学习性和学科性特征，建立基于学科实践的课堂，是最终指向学生核心素养形成与发展的重要路径。

第二章　学科实践进目标

《义务教育课程方案（2022年版）》将"变革育人方式，突出实践"作为义务教育课程应遵循的一条基本原则，明确提出"强化学科实践"是"深化教学改革"的重要任务。学科实践是学科教学中培养学生实践创新能力的关键环节，是发展学生核心素养的重要方式。如何让学科实践在课堂中落地，余文森教授认为要让学科实践"五进"课堂，即学科实践进目标，学科实践进内容，学科实践进活动，学科实践进作业，学科实践进评价。本章开始论述的是学科实践进目标。

学科实践进目标，是指学科实践进教学目标，既包括单元教学目标，也包括课时教学目标。教学目标在课堂教学中发挥着导向和指引的重要作用，因此要强化学科实践并将其落实到具体的学科课堂中，就必须让学科实践先进教学目标。在整个教学过程中，目标是设计、组织、实施、测量和评价教学活动的衡量尺度。这里的目标，对于教师而言是教学目标，对于学生来说是学习目标。教学目标的设计是单元整体教学实施、评价的起点与风向标，是教学过程中的关键起止点，教学过程中的每一环节都应该与教学目标相吻合，并贯穿始终。教师有意识地清晰地制定教学目标，这样可以聚焦课程教学内容，教学过程有"标"可依。单元整体教学目标的设计作为统整教学实践的起点，同时也能够清晰地体现出学科核心素养的结构。因此，教学目标的设计在整个单元、整体教学实践的过程中起着至关重要的作用，是教学活动的第一要素。

第一节　学科实践进目标的要求与路径

一、学科实践进目标的要求

（一）学习目标从知识本位转向素养本位

传统教学目标强调知识的核心价值，把知识目标放在首位，目标的描述一般只关注目标要达成的结果，而忽视需要"怎么做"的过程。目标描述含糊其辞，使本应处在教学中心的教学目标与实际教学活动"油水分离"，形同虚设。如数学学科中的《长方形和正方形》单元，传统教学目标呈现的知识与技能目标、过程与方法目标、情感态度与价值观目标（即三维目标），一线老师在解读目标时，往往把这"三维目标"割裂开来看作三类目标，没有关注到目标之间的关联，也不知道在教学中怎么去操作和落地，平时教学只剩下了解、识记、理解数学知识。

基于学科实践的学习目标是以"核心素养"为导向，聚焦学生"为什么学"（即价值）、"学什么"（即知识）、"怎么学"（即实践），还要知道"学会什么"（即素养），形成一个有机的整体，从关注学科的知识本位转向学生的核心素养的发展，形成正确价值观、必备品格和关键能力。从"学会用数学的眼光观察现实世界、用数学的思维思考现实世界、用数学的语言表达现实世界"三个方面的关键表现和创造中，让学生感受到学习数学带来自身的变化和显著的进步。

（二）学习目标从静态表述转向动态表述

学科实践的价值意义之一是促进知识观的革新升级，由学习即掌握知识、获得技能转变为学习即知识的运用、建构与创造等观念。如传统呈现的《长方形和正方形》教学目标，更多关注于知识具有确定性、结果性、现成性等属性，关注教师教的知识与获得结果，对于学生获取知识的途径和方法轻描淡写，教师在实施教学时还是不懂需要通过哪些具体的活动来达成目标。这样静态的目标具有不可操作性。基于学科实践的学习目标，数学知识内蕴在探究、建构、运用、实践、创新等过程中，是在做中学，用中学，创中学。这也符合新课标要求的学习方式。知识的学习需要在具体的生活实践情境和个人经验中独立存在，不是静态的，更是个体解决问题的工具，在实践中创造、生成的产物，具有生成性、动态性。就像表1中《长方形和正方形》单元的基于学科实践的学习目标模式为："在……主题中，通过解决……问题，学习……知识，在……活动中，发展……能力"，即"在解决什么问题中，学习什么内容，通过怎样的活动，发展什么核心素养"。把知识的学习置于学生解决问题之中，把目标"盘活"起来，从静态转向动态，揭示具体知识内容与核心素养的内在关联，不仅体现了学生的主体地位，而且把实践的要素、实践的精神写进学习目标。

（三）学习目标从关注单学科转向关注跨学科

《义务教育课程方案（2022年版）》在"坚持创新导向原则"中明确指出：强化课程综合性和实践性，推动育人方式变革，着力发展学生的核心素养。凸显学生的主体地位，关注学生个性化、多样化的学习和发展需求。由此可见，一个学科发展的终极目标是引导学生运用学科知识解决现实问题，发挥学科育人功能。学科实践"将学科知识置身于特定学科情境与真实生活情境中，拓展知识边界并实现学科互涉，来展现根植于一定社会、文化和历史等背景下的知识多维属性，实现扁平化符号学习向立体化知识学习的跨越，以此深化学生在实践学习过程中的理解、应用与转化"。从这个意义而言，学科实践从"实践"维度突破了学科学习疆域，凸显了学科育人价值，同时学科学习的边界"不是一个反映学习空间和环境的数学概念，也不是一个指向学习内容的学科界限概念"。学科实践学习可以联结课堂内外、学科内外，既包括在学校课堂的正式学习，也包括日常生活中的非正式学习，在学科实践的助力下还可以打通学科知识与生活、社会、文化等学习领域和情境。比如，人教版小学数学三年级上册第七单元《长方形和正方形》这一单元主题，我们设计了"学科+"的微项目学习，以"我是篱笆设计师"为主题，针对一年级小朋友破坏学校劳动实践园现象，提出驱动性问题："怎样给学校实践园设计篱笆，一共需要多少篱笆？"学生在解决这个问题中完成了单元数学知识的学习。因此，在叙写学科实践目标时，就有了目标中的主题"我是篱笆设计师"的综合性情境，通过解决"篱笆要怎么围、围在哪里""篱笆的长度"等问题来推进知识目标和核心素养的达成。目标中不仅体现了数学与信息技术、语文、美术等学科的融合，又渗透了德育、劳动的思想教育，体现学科实践的"学科互涉性"，为数学课程从学科实践走向跨学科实践带来契机，进一步开拓了学科育人的空间和价值。

以人教版小学数学三年级上册第七单元《长方形和正方形》为例，比较传统教学目标的拟定与学科实践的学习目标（见表1）的区别，就能更加明晰学科实践进目标的要求。

表1 三年级上册第七单元《长方形和正方形》单元目标

传统的教学目标	基于学科实践的学习目标
1. 使学生认识四边形，进一步认识长方形、正方形的特征。	1. 在"我是篱笆设计师"的学习主题中，学生通过解决"篱笆要怎么围、围在哪里"的问题，学习四边形和周长的认识，在观察、分类、思考、操作、交流、辨析等活动中，理解周长的概念，发展空间观念，培养实践能力。
2. 结合实例，使学生知道周长的含义，能测量简单图形的周长，探索并掌握长方形、正方形的周长公式。	2. 学生通过解决篱笆的长度问题，学习周长的认识、长方形和正方形的周长等内容，在选择工具、实地测量、估测、计算、电脑设计、展示分享等活动中，理解度量的意义，掌握平面图形周长的计算方法，发展量感，培养应用意识、创新意识和劳动精神。
3. 使学生能根据长方形、正方形的周长公式，解决生活中的实际问题，感受数学与生活的联系。	

二、学科实践进目标的路径

新课标背景下，任何教学目标的形成都需要经历课标分析、教材分析和学情分析，但是学科实践进目标有其自身的路径特点。也就是说，确定学科实践的教学目标，应基于学科实践的大单元教学，把握单元内容的结构化分析，即做好常规的"三分析"——课标分析、教材分析和学情分析，了解单元内容的概述、前后知识关联，以及落实核心素养，为学科实践教学目标的确定提供依据。比如，人教版小学数学二年级上册《数学广角——搭配

（一）》单元，明确本单元的主题是数的认识，指向的核心素养点是推理意识和应用意识之后，对这单元的内容进行"三分析"。

（一）学科实践进目标的课标分析

《义务教育数学课程标准（2022年版）》指出要培养学生讲道理、有条理的思维品质，在解决问题的过程中，感悟分析问题和解决问题的基本方法，感受数学在生活中的应用，形成初步的应用意识，具体分析如下（见表2）。

表2 二年级上册《数学广角——搭配（一）》单元课标分析

学段目标	在解决问题的过程中感悟分析问题和解决问题的基本方法，感受数学在生活中的应用，形成初步的几何直观和应用意识。
内容要求	在解决生活情境问题过程中，体会数和运算的意义，形成初步的符号意识、数感和推理意识。
学业要求	能在解决问题过程中，体会解决问题的道理，感悟数学与现实世界的关联，形成初步的模型意识、几何直观和应用意识。
学业质量标准	通过操作、观察、猜测等活动，使学生了解最简单事物的排列数和组合数的基本思路、基本方法。
教学提示	以学生动手操作等活动体验为基本形式，帮助学生感悟数学思想。

通过分析课标中的学段目标、内容要求、学业要求、学业质量标准和教学提示，让教师解析哪些内容是学生"应该学"的，明确"为什么教""教什么""教到什么程度"。

（二）学科实践进目标的教材分析

《数学广角——搭配（一）》单元主要包括简单的排列和简单的组合，这是数学思维和推理能力的重要基础，承载着重要的排列组合的数学思想和方法。横向对比北师大版、人教版两个版本的学习素材，不同版本创设了不同的教学素材，但都有搭配生活实际问题的情景，都注重学生经历多元表征的思考过程。"搭配"这一内容第一次安排在二年级上册，第二次安排在三年级下册，四年级上册"田忌赛马"中也有这部分内容。本单元的学习是建立在一年级上册"位置"和一年级下册"摆一摆 想一想"的基础上进行的，对比搭配（一）和搭配（二），不同点在于单元内容难度不同，数学思想侧重点不同。相同点在于素养指向相同，数学关注点相同。本单元的学习将为后续学习统计概率打下基础，又培养了学生良好的思维品质。

通过对教材的纵横向分析，了解教材内容的结构与组成，明确哪些内容是可以"用来教"的，如何最大化发挥教材内容的价值，怎样根据教材内容补充合适的学习资源，等等。

（三）学科实践进目标的学情分析

学生已经掌握如何在数位表上摆数、读数的相关知识，初步感悟有序思考的价值，并在此基础上发现和总结规律，对简单排列和组合方法有了一定经验。二年级的学生已具备一定的动手操作、观察描述的能力，但推理意识和应用意识还比较薄弱。根据二年级学生的年龄特点，教师应结合具体情境，让学生在操作、观察、猜测等活动中感知排列的数学思想及方法，初步培养学生有顺序地、全面地思考问题的意识，养成讲道理、有条理的思维品质，逐步形成理性精神。通过学情分析，把握学生的学习起点，准确判断学生现有的知识结构、认知状态、学习动机等学情。

第二节 学科实践进目标的学科实例

一、语文实践进目标的学科实例

语文学科实践具体应表现在学生根据学习目标，明确学习任务，并运用理解习得的语文知识解决真实情境中存在的问题，从而培育核心素养，落实立德树人根本任务。立足语文学科实践的教学目标所指向的是，在语文课堂教学中，教师引导学生完成某个学习任务后应该达到的质量标准，同时也是评价标准。

（一）语文学科实践进目标的特点

第一，彰显语文性、语文味。语文新课标指出语文实践活动包括"识字与写字、阅读与鉴赏、表达与交流、梳理与探究"。这就要求教师在教学中锚定这四项实践活动，相应开展体现语文课程工具性与人文性的学科实践活动，利用教学目标引导学生建构语文知识体系与逻辑意义。

第二,聚焦学生的素养发展。语文学科实践的教学目标设计必须立足以生为本,学生是学习的主体。在设计语文学科实践的教学目标时,立足"人"的角度来思考,教师应准确把握学生进行学科实践的逻辑起点,包括学生的认知结构、身心发展规律、学习兴趣、经验准备等。语文学科实践是指向核心素养的形成,要真正以"人"的发展为核心要义,促进"人"的全面发展为目标。[1]

第三,语言运用的情境性。2022 版语文课标在突出学科实践方面要求,"增强课程实施的情境性和实践性,促进学习方式变革"。[2] 在"课程性质"部分,强调引导学生热爱国家通用语言文字,在真实的语言运用情境中,通过积极的语言实践积累语言经验,体会语言文字的特点和运用规律,培养语言文字运用能力。从中我们可以发现,语文课程中学科实践是基于语文学科的本质,指向学生语言经验的习得和重构。

(二) 语文学科实践进目标的实例

随着教育教学改革的不断深化,倡导大单元整体设计成为共识。单元整体教学目标既包括单元教学总目标,又包括课时教学目标,二者各自独立又相互贯通,共同构成单元整体教学实践的前提和基础。但无论是有整体的单元教学目标,还是细化到每个课时的教学目标,都需要在设计和实施过程中具有逻辑性和指向性。逻辑性要求教学目标的设列要有一定的规律,能够以逐步递增的螺旋式目标帮助学生获得知识并掌握与运用知识;指向性要求教学目标能够对接课程标准与语文学科核心素养对培育新时代人才的要求。

1. 实例一:小学语文五年级下册第七单元

在此以 KUD 模式为例来设计语文学科实践教学目标。即学生将会知道(know)什么、理解(understand)什么、能够做(do)什么,使其成为整个学科实践过程的指引和依托,实现"教—学—评"一致。用这种模式设计教

---

[1] 杨静. 新课标背景下语文学科实践的教学论思考[J]. 教学与管理,2023(32):30—35.

[2] 教育部. 义务教育语文课程标准(2022 年版)[S]. 北京:北京师范大学出版社,2022:3.

学目标可以帮助教师确保教学目标、教学评估与教学策略的一致性，清晰评估教学是否符合教学目标；能够清楚地表达学生特定的理解、知识、技能和行为表现，可以帮助指导教师的教学行为，让教学行为更加清晰、更加透明。教学目标为单元或课程的教学划定了明确的界限。

对此，我们以统编小学语文五年级下册第七单元为例进行大单元教学设计，本单元主题为"世界各地"，两篇精读课文《威尼斯的小艇》《牧场之国》，一篇略读课文《金字塔》，口语交际《我是小小讲解员》，习作《中国的世界文化遗产》，单元习作要求为"搜集资料，介绍一个地方"，并结合语文要素，写出这个地方的静态和动态美，再加上本单元习作主题是介绍中国的世界文化遗产，口语交际是讲解员，故将本单元锁定为讲解中国的世界文化遗产，且主要是自然遗产。结合新课标中对六大任务群的分类，针对"实用性"的特点，需要培养学生学会整合信息、传递信息、满足日常交流需要。日常生活中，学校、家庭、社会中都需要学生口头或书面介绍某个地方，比如假期旅游需要提前做攻略，旅游途中看游览图，为家人进行讲解、述说观察发现等，结束后与家人朋友同学分享旅游收获感受等，与本单元的相关情境要求相符。在"实用性阅读与交流"任务群下对第三、四学段的教学提示中，与本单元主题相契合的主题为"拥抱大千世界"。本单元学生需了解世界文化遗产、中国的世界文化遗产乃至家乡的文化遗产等，让学生立足家乡，放眼世界，对培养学生语文核心素养具有重要作用。因此将本单元的大概念确定为："运用静态描写和动态描写能反映事物的特点，并能凸显景物的变化，呈现景物的独特魅力。"基于此，对本单元的单元教学目标从学科实践出发，按 KUD 模式设计如下：

教学目标	具体表现
知能目标	1. 识记本单元字词，读通、读顺课文。 2. 能搜集相关资料，了解异国风情和自然景观。 3. 能借助相关资料，了解课文内容，体会课文的思想感情。
理解目标	1. 了解静态描写和动态描写在文中的运用，感受其表达效果。 2. 了解不同的文本特点，从中获取所需的信息。 3. 会按顺序列出本单元作者描写世界各地的提纲。

续表

教学目标	具体表现
迁移目标	1. 能搜集资料，整理一处自己感兴趣的中国的世界文化遗产。 2. 能列习作提纲，选择合适的文本来介绍一处中国的世界文化遗产。 3. 能运用静态和动态描写，表达对地方的赞美和喜爱之情。 4. 按顺序描写一处中国的世界文化遗产。 5. 能观察、发现自然，热爱生活，用多种媒介方式记录收获，能用自己的话把一处地方介绍清楚。

2. 实例二：一年级上册第六单元

语文学科实践进目标主要处理了两个问题：知识习得与知识运用，即从实践中来和到实践中去的问题。第一，教学目标的制定应将知识的习得明确化。《义务教育语文课程标准（2022年版）》中明确指出，其课程目标应关注学生语言经验的形成，其离不开语言的习得。习得指的是语言是通过实际使用和接触来学习的，而不是通过死记硬背来学习。习得语言更能帮助学生建立语言知识和技能，使他们能够在实际情境中使用语言。习得语言还可以帮助学生更好地理解语言的语法和语用，从而提高他们的语言能力。所以，教师可以先列出具体目标是什么，再具体阐述"为什么这样制定目标"。第二，教学目标的制定应将知识的运用过程化。单元整体教学改变了单个知识点、单篇课文组织课程内容的思路，遵循学生身心发展规律和语文核心素养形成的内在逻辑。[1] 以语文实践活动为主线，以问题为引领，以学习任务为载体，整合目标、内容、情境、学习活动、评价、资源等相关要素，能够实现语文学科育人方式的转变。

如统编版一年级上册第六单元第一课《影子》，其教学目标的设定便可投身于一个能够联结本单元所有课文的大情境之下，以学习任务群为载体，将学科实践融入教学目标当中。现以《影子》一课第二课时为例，表述如何将学科实践融入教学目标。

(1) 通过手电筒实验的方式，让学生在手影游戏中继续探索影子的秘密，激发学生的探究欲望。

---

[1] 苏鸿. 学科实践：时代内涵与现实追求[J]. 课程・教材・教法，2023 (4)：28—33.

（2）结合日常生活经验，仿照课文，将先前手电筒实验中发现的影子秘密也创编成小诗歌，提升学生的语用表达能力和语言组织能力。

融入教学实践的目标表述，有如下优点：采用单元整体规划，得以让学生将习得的语文知识在完整且真实的过程中运用，完成了能力的发展与检验。[1] 做到了"语文核心素养目标"的整体推进，最终实现单元教学的总目标，实现教学过程的最优化和教学效率的最大化。其次是"任务驱动式"，即把一个单元的学习目标和内容，转化为一个比较聚焦的核心学习任务或生活情境任务，以任务的完成为目标，调动学生探究学习的兴趣，激发学生学习的内驱力。为达成核心任务的有效完成，可以把核心任务分解成几个小任务，每一个小任务对应一个或几个单元学习目标，避免了教学目标与实际教学过程断联的现象，使教学目标真正起着指挥真实的教学过程的作用。

总而言之，语文学科实践进目标旨在指引学生的高通路学习和迁移能力，发挥语文以文化人的独特功能，体现语文学科培养实践创新人才的育人价值。同时，教师可以通过教学目标对学生的学科理解、转化、迁移、价值观进行深层评估，推进知识意义与心理意义的双重增值。[2]

二、数学实践进目标的学科实例

（一）数学学科实践进目标的特点

第一，基于课程标准，寻找教学目标的根源。《义务教育数学课程标准（2022年版）》（以下简称《课标》）规定了义务教育阶段数学课程的性质、基本理念、课程目标、课程内容等，它是编写教材、设计与实施教学、考试评价的依据。在学科课程教育中以学科实践为抓手，能够有效地实现学生核心素养的形成，因此，核心素养是当今课程教育的落脚点。而基于学科核心素养进行教学目标设计，逻辑起点是要深入解读《课标》，在《课标》中寻找培养学生核心素养的源头。

---

[1] 傅曼姝，王兆璟. 学科实践的本质特点、教学目标与实施路径［J］. 课程·教材·教法，2023（6）：19—23.

[2] 曾颖，杨其勇. 新课标学科实践的内涵理解、思维指向和行动路径［J］. 中国教育学刊，2023（10）：63—68.

从课程目标中可以寻找核心素养目标的内容。一方面,《课标》提出数学课程要培养的核心素养包括会用数学的眼光观察现实世界,会用数学的思维思考现实世界,会用数学的语言表达现实世界,并针对数感、量感等11个核心素养的主要表现及内涵做出了具体的阐述。另一方面,《课标》以核心素养为导向,在总目标中提出要培养学生的"四基""四能"以及"情感态度价值观"。在学段目标中对数与代数、图形与几何、统计与概率、综合与实践4个领域的课程目标做出了更加具体的描述,将核心素养的培养与学段目标进行紧密的联系。可见,课程目标是一个层层递进的有机整体:总目标具有方向性、概括性,为学段目标提供了直接的依据;学段目标是总目标的具体化,为实施单元整体教学目标和课时目标的设计提供了更加具体的标准,以便更好地把握核心素养进教学目标的具体内容。

第二,关注学生认知,把握教学目标的精确度。学生是学习活动的主体,建构主义学习观认为学生并不是空着脑袋进入教室学习的,学习活动是一个创造性的理解过程,强调有效的认知结构是由学生自主建构的,学习是学生对外部世界积极的建构过程,而不是被动地接受其他人呈现给他的东西,经历亲身体验后,他们对任何事情都有自己的看法。[①] 因此,在设计教学目标时,应根据学生的知识基础、认知能力、生活经验等方面,准确把握学生的学习起点,关注学生的最近发展区,将课程目标的要求与学生的实际认识水平有机结合,把握教学目标的精确度,使教学目标更具可行性。

数学是一门十分严谨的科学,其内容都是一些组织严密、结构相对完整的知识系统,强烈地表现出数学严密的逻辑特点。数学知识之间具备严密的逻辑性,后继性的知识往往是某些前序性知识的延伸、发展或衍生。建构主义学习观指出,学生原有的知识基础不但是学习新知的起点,也是影响新知认知的重要因素,学生对新知是否有一些相关的经验,能够决定这部分知识认知结构的完整性,直接影响新知的学习。因此,在教学目标的设计中要关注学生的知识水平起点,在此基础上精准设计教学目标。

同时,数学与现实生活具有密切的联系,现实世界中处处蕴含着数学的信息与数学对象的原型,数学是从现实世界中抽象并逐渐发展的学科。学生

[①] 路海东. 教育心理学[M]. 长春:东北师范大学出版社,2002:78.

学习数学，必定要经历数学知识发生发展的过程，体验知识是如何在实践活动中逐渐形成的，在现实生活中积累数学学习经验，丰富学生的生活经验，发展应用意识与发现问题、提出问题、分析问题、解决问题的能力。所以，在设计教学目标时，应将学生的生活经验与教学资源建立密切联系，注重激活学生已有的生活经验，使生活经验能为达成核心素养教学目标服务，从而进一步提升学生的生活能力和水平。

第三，明确目标结构，注重教学目标的表述。能够准确有效地表述教学目标是教师课程设计能力的重要表现，在深入解读课标、教学内容、学生认知水平的基础上，教师还需要把握教学目标的内容结构，精准、清晰地表述基于核心素养的教学目标，能够为之后的教学活动、教学评价、作业设计等各个教学环节的设计与实施提供重要的依据[1]。

教学目标的描述要以学生为主体，针对学生预期学习结果的描述，主要阐述学生的行为而非教师的行为。[2] 因此，学生是达成教学目标的主体，表述教学目标时在用词上应体现学生通过自主学习达到某种学习水平，而不能将其表述为教师期望学生被动达到的结果。同时，教学目标不但要体现学习的结果，还要体现学科实践的特性，即突出过程与方法，细化学生的行为条件及方法，在表述中明确提出实现教学目标的前提条件，以及引导学生选用说明方式进行数学学习，经历了什么样的具体行为，从而使教学目标对教学活动的设计具有真正的指导作用，体现了学习结果与学习过程的统一性。

（二）数学学科实践进目标的实例

基于数学学科实践进目标的要求与实施路径，以数学核心素养为引领，设计具有数学学科实践特性的教学目标。首先依据大单元教学设计的逻辑，厘清单元教学内容，并对本单元教学内容进行细化，分析各个具体知识所蕴含的核心素养及其主要内涵，从根本上把握学习所要达成的结果水平。

以四年级《角的度量》单元教学设计为例。针对本单元所要掌握的数学

---

[1] 陈思怡，陈祥彬，李忠如. 基于核心素养的小学数学教学目标设计策略［J］. 西南师范大学学报（自然科学版），2022（07）：118－124.

[2] 易进，齐子怡. 教学目标的设计及其改进［J］. 北京教育（普教版），2021（12）：50－51.

知识，及其核心素养的主要内涵，具体分析如下表3所示。

表3 《角的度量》相关数学知识与核心素养内涵

数学知识	核心素养及主要内涵
线段、射线、直线和角的认识	对空间物体或图形的形状、大小的认识，能够根据物体特征抽象出几何图形，根据几何图形想象出所描述的实际物体。
角的度量	知道度量的意义，能够理解统一度量单位的必要性，会针对真实情境选择合适的度量单位进行度量，感知度量工具和方法引起的误差，能合理得到或估计度量的结果。
角的分类、知道角的大小关系	对空间物体或图形的形状、大小的认识，想象并表达物体的空间方位和相互之间的位置关系，感知并描述图形的运动和变化规律。初步感知度量工具和方法能合理得到结果。
画指定度数的角	能够在真实情境中理解数的意义，能在简单的真实情境中作出合理的判断。有意识地利用数学的概念、原理和方法解释现实世界中的现象与规律，解决现实世界中的问题。

以本单元所要培养的核心素养为依据，设计本单元教学目标，在总目标的引领下，对具体课时所要实现的核心目标做出了具体的表述（见表4）。

表4 单元目标与具体核心目标

教学目标	具体表现
单元目标	结合具体实例，认识线段、直线、射线；用量角器度量角的度数；角的分类；画指定度数的角等，经历观察生活现象、动手量角画角、归纳角的含义及五类角的关系、概括量角画角的步骤等活动过程，发展量感和空间观念。
核心目标1：认识线段、直线、射线和角	结合实例认识线段、射线、直线和角；能用语言描述它们的特点；会用符号表示；正确归纳它们的共性与区别。
核心目标2：用量角器度量角	认识量角器，理解量角器原理和构成要素，了解1°是"角"的度量单位及这个单位的产生过程，掌握用量角器量角的方法，观察知道角的大小与边的长短无关。

25

续表

教学目标	具体表现
核心目标3：角的分类与大小关系	知道三角尺上各个角的度数，确认直角为90°，通过操作活动体会、想象平角和周角的形成过程，理解周角、平角和直角之间在度数方面的倍数关系，理解锐角和钝角的度数范围，能按一定的顺序排列五类角。
核心目标4：用工具画指定度数的角	能用量角器画指定度数的角；用量角器或三角板等不同方法画特定度数的角；利用画角解决生活中的实际问题。

三、英语实践进目标的学科实例

教学目标是英语课堂教学的目的，指导教学活动环节的设计，对教学活动起统领的作用。英语学科实践进教学目标，就是让英语课堂教学目标活起来，运用实践性的语言描述教学目标，让教学目标看得见摸得着。有着学科实践味道的教学目标有其特色，其中包含：实践的主体学生、实践的内容、实践活动以及达到的核心素养（归纳下来可以形成公式语言：谁＋凭借内容＋通过活动＋达到核心素养）。

（一）英语学科实践进目标的特点

本着"学用结合、课内外结合、学科融合"的原则，把学生的学习从书本引向更为广阔的现实世界。即，要发挥学生的主体地位，明确英语学科实践主体；开发课程资源，盘活英语学科实践内容；秉持英语学习活动观，丰富英语学科实践活动；开展跨学科学习，开拓英语学科实践路径；培养英语核心素养，落实英语学科实践目标。

第一，发挥学生主体地位，明确英语学科实践主体。立德树人是英语教学的根本任务。教师在设计学科实践教学目标时要从学生的角度出发，充分研究学生的学情，包括认知水平、心理特点、所处环境、兴趣爱好等，从学生的角度出发想问题，引导学生通过英语学习实践，知道学习的方向和目的，增强学习动机，培养学习能力和习惯，激发学习的好奇心和探究欲，引导学生进行自我反思，评价自己的学习过程和结果，从而调整学习策略，提高学习效率。教师在设计实践目标的同时要尊重每个学生的个体差异，提供个性化的学习资源和支持，满足不同学生的学习要求，鼓励每个学生勇于表达自己，帮助学生建立起学习自信。教师是整个学科实践教学目标的策划者、帮助者和记录者，以教师主导、学生为主体是学科实践教学目标的前提。

第二，开发课程资源，盘活英语学科实践内容。积极开发和合理利用课程资源是有效实施英语课程的重要保证。教师在设计学科实践目标时要充分开发课程资源，盘活学科实践内容。教材是英语课程的核心资源，教师应该立足于教材本身，充分发掘教材的育人价值，深入分析把握教材设计原理和内容，熟悉教材编排特点。在以教材为核心资源的同时，教师要勇于突破教材的制约，充分挖掘教材以外的资源。当下的教学环境下，教师可以通过选择与教材话题相关的英语绘本、报纸、小说、视频动画等多模态资源对课文进行有效补给。学科实践本质上是一种学习，它发生在特殊的教育场所。特殊的教育场所给学生的语言实践创造了环境，教师在设计实践目标时需要充分考虑场所资源促进学科实践的作用，如学校的图书馆、英语角、电脑室等。人的资源更是不可忽略的因素。学科实践的主体是学生，学生也是一种人的资源。因此，教师要充分认识、了解学生的学习经历和学习体验，引导学生进行丰富多彩的语言实践活动，如班级英语角创设、英语黑板报设计、英语角环境创设、组建英语广播站等。

第三，秉持英语学习活动观，丰富英语学科实践活动。2022年版英语课标指出，教师要秉持英语学习活动观组织和开展教学，要倡导学生围绕真实的情境和真实问题，激活已知，参与到指向主题意义探究的学习理解、应用实践和迁移创新等一系列互相关联、循环递进的语言学习和运用活动中。英语学习观为教师指明了课堂教学的前中后期活动，为英语学科实践活动提供活动设计方向和思路。在设计教学目标时，教师要通过课堂实践活动的设计倒推教学活动目标的设计。教师要注重引导学生学思结合，在教授语言知识与锻炼听、说、读、写、看等语言技能的同时引导学生在情境中感知与注意主题情境，在解决问题中获取与梳理语篇知识，在任务中概括与整合语篇内容，从而获得语篇基础知识。如在教学主题为"the Olympic Games"课文时，教师以刚过去的2022年北京冬奥会的余热创设情境，设计了解奥运会前世今生的情境，把学生带入奥运会的大情境中，激发学生的热情，让学生以各种身份参与到了解奥运会的过去、学习奥运会相关知识和参与到校运会的各种口号、徽标、方案等设计中，学以致用。

第四，开展跨学科学习，开拓英语学科实践路径。在设计英语学科实践目标时，教师要充分认识到跨学科学习对学科实践的路径的开拓起到重要的作用。跨学科学习本质是一种以学生为中心的学科实践活动。跨学科学习改变了传统教育教学的学科割裂现象，将知识进行有机地整合，通过重新构建知识，在新情境中灵活解决问题，激发学生的学习兴趣和提高解决问题的能力，从而加深对知识的了解，实现从知识向素养的跃升。英语是一门语言知识与语言技能相结合的学科，主要以活动的形式展开学习。教师要基于语篇主题，挖掘语篇，探索主题背后的意义，设计一系列语言实践的活动，深挖跨学科的点，启发学生思考，锻炼学生思维，促进思维高阶发展，从而促进语言学习。在教学主题为"Mother's Day"课文之后，教师设计了"在母亲节到来之际为妈妈设计制作一张节日贺卡"的任务。任务要求学生根据大单元整合后的思路进行英文诗歌的创作，在诗歌的基础上设计出具有自己特色的贺卡。英语课与美术课相结合，学生在愉快的氛围中感受节日氛围、创作诗歌与设计贺卡，一笔一画一刀勾勒出节日的美好祝福，感恩母亲的付出，达到育人的目的。

第五，培养英语核心素养，落实英语学科实践目标。英语核心素养是英语课程育人价值的集中体现，学生通过英语课程学习逐步形成适应个人终身发展和社会发展需要的正确价值观、必备品格和关键能力。教师设计英语学科实践目标要以英语核心素养为达成的最终目标，以终为始，促进教师在设计教学目标时有目的地选择教学内容，开展相适应的教学实践活动，以达到发展语言能力、培育文化意识、提升思维品质和提高学习能力的核心素养目的。英语核心素养四个方面互相渗透、相互融合，教师需要理解、吃透每个素养的内涵，以及学生在语言实践活动中的具体的行为、状态和价值观等一系列可观可衡量的表现形式。

（二）英语学科实践进目标的实例

根据以上英语学科实践如何进教学目标的策略路径，主题为"Housework"的单元教学目标设计为：

主题		Housework
教学目标	1. 学生通过 Housework 主题的语篇学习，在看、听、说、读、写等活动中，获取与梳理、概括与整合和家务相关的信息，发展语言能力。（学习理解）	核心素养：语言能力 文化品质 思维品质 学习能力
	2. 学生通过本单元核心对话语言，在角色替换和互相问答中，内化与运用语言，发展语言能力和提高学习能力。（应用实践）	
	3. 学生通过思维导图，在复述本单元主要故事情节中，描述与运用语言，提高学习能力。（应用实践）	
	4. 学生通过评价语言，在评价主人公的家务行为中，加深对劳动意识的认知，培育文化意识。（迁移创新）	
	5. 学生通过 Housework 相关主题的英文绘本，在阅读归纳、总结梳理、介绍自己的一周家务劳动情况中创造性地解决问题，提高核心素养。（迁移创新）	

总之，学生在学思结合、学用结合、学创结合的一系列相互关联、循环递进的活动中完成了基于语篇、深入语篇和超越语篇的实践学习，完成了从知识向能力、能力向素养的螺旋上升的转变。

四、道德与法治实践进目标的学科实例

《道德与法治课程标准》指出：教师应从发展学生核心素养的角度制定教学目标，将核心素养的培育作为教学的出发点和落脚点，使教学目标在培育学生核心素养方面起到指引性、规定性的作用。小学道德与法治课程，一方面要培育学生正确的政治思想、道德规范和法治意识，习得学科知识；另一方面要引导学生把习得的知识转化为一种自觉的行为和良好的习惯。这个"转化"，就是学生在生活和实践中的"自我建构、自我养成"。精准目标的制定，指引了整个教与学的全过程，也决定了学生核心素养的形成与否。

（一）道德与法治实践进目标的意义

在教学实践中，教师不仅要引导学生识记学科知识，还要把这些知识跟

自己的生活实际有效链接，在生活场景中自觉感悟知识的应用，从中掌握道德与法律的基本规范，提升自身的思想政治素质、道德修养、法治素养和人格修养。基于此，在道德与法治学科教学中，要坚持道德认知与行动相结合，学科知识与学科实践相融合，让学生通过学科实践内化所习得的学科知识，并自觉在生活中践行、运用，具备必备品格，提升关键能力。

基于新课程、新课标理念，素养是指一个人在生活、工作、学习以及人际交往方面所需的能力和品质。因此，在教学过程中，应该注重学生综合素养的培养，而不仅仅是知识的灌输。教师在制定目标时，要充分认识到这一点。要在整体解读单元目标结构方面，清晰地界定单元所要达到的教学目标，以及如何在目标制定中巧妙地架起这一知识与素养之间的桥梁——实践，让学生通过实践把知识转化为素养。目标的制定为接下来的教学指明了方向、确定了任务，尤其是明确了学科实践的方式。

（二）道德与法治实践进目标的实施策略

在道德与法治教学目标中充分体现学科实践，同时引领实践贯穿在学生学习的全过程。

1. 目标制定前，厘清道德与法治学科实践的方式

新课标指出，"要通过热点分析、角色扮演、情境体验、模拟活动等方式引导学生开展自主探究与合作探究，让学生认识社会。""通过参观访问、现场观摩、志愿服务、生产劳动、研学旅行等方式走向社会。"以上这些是学科实践的外在形式。根据这些形式，可以梳理出道德与法治的学科实践的内在方式有：观摩与分析、传承与养成、遵守与捍卫、体验与共情、参与与担当等。在教学目标的撰写中，要用上这些词汇，使目标充满学科实践的味道，与道德与法治学科的教学理念相吻合。

2. 目标制定时，根据教学内容选择恰当的实践方式

道德与法治这门学科与其他学科最大的不同在于，它是以社会发展和学生生活为基础，是一门综合性课程，坚持学科逻辑与生活逻辑相统一，主题学习与学生生活相结合，特别强调知行合一。

（1）根据大单元目标，制定科学的递进式小目标

新课标指出：设计具体的教学目标时，要准确理解课程依据的基本理论、

基本知识和价值规范，注意以透彻的学理分析回应学生，以彻底的思想理论说服学生，以真理的强大力量引导学生，以情感激发学生，以文化熏陶学生。学生是有头脑、有心灵的人，生搬硬套或是直接填鸭是无法让学生从内心接受的，要达到课标所列的以上要求，我们要把握思想教育的基本特征，实现说理教育与启发引导相结合，促进理论引领和自我实践齐实施，让学生在主动学习、积极思考、自我领悟中主动接受。因此，在设计目标时，不要自说自话，要讲究科学性，还要注意层层递进、循序渐进、螺旋上升，不要想着"一口吃成胖子"。在单元总目标的指引下，设计每节课的小目标，特别要注意的是，根据本学科的特点，这些小目标要紧紧围绕学科实践，这样就相当于把"知行合一"贯穿到每个小目标、小细节当中，做到"细嚼慢咽"助消化。

例如，在教学五年级上册第一单元第一课《自主选择课余生活》时，第一课时的目标只要"根据自己的喜好选择好适当的课余项目，然后进行科学的安排"即可，而第三课时的目标则是"既要满足自己的兴趣爱好，还要懂得遵守活动的规则，更要注重活动的意义与价值，让自己健康成长"。在这个风向标的指引下，我们在目标的表述上就要注意"递进式"。

（2）根据教材内容，选择适合学情的实践方式

新课标指出：确立教学目标时应注意知行要求，明确要根据学生年龄特征和不同学段特点对观点认知与道德品行进行科学设计，制定具体适切和可操作的目标，在教学中引导学生知行合一。其实，道德与法治课程在设计时已经有了明显的梯度，教师要根据课标的学段素养目标要求，选择合适的实践方式，使内容的深度和广度得到合理的呈现。

例如，在核心素养的责任意识方面，第一学段的要求是"知道中华民族是一个统一的大家庭"，而第二学段的要求是"初步了解维护国家统一和民族团结的重要性"，第三学段的要求则是"树立维护国家统一和民族团结的责任意识"。我们明显看出，不同年龄段的要求是不一样的。有位教师在执教二年级上册第一单元第三课《欢欢喜喜庆国庆》时，安排学生用书信或视频的方式欢迎台湾回家，体现"捍卫"这一内在实践方式，结果二年级的学生根本无法真正落实这一实践。我们从素养要求中可以看到，这一年龄段的学生主

要是"认同","知道我中华民族是一个统一的大家庭"即可。至于上述实践，应该适合五六年级的学生来完成。

（3）选用精确的语句，把知识、实践、素养三者串联

要让教师引导有准则，学生实践有条理，就要在目标中明确描述通过生活中的哪种实践的外在方式，让学生在观摩与分析、传承与养成、遵守与捍卫、体验与共情、参与与担当中形成或树立某种道德观念或法治意识。

部编版道德与法治三年级上册第二单元《我们的学校》，根据教学内容安排，我们可以制定以下目标：一是通过走访观摩，寻找最喜欢的校园一角，体验校园的美好，激起爱校园的情感。二是通过调查了解，分析学校的发展变化，参与到学校的发展建设中，培养主人翁精神。三是通过平面图制作等方法，知道在校园中遇到问题该如何解决，培养独立自主和主动担当的精神。以上目标的撰写，明显具有"实践味"，并且体现了知识和素养之间的联系。

3. 目标制定后，多方调度让实践落地生根

目标制定后，结合目标中所提到的外在实践方式和内在实践方式，充分调动一切资源，让实践落到实处，让学生进行知识和能力的自主建构。

（1）跨越学科边界，引领深度学习

在新课程改革的今天，需要教师在教学过程中整合各科内容，以实现知行合一、学以致用。部编版《道德与法治》教材内容包含了多学科的理论知识，因此实践环节应该打破学科界限，设计丰富多彩的主题和项目。

（2）建立真实情境，丰富师生体验

《道德与法治》是一门紧扣时事与生活实际的学科，仅凭教师说教是难以达到理想效果的，需要基于学生的生活经验和实际体验进行领悟。教师需要帮助学生建立真实的实践情境，让学生运用所学知识来处理生活中的实际问题并迁移应用，这样才能让学生实现自主建构，让德行认同更加深入。

（3）校内校外结合，上好大思政课

"课堂"是立德树人的主阵地，"社会"是铸魂育人的大熔炉。教师在引导学生进行学科实践时，要盘活校内外各类资源，校内与校外紧密结合，上好新时代大思政课。在教学三年级下册第5课《请到我的家乡来》一课时，组织学生到市博物馆，参观"建市四十周年图片展"，回家后向家长了解我市

居民这四十年来在衣、食、住、行等方面的变化，之后通过课堂分享，引导学生在发现伟大成就的过程中感受祖国的发展变化，体会"幸福是奋斗出来的"，从而提高政治认同。

（4）名家亲授经验，导师指导实践

让学生近距离与名家一起学习和体验，比如检察官、企业家、劳模等，让他们成为道德与法治课程学科实践活动的教师，让学生得到专业化的指导，让理论照进现实，让过程扣人心弦。

道德与法治学科实践，架起知识和素养之间的桥梁。教师应从目标制定入手，让实践深入到学生学习的细枝末节，坚持教师价值引导和学生主体建构相统一，建立校内校外相结合的育人机制，真正实现课标所指的"知行合一"。

第三章　学科实践进内容

2022年版新课程方案和课程标准皆提倡"强化学科实践",其要义之一就是要将学科知识体系中的学科思想、学科思维、学科方法等积极地通过学科实践活动在教学中表现出来,重点是重构和优化学科教学内容,以促进新课标落地和学生核心素养的形成与发展。

第一节　学科实践进内容的意蕴和路径

一、学科实践进内容的意蕴

(一) 活化学科知识

学科既是专门化、系统化的知识技能和经验体系,又是学校教育内容的门类,更是学生习得知识、获得能力、发展素养的有机载体。[1] 学科实践应以学科知识系统教学为基础,以社会实践应用为导向,锻炼学生的独立思维、合作精神和实践能力。而学科实践的实质是让学科知识活化起来,即用动态的知识学习过程来完善或克服静态的知识学习过程的不足。静态的知识学习是以"静听讲授"为知识传授方式,以"刷题"为知识应用方式,以"纸笔测试"为知识评价方式,以"应试"为认知驱动力,从而使这三种不同类型

---

[1] 左鹏. 试论作为课程育人实现方式的学科实践[J]. 课程·教材·教法,2023,43(12):37.

的学科知识脱离了与真实世界和人的联系，沦落成只需记住和写出来的信息化的陈述性知识，知识中蕴含的信念、情感和思想被遗失，失去了其揭示自然奥秘、反思人生意义的价值。

作为动态知识学习过程的学科实践要肩负起把蛰伏和被遮蔽的学科能力、学科精神和价值释放并张扬出来的责任和使命。这样的知识学习过程就不只是单纯地获得知识、掌握知识，同时也是发现知识、使用知识的过程。实际上，这也是新课标所倡导的"用中学""创中学"，它不仅是"活化知识"的过程，同时也是"关键能力"培育的过程。

（二）激活学科思维

学科思维，是指学生在学习学科知识的过程中，针对学科特有思考方式和逻辑结构的理解与认识。学科思维的激活，旨在更深入地理解和应用学科知识，帮助学生学科核心素养的形成与发展。学科思维是学科特性的重要内涵，而且不同学科有不同的思维方式，例如自然科学注重追问"是什么"，强调前式的思考方式；人文科学则注重追问"为什么"，强调反思式的思考方式；而社会科学则更注重"有什么用"，强调当下的思考方式。总体来讲，学科思维是将思维能力的培养与学科知识的教学有机融合的过程，使得学科教师能够根据自身所教学科的本质特征与属性培养学生的思维能力，从而不断促进学生思维能力的提升，以及学科核心素养的形成与发展。

学科思维的激活，主要体现在学科问题的提出、分析和解答过程中。从学科知识教学走向学科知识、学科思维、学科方法等整体呈现的学科思想教学，是学科实践进内容的基本意蕴。知识点是"死的"，其教学也就是碎片化的。而以学科实践为内涵的教学内容，需要在学科思维和学科方法的共同作用下，以体系完整学科思想的形式呈现，方能成为学科实践。此时，学科实践就是在解决学科问题中，运用学科独特的精神气质和方式进行思考与行动，实现知识理解、知识运用与知识转化的一种学科学习方式。

总之，从学科实践的内里实质来看，它就是一种有目的、有意向的学习活动，其核心是在学习活动过程中引导学习者建构理论、形成体系的目的。在实践过程中，学生基于解决问题、探究情境、完成任务，开展一系列的探究活动，形成多种多样的属于自己的观点，并在持续实践中不断分享、讨论、改进，进而进行升华和概括，达到知识建构的目的。在这样的学习历程中，学科核心素养的培育就是"水到渠成"。①

(三) 凸显学科方法

有无学科实践的教学，一个重要特征就是学习如何运用知识。学以致用，即有方法地使用学科知识，这是学科核心素养落地的根本途径，而学以致考则是狭隘的、应试的，不利于学科方法的熟练和凸显。

学科方法，是指学科专家基于学科知识在探讨学科内在特点和规律的基础上，高度概括、总结和归纳出来的学科规律和认识原则，是具有指导性地解决学科问题等的特定方法和策略，它是学生学习的重要内容，也是学生核心素养形成的关键部分。因此，学科实践进内容的重要意蕴之一就是将学科方法凸显出来，使其成为学生开展学科实践的工具、手段和策略，真正使学科知识的学习学以致用，让学生能够运用基础学科知识有信心、有能力、有方法地"到实践中去"，去发现问题、分析问题、解决问题，提升自己的学科关键能力、学科品格以及正确做事的价值观念。

二、学科实践进内容的路径

学科实践进教学内容并不是简单的活动相加，而是根据学习认知规律和实践性学习原则，做系统性、全面性、层次性的内容重构。为了凸显学科特性，下面以语文学科为例来介绍实践进内容的五个可行策略。

第一，内容情境化。新课标提出引导学生在真实的语言运用情境中，通过积极的语言实践，积累语言经验。小学语文实践进教学内容，应以生活化、立体化的情境为背景，增强语文知识感染力。课文中平白的文字远不如声音、色彩来得更有冲击力，更能抓住学生的眼球，因此，创设文章情景，进行文学导入可以有效盘活文字，让书上内容跳脱束缚，带领学生更快地进入状态，激发学生强烈的感同身受。尤其是在爱国情绪高涨，抑或自然景观透迤雄壮的文章里，情景化的设计无疑会是课文教学中浓墨重彩的一笔。例如，在进行《观潮》的教学中，为了让学生更加直观地感受浩浩荡荡、天崩地裂的奇

---

① 杨静. 新课标背景下语文学科实践的教学论思考［J］. 教学与管理，2023（32）：34.

异景象，可以借助音响的声效以及动态的浪潮图片让这个天下奇观更为猛烈、浩大。随着浪潮的活动态势，感悟潮来前的"暴风雨前的万籁俱静"，为浪潮的席卷而来充分蓄势，紧抓人心，感知潮来时的"千军万马齐头并进之势"，掀起学生心中的汹涌澎湃直到高潮，进而感慨潮去时的"漫天卷地风号浪吼"，让学生的内心久久不能平复，这便是声像结合的魅力所在，也是情景化教学的意义所在，环境的渲染与烘托锻造了立体化的空间，让"钱塘江"的形象铺在学生的眼前，进而引导学生去领会、去描述，便成了水到渠成的事情。

第二，内容问题化。教学不是机械的知识灌输，而是相机诱导的过程，强调师生之间的有效互动。小学语文实践进教学内容应坚持问题导向，提升教学设计的启发性与思辨性，引发学生的积极思考与主动探究，培养学生自主学习的能力。好比《走月亮》这篇文章，因为事先已经安排了课前预习的任务，老师课前可以大胆地进行问题的生存预设：谁能告诉老师，在这节课中，你最想知道什么呢？"走月亮"的意思是"我"和阿妈在月色下做什么？文中写了几次"啊，我和阿妈走月亮"呢？每一次我和阿妈是在哪里走月亮呢？作者真的是单纯地在感叹月色吗？在感叹走月亮这种形式吗？随后在教学过程中，按照章节脉络，进行相应的提问，并引导学生进行标记、回答、朗诵，从而实现对下一节的衔接和过渡。这种将读与思、读与想、读与画、读与写等有机结合的方式，让学生在体验式、参与式、自主式教学中，凸显学习的自主性、主体性，构建焕发学生生命力的课堂教学，提高课堂教学的有效性。

第三，内容任务化。内容任务化也可称为内容的情节任务化，是指将一个课程设计为一个完整的任务，随后根据课程的需要将整个任务分解为每一个小任务，以任务驱动整个课堂的进展。一个有趣的课堂少不了矛盾的刺激，而这些矛盾其实来源于一个个任务，尤其是对于注意力相对分散的小学生群体，借助矛盾的提出激发学生的探索欲，以课堂的集体参与氛围吸引学生的注意力具有意想不到的成效。因此，将课程内容任务化，不仅可以有效增强课堂的戏剧性、情节性色彩，而且可以分层次保障阶段目标的实现，其以特定的任务安排带动学生高效投入课堂，保证每个环节有着别具一格的吸引力，使得课程的进展具有抑扬顿挫的动感美，而每个任务板块的设计都具有内在的联系，环环相扣，相互契合，形成一种自然而然的连贯性，以实现最终的教学目标。例如，在《为中华之崛起而读书》一课教学中，教师在进行任务设计之前要抓准该单元的教学导向，如该单元旨在以"家国情怀"为主体背景，借助文章培养学生关注主要人物和事件，把握文章主要内容的能力以及在学生的心中播下爱国的种子。再结合《为中华之崛起而读书》的个性要素，可以将该文章的教学设定为四个任务：第一个任务，简要介绍时代背景，认识周恩来总理。首个任务作为导入应当建设一定的课程基础，带领学生率先走入周总理的生平事迹，为走入周总理的少年时代打下铺垫。第二个任务，默读课文，归纳课文讲述的三件事，引入"时间、地点、人物、起因、经过、结果"六要素，引导学生进行串联实践，概括文章主要内容，这个任务目标在于扎实推进学生的事件概括能力，契合本单元和本文立意。第三个任务，聚焦周总理的立志原因，进行关联学习，文章中多次提到"中华不振"，插入"中华不振"背后的原因，导出少年周恩来立志的原因，带动学生走入文章，体会时代之悲鸣，以及少年周恩来的诚挚爱国之心。第四个任务，练笔为谁读书，培养学生的思考与写作能力，与本课挂钩，引发学生对于自身读书真正意义的探索，引导学生树立正确的价值观，有效实现课程内容的串联和过渡。一步一步以任务为驱动力，实现课程内容的层次输出和渐进学习，这也是课程内容任务化的意义所在。

第四，内容活动化。兴趣是最为持久稳定的学习驱动，小学语文实践进教学内容需要做到以趣为先，而活动具有生动、鲜活、多元、互动的特征，不失为有效的构建载体。"灌输式"的教学模式极大地压抑了小学生的自主创新能力和跳跃的思维体系，使得课堂的进行无起落、无亮点。如何摆脱这种"单向输出"的尴尬境地，营造一个生动活泼的课堂氛围，确保师生之间高效互动，激发学生的内在潜能，课程内容活动化无疑是有效的教学模式配置。例如，在接触神话、成语、名人故事的过程中，若单纯地进行介绍和学习难免使课堂变得枯燥乏味且生硬，激化学生的学习疲乏和恐惧心理，淡化学生学习兴趣。对此，教师可以进行相关活动的设计，在保障学生课程学习积极性的同时，也拓宽学生的知识积累。比如，在学习神话故事、成语故事的过程中，教师可以划分组别，按照组别安排角色扮演，并通过各种不同的激励机制激发学生的猎奇心理，推动学生走出羞涩的圈子踊跃参与活动，在保障学生灵活吸纳课程内容的同时，保持课堂新鲜感，增强课堂体验感，让学生在优质状态下学习，不容易分神、疲惫。

第五，内容过程化。小学语文实践进教学内容的落脚点在于拓展学生的认知边界，丰富学习体验。因此，教学构建需要坚持以学为中心，突出学生主动发现与探索语文知识的过程。学习本身就是一个循序渐进的过程，急功近利必然不利于可持续性的学习。培养学生良好的学习习惯，让知识的摄入就像是在品味一道美食，而咀嚼的过程至关重要。这个过程可以创造各种可能性，不同的人在细细品味的过程中所产生的所知所想千差万别，要允许这个过程存在，以保障学生都有其独特的学习体验。因此，教师不论是在课程安排还是在课程教授的模式设计上都应当由浅入深、自然地开展，在引导学生走向文章中时，切忌冒进式前行，忽视学生的课程感受和接受能力，要扎扎实实推进学生知识积累和学习能力的提升，根据学情适时变化教学模式，注重学生的学习过程，增强学生的学习体验感。

第二节　学科实践进内容的学科实例

一、语文实践进内容的学科实例

（一）语文学科实践进内容的特点

首先，注重逻辑关系，设置学习任务。义务教育语文课程结构遵循学生身心发展规律和核心素养形成的内在逻辑，以生活为基础，以语文实践活动为主线，以学习主题为引领，以学习任务为载体，整合学习内容、情境、方法和资源等要素，设计语文学习任务群。[1]

---

[1] 中华人民共和国教育部. 义务教育语文课程标准（2022年版）［S］. 北京：北京师范大学出版社，2022：2.

其次，凸显学科特性，设计实践活动。语文实践活动不能等同于一般的实践活动或探究活动，它强调了语文学科的本质属性，即工具性和人文性。在设计教学活动时，必须凸显语文学科的特性，让语文课充满语文味。"听、说、读、写"就是典型的语文实践活动，对应新课标中的"识字与写字、阅读与鉴赏、表达与交流、梳理与探究"。①

最后，突出学生主体，落实学习活动。教师在设计语文实践活动时也要体现学生的主体性，必须"以语文学科核心素养为纲，以学生的语文实践为主线，设计'语文学习任务群'"。②

(二) 语文学科实践进内容的实例

1. 挖掘文本内容，开发实践资源。小学语文课程价值分散反映在一篇篇经典的文本之内，文本探究是学好语文的关键。为此，要想落实教学内容实践化建构目标，教师需要以教材为依托，仔细研读文本内容，积极挖寻文本语言知识、情感体验、教学理念、学习方法中的现实共生契机，有策略、灵活性地将文本理论资源转化为实践活动资源，从而促进学生情理共进、知行合一。

例如，执教《精卫填海》一课，语篇所属单元为统编教材四年级上册第四单元，属于神话故事单元，单元语文要素为"了解故事的起因、经过、结果，学习把握文章的主要内容。感受神话中神奇的想象和鲜明的人物形象"和"展开想象，写一个故事"。《精卫填海》是一篇文言文，对本课教学内容进行实践化处理，教师可以从以下角度着手。

第一，聚焦前期经验，进行猜读实践。比如，在导入阶段，让学生根据对"精卫填海"这一故事的前认知经验，从多个角度发挥想象，猜猜课文写了什么，之后在实际阅读中对自己的猜想进行逐一验证。简单的实践任务，不仅可以激发学生猎奇心理，活跃课堂气氛，还能够锻炼学生预测能力。

第二，聚焦汉字探索，进行游戏实践。本课涉及生字有"炎帝""名曰""溺而不返""衔"等等，字词识记也是文本重要教学内容，尤其是理解文言

---

① 王林波. 依托语文实践活动 有效达成学习任务 [J]. 语文建设，2023（20）：6.
② 中华人民共和国教育部. 普通高中语文课程标准（2017 年版 2020 年修订）[S]. 北京：人民教育出版社，2020：8.

字义，对学生今后文言文学习大有裨益，教师可以由此衍生"汉字王国探索"游戏实践活动，如"猜字谜""拉火车""我做你猜"等等，把识字学习融入游戏实践，无疑可以促进学生字词理解和持久记忆。

第三，聚焦语文要素，进行"绘·说"实践。教师不妨将《精卫填海》语篇所涉及的语文要素转化为不同的实践活动渗透到教学当中，如通过思维导图绘制故事大纲；带着思维导图上台讲一讲这篇文言故事，把"起因、经过、结果"用自己的话讲清楚；讲一个自己之前读过的神话故事。种种实践活动既丰富了学生动态学习，又紧紧围绕文本展开，对接了"实用性阅读与交流""文学阅读与创意表达"等学习任务群，寓教于乐中激发了学生兴趣，提升了对课文的理解。当然，文本内容中可衍生的实践资源举不胜举，如朗读竞赛、解题竞赛、话题思辨、读写结合等等，教师要筑牢"实践"意识，积极挖寻理实共生落脚点，实现教学内容实践化，由此优化课堂教学样态。

2. 结合主题立意，开发实践资源。统观语文教材单元编排，其采用双线组元的方式，衍生两大育人角度，一是人文主题，二是语文要素，两大主线共同促推学生语文核心素养发展。新时期语文教学提倡单元整合教学，教师不仅要围绕表征语言知识展开教学，还要聚焦主题立意落实人文教育，这样才能最大效度发挥语文课程育人价值。为此，教师在学科实践进教学内容建构时，除了围绕文本表征内容进行实践转化，还要结合单元、文本等主题立意开发实践化学习资源，促进学生人文素养进阶。

以统编教材四年级上册第四单元为例。本单元编排了《盘古开天地》《精卫填海》《普罗米修斯》三篇精读课文和《女娲补天》一篇略读课文，单元人文主题是"神话的魅力"，主题与学生兴趣相契合，因此，聚焦单元主题立意，教师在实际教学中可以营造适宜的"神话"氛围，从合作学习处衍生实践契机。比如，将学生按照组内异质、组间同质的原则划分为合作学习小组，让每个小组起一个与神话相关的队名，如西游队、盘古队、女娲队等等。然后将"我是神话传讲人"作为本单元学习的大主题，并将语篇阅读、习作教学内容细化为一个个实践探究任务，如字词释义与积累、情感朗读与竞赛、段落解析与梳理、资料搜集与补充、拓展练习与辩论、情境表演与交流等等。在开放活跃的学习气氛中，让学生通过丰富有趣的实践学习解决一个个难题，切身体悟神话的魅力,实现核心素养发展。

3. 聚焦生活视域,开发实践资源。陶行知先生曾说:"生活即教育,社会即学校,教学做合一。"语文离不开生活,实践更是从生活中来,教师在进行实践进教学内容建构时,要跳出单一的"课堂思维",建立"大语文观"意识,聚焦生活视域,从源头活水开发实践资源,把语文教学渗透到生活方方面面,以此彰显生活教育意义,促进学生知行合一。

例如,执教完《盘古开天地》《精卫填海》《普罗米修斯》《女娲补天》单元课文后,教师可以开展"走进神话,亲近神话"学科项目学习,项目主要细分为以下几类活动。

第一,认识神话。对接"文学阅读与创意表达"学习任务群,设计如下实践化任务活动。

任务一:通过图书馆、网络等载体,查阅神话主题书籍或文章,认真阅读并写一篇读书报告;

任务二:实地走访,收集当地民间神话故事,并制作神话故事集锦;

任务三:综合阅读与实地调查所得,分析神话故事的主要特征。

第二,具象神话。对接"跨学科学习"学习任务群,链接美术、歌唱、表演、信息技术等课程,设计如下实践化学习内容。

任务一:画一画自己喜欢的神话人物;

任务二:小组合作将课文改编为课本剧,演一演神话故事;

任务三:拟定切实可行的神话故事宣传方案,并付诸实践。

在多姿多彩的实践活动与项目展示中拉近与神话的距离,感受神话的魅力,揭开神话神秘的面纱。这些实践活动不仅可以锻炼学生语文知识能力,增长学生文学见识,同时还能够为学生完成本单元习作任务"我和____过一天"提供丰富的素材。

综上所述,小学语文学科实践进教学内容有助于体现语文课程的开放性,突出学生学习的主体性,对语文教学减负提质大有裨益。具体实施中,教师可以从文本内容、主题立意、生活场域中积极挖掘教学内容实践化契机,结合教学要求、学生需求,开发各种形式的实践活动资源,从而丰实教学样态,促进学生学习。

二、数学实践进内容的学科实例

（一）数学学科实践进内容的特点

在传统教学中，教师以追求教学形式的固定化、问题解决的技巧化、问题答案的规范化为主要目标，学生遵循教师的线性教学模式进行按部就班地学习。《课标》将"变革育人方式，突出实践"作为义务教育课程应遵守的原则之一，在"深化教学改革"的具体措施中明确提出应"坚持素养导向，强化学科实践"。学科实践作为一种新型教学方式，以"注重学科性，强调实践性"超越了传统的知识授受方式和通用的探究活动，成为发展学生学科核心素养的新理念。

余文森教授在《新课标呼唤新教学——新时代教学改革的方向与路径》一文中提到，学科实践强调基于情境、问题、任务、项目进行学习，在这样的学习中，知识不再直接呈现，而是被融入情境、问题之中，或被嵌于任务、项目里面，学生必须通过进入情境、解决问题或完成任务、实施项目，才能面对知识、学习知识。这样的学习过程就不只是单纯地获得知识、掌握知识，同时也是发现知识、使用知识的过程。实际上，这也是新课标所倡导的"用中学""创中学"，它不仅是"活化知识"的过程，同时也是"关键能力"培育的过程。简而言之，学科实践是知识学习和能力发展有机统一的过程。

（二）数学学科实践进内容的实例

1. 创设情境，亲历学习过程（以情境为载体）

《课标》要求加强知识学习与学生经验、现实生活、社会实践之间的联系，注重真实情境的创设，增强学生认识真实世界、解决真实问题的能力。强调要注重情境的多样化，在教学中让学生接触社会、经济、文化、科学等多个领域的真实情境，使学生感受数学在现实世界中的运用，体会数学的价值。情境学习理论强调的是知识和情境的相互作用。学生只有在特定的实践情境中，才能够将自己和自己的经验融入其中，进而理解知识、运用知识，实现知识的整合。

第一，构建生活情境，触发内在情感体验。选取学生熟悉的情境，将学科知识巧妙融入现实生活当中，学生借助情境理解教学内容，唤起内在情感体验。例如，学习轴对称图形时，鼓励学生从蝴蝶、灯笼、窗花、建筑等熟悉的事物中发现它们的本质特征，从而认识轴对称图形；再如教学"除数是整数的小数除法"，可以设置这样的情境：

> 超市里有 2 种包装的法式面包，一种是 2 个 13 元，另一种是 4 个 24 元，善于思考和爱提问的你们，会提什么问题呢？
> 哪种面包更便宜？怎样才能知道哪种面包更便宜？

围绕超市购物导入生活情境的提问方式，将学生的生活经验充分调动起来，更有利于学生理解问题。并且在现实生活中，学生外出购物时，经常会遇到类似的问题，对计算商品价格有一定的见解，将其设计为实际问题，更有利于学生掌握数学知识。

第二，构建文化情境，发挥素材育人价值。数学承载着思想和文化，是人类文明的重要组成部分。数学是研究数量和空间形式的科学，具有抽象性和复杂性，对小学生来说具有一定的难度，而数学文化的融入，可为学科实践提供现实基础。例如，学习"圆的面积"这个知识时，可以让学生了解数学家刘徽割圆术："割之弥细，所失弥少，割之又割，以至于不可割，则与圆周和体，而无所失矣。"刘徽提出的计算圆周率的科学方法领先世界千余年。设置这样的文化情境，帮助学生在历史与现实之间建立起一座桥梁，弘扬中华优秀传统文化，增强学生的文化自信和民族自豪感。

又如学习"四则运算的意义"时，让学生了解四则运算符号的发展史，帮助学生了解数学知识的背景，体会数学演变的过程，感悟数学知识深层次的内涵，从而更全面、深入地理解所学知识。文化育人，能让学生感受到数学的博大精深，领略人类丰富的实践智慧。因此，以多样的数学文化创设情境，既能体现数学的本质，又能突出素材的育人价值。

第三，构建科学情境，体现学科融合价值。"数学科学情境包括数学命题、数学探究、数据分析、数学实验等问题情境，与最新科学技术紧密联系，关注与未来学习的关联和数学学科内部的更深入的探索。"教师根据教学需求，结合学生熟悉的科学知识，创设合理的科学情境，助力数学学习，促进学科融合，提升核心素养。例如，在教学五年级数学"小数的乘法"知识时，可以创设学生熟悉的科学情境：已知声音在空气温度 15 度时的传播速度是每秒 0.34 千米，小丽看见远处有闪电，3 秒后听到雷声。算一算，小丽离闪电处有多远？学生在四年级的科学课上对声音的产生和传播知识有了一定的了解，学生在熟悉的科学情境中学习新知，感受数学应用的广泛，体会学科融合的价值。又如，认识面积单位"公顷和平方千米"，可以创设这样的科学情境题：植物经过光合作用后，可以释放出氧气和吸收空气中的二氧化碳。1 平方米的森林每天能释放氧气 75 克，1 平方米的森林每天能吸收二氧化碳 100 克。那么，1 公顷森林每天能释放氧气多少千克？吸收二氧化碳多少千克？1 平方千米的森林呢？学生进一步形成 1 公顷、1 平方千米的表象，同时渗透了科学知识，激起对科学领域的兴趣。

2. 提炼问题，点燃探究火苗（以问题为载体）

在数学教学中，问题是教学的出发点，也是驱动学生积极思考、推动课堂教学的有效载体。《课标》在教学建议中指出：要重视设计合理问题。即在真实情境中提出能引发学生思考的数学问题。教师需要在深入研究教材内容、了解学生已有知识经验的基础上，关注数学知识与学生已有经验之间的联系，围绕教学目标，在学生的认知起点和最近发展区设计有思维含量、有层次、有梯度的问题链，促进学生的思维从无序状态向有序状态提升，从点状水平向结构化水平提升，促进学生的深度思考和深度学习。例如，在五年级上册"平行四边形的面积"教学中，教师可以设计以下"问题链"：

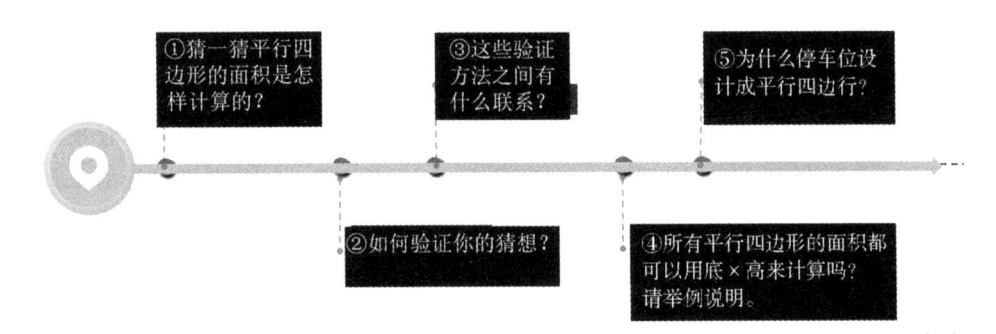

①猜一猜平行四边形的面积是怎样计算的？
②如何验证你的猜想？
③这些验证方法之间有什么联系？
④所有平行四边形的面积都可以用底×高来计算吗？请举例说明。
⑤为什么停车位设计成平行四边行？

第一，提炼指向知识本质的问题。知识本质是学科知识本身所固有的区别于其他知识的根本属性。因此，问题要突出知识本质，有思维含量，是值得探究的真问题。如图中"③这些验证方法之间有什么联系？"这一指向知识本质的问题，促使学生打开思维，展开讨论、交流，不断探索知识的内涵和外延，从本质上深入理解平行四边形的计算公式，借助几何直观渗透转化思想，发展推理意识、模型意识。

第二，提炼指向深度学习的问题。深度学习是指学生在教师引导下，围绕富有挑战性的问题，全身心地积极投入，通过同伴间的合作与探究，运用高阶思维，迁移已有经验，最终解决实际问题的有意义的学习过程。在这个过程中，学生掌握学科的核心知识，把握学科的本质及思想方法，形成积极的内在学习动机、学习态度和正确的价值观。如图中"④所有平行四边形的面积都可以用底×高来计算吗？请举例说明。"学生围绕这个问题进行分析、思考、探究，点燃主动探索的智慧激情，促使学习走向深入。有利于学生从深层次认识知识间的联系，实现结构化学习，感悟事物间变与不变的思想，养成批判性思维。

第三，提炼指向实践应用的问题。《课标》指出：引导学生用数学的眼光观察现实世界，运用数学知识和方法解决问题，体会数学与现实世界的密切联系。因此在提炼问题时，还要注重指向实践应用，促使学生在反思中迁移类推，用创新的方式看待问题，提升应用意识，培养创新能力。如图中"⑤为什么停车位设计成平行四边形？"引导学生将所学知识运用于生活，让学生感受平行四边形的面积与客观世界之间的联系，体验数学在生活中的应用，拓宽认知视野，养成创新的思维品质。

3. 任务驱动，培养关键能力（以任务为载体）

《课标》在"教学建议"中指出：改变单一讲授式教学方式，注重启发式、探究式、参与式、互动式等教学方式。以任务为驱动，让学习更有指向性，进行自主探索、实验验证、问题解决、建立模型。在这一过程中，学生主动参与实践、探索，和他人达成多维互动，积累学习经验，丰富语言表达，提升关键能力，为学生学科素养的全面提升与发展提供良好助力。

第一，设置挑战性学习任务。挑战性任务是一种能够切入学生最近发展区的任务。结合具体的知识内容，制定挑战性的任务，让学生在迎接挑战、完成挑战的过程中，树立学习信心，实现数学思维的发展。例如，教学一年级上册"认识个位和十位"这个知识时，精心设置了如下这些学习任务，让任务成为驱动学生数学学习的动力引擎，成为数学学习的重要载体。

任务1：用两种颜色不同但形状相同的圆片表示出11。

任务2：用两个颜色、形状都一样的圆片表示出11。

任务3：在计数器上拨出11。

设置这样的挑战性任务，能让每位学生的认知经验被唤醒，激活释放学生数学学习的潜质，引导学生在"做数学""辨数学"中，获得对数学知识的本质认识。

第二，设置探究性学习任务。探究性学习任务要鼓励学生大胆猜想、质疑问难，给学生提供思考性的指导意见。尤其是学生出现错误或偏颇时，要引导学生自主发现问题、自主矫正，真正将思考与学习变为学生主动探究的过程。例如，在学习"圆的周长"这节课时，设置了如下探究任务：

任务1：测量圆形纸片的周长，你认为圆的周长与直径有什么关系？

任务2：选择一些圆面的物品，分别量出它们的周长和直径，并算出周长和直径的比值，观察这些比值，你发现了什么？

学生通过猜测、探究、验证，自主参与探究学习，充分调动主观能动性，积累数学活动经验，培养自主学习的意识和能力。

第三，设置实践性学习任务。实践性任务要让学生经历动脑、动口、动手等操作活动，感悟数学知识的本质与内涵。教学中教师要善于创设实践性学习任务，促进学生"做中学""创中学"，培养学生的探究精神和实践能力。例如，教学"长方体和正方体的表面积"这节课，就可以设置实践性学习任务。

任务1：剪一剪，将长方形和正方形纸盒沿棱剪开，认真观察展开后的图形。

任务2：请在展开图中，分别用"上、下、前、后、左、右"标出6个面。

任务3：将展开图还原成立体图形。

学生通过操作、观察、比较等实践活动，加深对长方体和正方体表面积的理解。在多种感官参与下，学生的思维水平在平面图形和立体图形之间不断切换，表象更加直观清晰，发展了学生的空间观念。

4. 主题活动，提升核心素养（以主题活动为载体）

《课标》指出，小学阶段的实践领域，主要是以主题式学习的形式。学生将在实际情境和真实问题中，运用数学和其他学科的知识与方法，经历发现问题、提出问题、分析问题、解决问题的过程，感悟数学知识之间、数学与其他学科知识之间、数学与科学技术和社会之间的联系，积累活动经验，感悟思想方法，形成和发展模型意识、创新意识，提高解决实际问题的能力，形成和发展核心素养。主题活动按内容可以分为两类：第一类是融入数学知识学习的主题活动，第二类是运用数学知识及其他学科知识的主题活动。

　　第一，学科内的主题活动。学科内的主题活动是指学生通过操作、探究、交流等具体活动，进行数学知识的学习和应用。第一学段主题活动，涉及"认识货币单位，认识时间单位时、分、秒，认识东、南、西、北四个方向"等知识的学习。

数学知识内容	主题名称
数、数量、图形、方位等	数学游戏分享
人民币的认识和计算	欢乐购物节
时、分、秒的认识及时间单位的关系	时间在哪里
上、下、前、后、左、右方位的认识	我的教室
测量长度的知识、长度单位	身体上的尺子
学过的数学知识整理、数量关系	数学连环画

　　例如，学习人民币相关知识时，以"欢乐购物节"为主题活动。基于生活经验，让学生回顾看到过的和经历过的购物过程，教师设计购物活动，帮助学生在这样的活动中认识并学会使用人民币，体会货币单位的换算，加深对加减运算的理解，形成初步的量感。同时，帮助学生感受货币的作用、商品与货币的关系，形成初步的金融素养。

　　第二，跨学科的主题活动。在跨学科主题活动中，学生将综合运用数学知识解决问题，体会数学知识的价值，以及数学与其他学科的关联。第二、三学段主题涉及"认识年、月、日，认识常用的质量单位，认识方向，了解负数"等数学知识的学习，学生在活动中综合运用数学及其他学科知识解决问题，提高应用能力。

数学知识内容	主题活动
24时计时法，认识年、月、日及简单历法知识	年、月、日的秘密
认识克、千克、吨，以及它们之间的关系	曹冲称象的故事
认识东北、西北、东南、西南四个方向，了解"几点钟方向"，会描绘物体所在的方向	寻找宝藏
理解度量衡的意义，加深对量和计量单位的理解	度量衡的故事
负数的相关知识	如何表达具有相反意义的量
比例尺、方向、位置、测量等知识的综合运用	校园平面图
收集重大体育赛事素材，提出数学问题，设计问题解决方案	体育中的数学

例如，在学生分别认识了长度、面积、质量、时间、货币等相关量的意义后，以"度量衡的故事"为主题，融合语文、美术学科知识，引导学生查阅资料，让学生了解度量衡的历史与发展。查找成语中的计量单位，了解成语中这些计量单位在古代的具体意义，并换算成现代计量单位，感悟计量单位由多元到统一，由粗略到精细的过程，培养科学精神。最后组织主题墙报展，丰富对计量单位实际意义的理解，并发展数感。

学科实践将学科知识与实践活动相结合，旨在优化学科教学模式，丰富课程内容呈现方式，促进育人方式和学习方式的变革，形成和发展核心素养。

三、科学实践进内容的学科实例

科学课程中的学科实践是依托学科问题导向综合性的实践学习。学科问题是承载复杂学习情境、知识多维属性以及师生多元互动的问题依托，聚焦学生在问题解决过程中所必须经历的学习过程和学习方式。科学课中，综合性的复杂学科问题有利于激活学生的认知思维和探索心理，学生可以在真实有意义的情境、问题、项目、任务中获取新知，深化知识理解，诱发知识迁移。

（一）真实情境：以情境性为主呈现内容的基本方式

真实情境与学生的生活情境、知识背景、自然和社会相关，有助于学生主动、积极地参与学习活动。科学课堂中的真实情境包含几种不同的层次：第一层次是在生活中真实发生的情境。以三年级《认识气温计》一课为例。通过创设生活中不同天气下的真实穿衣难题，引发学生的测气温需求；通过"设计气温计""练习读数"两个活动，引导学生掌握气温计的基本结构、工作原理和读数方法，并在其中穿插"模型与工具""水温计和气温计""认识其他测温工具"等活动，引导学生从原理和结构角度思考不同测温工具的差异，从而明白人类的需求进步催生了不同的工具，而不同的工具又因此有着不同的局限性。第二层次是虚拟的真实情境。其中包含通过科学史培养学生的科学思维，通过重演人类对科学认识的历史，体会科学家取得成就所经历的探究过程。以六年级《电和磁》为例。通过讲述1820年，丹麦科学家奥斯特在一次实验中，偶然让通电的导线靠近指南针，发现了一个奇怪的现象。就是这个发现，为人类大规模利用电能打开了大门的故事。进而引导学生也来经历一次奥斯特的发现之旅，看看自己能不能像科学家一样观察到这个改变人类生活的重大发现。进一步引出本节内容，通过初步体验磁针偏转实验，再到寻找更多的证据——通电导线使指南针偏转更明显，全程通过科学史进一步贯穿内容。科学史的应用，可以引领学生像科学家一样去探索，激发他们的求知欲。第三层次是真实可靠的情境，是与科学问题的提出有必然联系的合情合理的"故事"，真实情境一定暗含"合情合理"、链条完整的"故事"。以五年级《物体的传热本领》为例，通过创设生活中喝汤时勺子烫手的情境，唤醒学生相关生活经验，继而通过设计与操作实验，了解几种常见材质的传热本领，认识热的良导体与热的不良导体的概念及分类，进一步分别从空气、水、地板、厨具等角度了解生活中热的良导体与不良导体的应用及原理，将科学与生活紧密联系在一起。

（二）问题链：以学科问题为主线串联内容的梯度

问题链是在学科课程标准和教学目标的引导下，结合相关教学内容进行梳理、提炼、升华，设计成的符合学生学情、能够发展学生思维能力的，一组环环相扣的有层次性、梯度性、发展性的问题。利用问题链展开教学，遵循学生的"最近发展区"规律，兼顾学生的个体差异性，能让各个层次水平学生的思维都得到发展，真正做到让学生主动地参与，积极地建构知识，在发现问题、探索问题和解决问题中不断发展思维，促进学习品质的提升。

科学课堂以问题链为引子，在有层次性的子问题的引领下，基于伙伴之间的研讨、碰撞，验证方法的可行性，通过一次次与新思想、新问题的交锋、对决，让课堂动态生成，让学习渐入深处。以教科版小学科学四年级下册《土壤的成分》一课为例。关于土壤的成分，学生基本可以用观察的方法找到土壤中肉眼能直接看到的物质，教学重点就落在猜测寻找看不见的成分——水和空气上。为了更好地引领学生的探究，教师以主问题"校园里的土壤中还有什么呢"为引领，通过子问题1：如何继续研究土壤里面还有什么？子问题2：推测土壤里面还可能有什么？怎么验证？引出看得见的物质与看不见的物质研究方式的不同。从基础性问题入手，将内容以问题链形式联结，促进学生迁移至发展性问题，思维走向深处，学习真正发生。在解决问题的过程中，充分发挥学生的主体作用，顺应学生真实想法，将无意识的探究行为转化为有意识的、深层的科学探究活动，促进学生将科学实践的量与科学概念的质建立联系。学生在实践操作中完成知识的建构与迁移，提高了实践能力，提升了思维品质。

（三）跨学科项目：以多学科为路向的实践内容路径

构建体系化的科学课堂中跨学科学习项目，需要厘清项目主题之间的逻辑关系。若设计的项目主题仅是学科机械叠加，项目之间缺乏内在逻辑，那么跨学科学习将变得散点化和碎片化。应注重教材内容的再开发与生活逻辑的关联、递进的主题。以steam项目《恭喜你——制作纸电路贺卡》为例，其涉及内容为四年级电路知识。在教学中所涉及的非直观电流，是学生理解上的难点。在内容的选择上，首先提取科学知识。该项目涉及的电路基本知识以及通路、短路、断路等科学词汇为基本认知要点。在内容呈现上，为了更好地渗透"技术和工程"领域的概念，注重工程思维的培养，以解决生活中的实际问题。在细化项目上，注重内容的衔接，从"点亮一盏LED灯""不同方式点亮两盏"到"设计完整电路贺卡"。在内容设计中，以导电胶带为主要工具，在"做中学"的教学理念下，带领学生探索电子世界的奥秘，通过以点亮贺卡中的LED灯为实例，在提供的材料说明书中认识电池、LED灯等电路元件的特性，学会三种纸电路（直角电路、双拐角电路、开关电路）

的拼贴方法，初步拼贴简单电路，将电路知识中完整电路的四要素融入其中；通过卡片的设计及电路的设计，将学科内容中完整电路由电源、开关、用电器及导线且形成闭合回路的知识进行内化，进一步落实跨学科概念中的系统与模型。

科学本身以实践为主，以项目为依托的内容设计上可寻找教材中的科学概念和其他学科的融合再创造。以"做一个馒头"为例，此课例是基于学科实践强调学生自主获取知识，针对微生物在劳动实践中的应用，结合六年级第一学期第一单元"微小世界"，认识微生物在生活中的作用而设计的。在课程内容上，将劳动作为主线之一，划分项目时注意内容的衔接性。"馒头发酵中酵母的多少、白糖的多少等"，即将科学结论融入并转化为具体可实施的方案与项目——"修订劳动方案——馒头发酵的奥秘""开展劳动实践——制作馒头"，运用科学探究结论解决制作馒头劳动实践中的问题。

（四）任务探究：以维持学生内驱力的内容重整

小学科学学习内容丰富，但内容间的衔接割裂性太强，学科实践中强调知识习得的连贯性，学生作为学习主体，以任务进行整体设计，建构系统知识网络，促进整体思维发展。学生通过经历知识的发展过程，知道整体内各部分之间的层次和结构，最终形成认知网络，再现客观事物的全貌。在科学"大任务"的学习模式中，学生通过整体性思考了解"我要做什么"（即任务），明白"我会怎样做"（即学会学习）。在任务设计上，优化学习路径或者设计有梯度的任务，让学生用自己的方式"跳一跳够得着"。例如，六年级上册《制作手摇发电机》，其中要求认识小电动机，并且尝试让小电动机转动起来，逐步将任务细化解决，形成相对完整的思维框架，即任务"我要让小电动机转动起来"，由此思考需要解决的问题，将问题分解为"认识小电动机的结构组成""小电动机的各部分结构其作用是什么""动手让转子转动起来"，尝试突破大任务"让小电动机转动起来"，由此获得能量转化的概念。同时尝试解决现实问题"能否将其改为发电机"，学生在解决问题的同时增强学习自信与提升学习素养。

第四章　学科实践进活动

2022年版《义务教育课程方案》指出，义务教育课程应遵循的基本原则之一是"变革育人方式，突出实践"，要"加强课程与生产劳动、社会实践的结合，充分发挥实践的独特育人功能。突出学科思想方法和探究方式的学习，加强知行合一、学思结合，倡导做中学、用中学、创中学"。2022年版语文课标在"前言"中明确指出："强化课程综合性和实践性，推动育人方式变革，着力发展学生核心素养"，在"课程理念"中提出"增强课程实施的情境性和实践性，促进学习方式变革"。这些重要阐述都把实践和育人、学习方式联系起来了，并认为实践具有特殊的育人功能，把实践提到了独特的地位。因此，在学科课堂教学中，学科实践如何走进教学活动、学科实践活动如何有效设计和开展等问题就显得尤为重要，亟须探究。

第一节　学科实践进活动到"学科实践活动"

学科实践进活动，是指突破以往学科教学过程中"为活动而活动"的学科"虚践"现象，而将学科实践本身视为学生学习方式的基本活动体现。在此意义上，学生的学习活动就是学科实践活动。因此，讨论学科实践进活动的问题，正是探讨如何将学生的学习活动回归到学科实践本身的问题，以及教学活动如何围绕学科实践而组织和实施的问题。

2022年版各学科新课标颁布，提出了"变革育人方式，突出实践要求"

"强化学科实践""以学科实践活动为主线"[1]等一系列理念和要求,此举意在强调"以学科实践活动为抓手,以实践改变传统坐而论道的教学方式,建立实践型的新型育人方式"[2]。这反映了学科实践活动的重要价值。由此,如何有效开展各学科实践活动便成为一个亟待阐明的问题。

因学科知识体系的不同,各学科实践活动在教学中也会表现出显著差异。在此,特以语文学科实践活动为例,加以说明和阐述。

首先,要明确本学科的学科实践进活动的内涵要义。在此,"学科"既是学校教学意义上的科目,也是代表某种学问性质而划分的门类,如语文、数学、物理、化学等[3]。"实践"即做事,强调在做中学、用中学、悟中学。而"学科实践",顾名思义为在学科学习中行动,它意味着学习方式的变革、课程形态的创新和教育观念的转变[4],是实现新时代课程育人的主要方式和途径,包括知识习得的实践和知识运用的实践两大方面。以学科知识学习为基础是学科实践的一大特点,其中包含学生对学科知识的理解、运用和转化等过程,没有知识的学科实践是浅层的、狭隘的。[5]概言之,学科实践是一种蕴含在学科内部,以学科知识学习为基础的,强调做中学、用中学、悟中学的学习方式。具体化到语文学科来说,它既注重突出语文学科的本体特点,也注重体现语文学习的实践特性[6],其具体样态就是语文学科实践活动。因而,语文学科实践活动可以理解成一个学语言、用语言的过程,是指由学生进行的朗读、品析、欣赏、背诵、讨论、批注、写作、笔记等活动;是着眼于学

---

[1] 中华人民共和国教育部. 义务教育课程方案(2022年版)[M]. 北京:北京师范大学出版社,2022:14.

[2] 余文森. 学科育人价值与学科实践活动:学科课程新标准的两个亮点[J]. 全球教育展望,2022:14-15.

[3] 中国社会科学院语言研究所词典编辑室. 现代汉语词典[M]. 北京:商务印书馆,2016:1488.

[4] 苏鸿. 学科实践:时代内涵与现实追求[J]. 课程·教材·教法,2023(4):28-33.

[5] 崔允漷,等. 溯源与解读:学科实践即学习方式变革的新方向[J]. 教育研究,2021(12):55-63.

[6] 徐鹏,王彤彦. 学科实践:义务教育语文课程的育人路径[J]. 课程·教材·教法,2022(11):14-20.

生语文素养的积累和读写技能的提升，充分利用课文，为学生设计充分有效的训练活动。[①] 依照新课标，语文实践活动有四大类，即"识字与写字""阅读与鉴赏""表达与交流""梳理与探究"。它们属于中观层面的语文实践活动，其下又辖有更具体的微观层面的语文学习活动。语文教学要进一步实现从中观的语文学科实践活动到微观的语文学习活动的细化，方可增强学科实践活动的操作性，实现一线教学中学科实践进活动的现实要求。

其次，要了解本学科的学科实践进行活动的可能路径。传统学科教学往往强调知识的讲解和分析，只教书不育人。而新课标导向下的学科教学则与此有别，注重学科实践活动的开展与落实，教师应当根据具体的目标要求和情境，探寻相应的实践活动路径，并使之成为学生主体性发挥的重要方式。[②] 具体到语文学科来看，一是要对标语文课程标准，研读语文教材文本。一线教师应重视、学习、落实语文课程标准。不管是在教研、备课还是教学实践中，语文教师都应以新课标为本，了解新课标对语文各学段教育教学的要求。在认真对标新课标的基础上研读语文教材文本，明白教材文本中有哪些符合新课标要求的应教内容。二是要挖掘语文教材资源，整合语文教材资源。在初步了解语文教材后，应深入文本反复挖掘教材各处符合新课标要求和教学目标的教材资源，秉持"联结融通"的理念，整合零散的语文教材资源，统整分散的教材资源，达成知识的结构化，支撑学生系统地学习、练习，实现知识技能的迁移。三是要观照学生生活实际，确定语文学习活动。比如，语文学科实践活动以"识字与写字、阅读与鉴赏、表达与交流、梳理与探究"四样态来设计活动路径，以实现各学段学科实践进活动的目标。

最后，要熟悉本学科的学科实践活动的典型范式。在知识习得和运用的过程中，语文学科实践活动包括"识字与写字、阅读与鉴赏、表达与交流、梳理与探究"的听说读写四大实践活动。教学中应通过语文实践活动以及下辖的各种语文学习活动来凸显语文学科活动中的实践性。下面以统编版小学语文一年级上册第六单元第一课《影子》第二课时为例，来展示相关活动

---

① 余映潮. 语文实践活动的设计要领[J]. 中学语文教学，2014（4）：1.
② 崔允漷，张紫红. 义务教育课程改革的愿景、使命与方向——专访华东师范大学崔允漷教授[J]. 教师教育研究，2023（1）：1—7.

案例。

《影子》第二课时学习任务和语文实践活动

课标要求	教材资源	学习任务	语文实践活动
【识字与写字】识字、写字、掌握汉字基本笔画和常用的偏旁部首，能按基本的笔顺规则用硬笔写字，注意间架结构。 【阅读与鉴赏】学习用普通话正确、流利、有感情地朗读课文。 【表达与交流】积极参与讨论、交流。 【梳理与探究】观察字形，体会汉字部件之间的关系。	《影子》课文内容、生字、语文园地字词句运用	任务一：以旧促新，联结融合	活动一：开火车，多种方法复习汉字； 活动二：做联结，融通园地复习结构。
		任务二：游戏导学，趣悟朗读	活动一：读短文，出示图片感悟课文； 活动二：抓字词，思考影子产生前提； 活动三：用经验，说说见黑狗的心情； 活动四：带心情，迁移感受品读课文； 活动五：对比学，区分"它""他"。
		任务三：以行探理，观察发现	活动一：实验观察，探寻影子产生奥秘； 活动二：拓展训练，仿照课文仿说小诗。
		任务四：指导书写，展示反馈	活动一：学新笔画，区别斜、卧钩； 活动二：学新偏旁宝盖头等与新字。
		任务四：绘本阅读，拓展延伸	活动一：学奥秘，了解影子的妙用； 活动二：听绘本，了解影子的故事。

总之，学科实践进活动本质上是为了变革学生的知识学习方式，改变传统的坐而论道，实现做中学、用中学和悟中学的目标。在"从实践中来，到实践中去"的活动过程中，把学科实践和育人方式、学习方式的变革统一起来。

第二节　学科实践进活动的学科实例

一、语文实践进活动的学科实例

（一）语文实践进活动的核心要义

新课标指出，"学生在积极的语文实践活动中积累、建构并在真实的语言运用情境中表现出来"。这指明了核心素养形成的内在机制：学生学什么，学生学习的是语文，是语文学科知识，这是语文学科实践的内容。因而，在学科实践活动设计和实施过程中应凸显语文味；学生怎么学，通过语文实践活动，这是语文课程典型的学习方式，要在实践中积累、建构、运用。可见，语文学科实践活动是言语实践活动，特指在语文教学中对语言文字的积累、理解与运用，这是一个学语文、用语文的过程。

（二）语文实践活动应该突出"五性"

1. 突出趣味性。"知之者不如好之者，好之者不如乐之者。"轻松愉快的学习气氛是萌发创造思维的最佳动力。要使学生从单调的听、说、读、写中走出来，就要将听、说、读、写与演、唱、画、制作、游戏以及参观、访问等喜闻乐见的形式巧妙结合。多方位激发学生的学习兴趣，调动他们的积极性，可使学生在轻松、活泼的气氛中更好地学到知识。

2. 突出实践性。"实践出真知"，语文实践活动就是让学生在活动中通过多种感官的参与，在"动"中接触事物、感知事物。我们要让学生走出课堂，走向社会，自主选择，探究体验。这样，学生自主地学，自觉地学，主动地学，会有事半功倍之奇效。

3. 突出综合性。首先，语文课堂教学是有局限性的，课堂教学的内容必须拓展和延伸，这就要求课内外联系；其次，语文实践活动应该注意学科间融合，努力淡化学科间的界限，淡化知识分割，在实践中综合运用各科知识。

4. 突出创造性。人类与生俱来就有追求美好事物的愿望，也具有本能的想象力。在实践活动中，要针对学生善于想象的特点，大力鼓励他们拓展自己的想象空间，激活创造思维。

5. 突出语文性。虽然语文课外实践活动各种各样，包括自然、社会、生活的各个方面，涉及科学、数学、道德与法治多个学科，但是它首先姓"语"，其落脚点在于全面提高学生的语文素养，其目的是让学生在语文课上学到知识，形成能力，在实际运用中得到锻炼，课内学到的知识在课外得到延伸，了解语文与生活的关系，培养收集和处理信息的能力。

(三) 语文实践活动的组织形式与类型

1. 语文学科实践活动的组织形式

组织形式是指为完成特定的活动任务，教师和学生按照一定要求结合起来进行活动的结构。根据语文学科活动的目的、内容以及学科特征，目前校园中普遍采用班级活动和小组活动两种最基本的组织形式。

（1）班级活动。班级活动是目前普遍实施的组织形式，以班级为单位进行，通常是全班同学共同参加的活动。班级活动面向全体学生，便于组织，时间与空间安排以及内容安排都有较大的灵活性，既可以安排每周一次的语文活动，也可以配合一个活动主题，集中安排。例如，语文竞赛周、文学欣赏周、读书周、晨会活动、班队主题活动等。

（2）小组活动。小组活动形式是指在统一的活动时间内，以学生的兴趣小组为单位进行活动，是小学语文活动课的主要组织形式，适用于完成选修的语文活动课程内容。有综合性的语文兴趣活动小组，也有专门学习某些内容的小组，如文学社、朗读社、校广播电台、小主持人、小记者团、莆仙戏团、卓雅电视台等。

学生参加活动小组可打破班级、年级的界限，建立在学生的兴趣爱好和自愿结合的基础上，有专门的辅导教师，固定的活动时间和空间。低年级的语文小组活动以兴趣活动为主，注重普及；中高年级语文小组活动以特长活动、创造性活动为主，注重能力的提高、特长的发展。小组活动形式有利于因材施教，及早发现语文人才，培养语言人才。

此外还有学校活动、个人活动等组织形式。学校活动有艺术节、体育节、故事节、科技节、六一节、教师节、国庆节、母亲节、端午节、中秋节等；

个人活动有自制读书卡片、记观察日记、整理新闻摘要、采访、自编作文集、收看新闻联播、收听儿童节目、科学小实验等等。

2. 语文学科实践活动类型

哪些活动属于语文实践活动呢？典型的语文实践活动就是"听、说、读、写"，对应新课标中的"识字与写字、阅读与鉴赏、表达与交流、梳理与探究"。如何用语文学科实践活动将其统整呢？

（1）语文竞赛式

有计划地、适当地开展语文竞赛活动，对调动学生学习语文的积极性有促进作用。竞赛可在不同范围进行，竞赛形式可模仿电视综艺节目的布局，全体学生分成手持"鲜花"的红、黄、绿、蓝几队，或是戴上动物头饰，组成几个大家族进行对抗赛。例如，识字赛、写字赛、限时间说成语赛、即兴发言比赛、辩论赛、读书知识竞赛等等。语文竞赛活动不提倡淘汰制，建议面向大多数学生，使大多数学生在竞赛中都能取得好成绩，从而体验成功感，激发学好语文的动力。

（2）语文文艺式

常见的语文文艺活动主要有语文文艺会和语文故事会。文艺会演出用有关语文知识编排的文艺节目，如语文故事、童话剧、课本剧、灯谜、相声等。例如，将童话故事改编成课本剧让学生表演，将约定俗成的成语让学生演绎成情节生动的故事，结合一年一度的"校园文艺节"，让学生扮演各种角色，举行校园文艺节新闻发布会，或让学生自编自演小品。语文故事主要介绍国内外文学家的故事、成语故事、寓言故事等。

例如，《张溥抄书》就是很好的活动资料。张溥是我国明朝末年一位著名的文学家，《五人墓碑记》这篇脍炙人口的文章就出于他的笔下。张溥读书有一个习惯，每读一篇文章，总是先抄录下来，背诵一遍，然后烧掉。随后又重抄一遍，再背诵，再烧。如此反复七次，把这篇文章背熟。因而，他的书房名为"七录斋"，他的文集名为《七录斋集》。

（3）语文游戏式

语文游戏的特点是趣味性强，简单易行，深受小学生尤其是低中年级学生的喜爱。活动时，学生不受整齐划一的课桌椅的约束，而且在动态组合中，开展语文接力游戏、找朋友游戏、开火车游戏、摘苹果游戏、大转盘游戏、猜词游戏、语文拼板游戏、语文智力游戏等。

（4）语文情境式

创设活动情境，设计一个特定的氛围，使学生沉浸于角色的体验之中。例如，在设计《周总理，我们怀念您》活动课时，教师可在黑板上张贴周总理的肖像，苍松翠柏环绕着，学生凝望相片，动情地诵读课文《一张珍贵的照片》中描写周总理外貌的句子。

接着，让学生凭借诗歌《周总理，您在哪里》，声情并茂地追忆周总理的足迹。于是，"小桂花"来了，"清洁工人"来了，站岗的"小郭"来了，青年工人"刘秀新"来了，……他们纷纷缅怀周总理的丰功伟绩，一同在《十里长街送总理》。这种情境式的活动，加深了对周总理品格的感受，激发了学生对周总理的热爱之情。

此外，还有尝试式、操作式、讲座式、调查式、阅读式、思维训练式、摘录式、编报式、汇报式等。教师可根据自身的特长、班级学生的特点以及语文课所涉及的内容范围，选择一种合适的形式，或选用多种辅助形式的综合活动。

（四）语文实践进活动，要"五策"并举

语文实践活动是学生在教师的引导下主动学习的过程。生动活泼、别开生面的语文实践活动，可以使学生不同的学习需求得到最大程度的满足，并从中感受到收获的喜悦和成功的快乐，为语文学习的长远发展打下坚实的基础。

教师巧妙设计语文实践活动，不仅可以帮助学生从"学语文"过渡到"用语文"，还可以激发学生的学习兴趣，提高学生的语言文字运用能力，增强学生的语文核心素养。积极的语文实践活动，目标指向学生核心素养的培养，可从如下方面进行设计或实施。

1. 转变课型，课内实践

（1）因材制宜，"画"语文。在语文教学中，我们可以改变原有的教学方式，把画笔引入课堂，这样不仅使学生有了浓厚的学习兴趣，而且也促使学生自主地探索语文的内涵。例如，在学习《宿新寺徐公店》时，了解诗意时教师让学生勾画出这首诗所描绘的景物，出现了稀疏的篱笆、茂密的树叶、奔跑的儿童和金黄的油菜花，学生如临其境，何必再要教师苦口婆心地说教呢？

（2）生动活泼，"说"语文。说，即口语表达，这是语文训练的基本功之一。我们在阅读教学中，可以把教师烦琐的讲解变为学生的口语表达，让学生生动活泼地"说"语文。例如，学习散文《五彩池》时，可让学生反复朗读课文后，为别人做小导游，介绍五彩池的美景。

（3）注重实效，"演"语文。在阅读教学中，让学生表演是促进其对课文进行全身心感受的有效手段，在理解课文的过程中，表演可以把抽象的语言文字转化为形象的语言、表情、体态，不仅提高了学生对课文深入理解的程度，而且也提高了学生整体的语文素养。例如，《陶罐和铁罐》这则寓言，形象鲜明，故事性强，可采用演的形式帮助学生理解课文，揭示寓意。

2. 学科融合，渗透实践

有人说语文教师应该是行家里手，是出色的导演，其实并不为过。我们每一位教师，尤其是小学语文教师，要让语文教学成为学生赏心悦目的感受过程，成为学生自我展示的舞台，教师可以在教学中采用读一读、演一演、唱一唱、讲一讲等多种形式，将音乐、美术、科学、道德与法治等学科涉及的知识带入语文教学中。例如，将习作课与科学实验课、美术课的手工制作联体，学生多了亲身感受和体验，就能够具体明确、文从字顺地表达自己的意思。

3. 走向自然，课外实践

语文作为母语，是最重要的交际工具，有着广泛的学习和实践空间。教师在施教过程中，要树立大语文的观念，使书本知识的学习与实践活动紧密结合，课内与课外沟通，促使学生的语文实践走向大自然。教师应注意激发学生进行实践的兴趣，给学生最大的自主学习空间，调动其积极性，以饱满的情绪参与语文实践。语文实践内容的确立应当因地制宜、因时制宜、因人制宜。例如，春天来了，小河解冻了，小草返青、柳枝发芽时，不妨带着学生走向自然，开展"找春天"的活动。学生在课外了解大自然、观察大自然，为语文学习打下基础。

4. 走向社会，综合实践

"学校即社会，社会即学校""发现学习"等理论和实践为教改指明了方向，教师应切实把书本知识与活生生的社会生产与生活相联系，使之更好地关注社会、适应社会。例如可依据学情与身边的社会资源开展如下社会实践活动：城市"牛皮癣"的来历、是谁污染了家乡的小河、网吧调查纪实、小摊门外的小摊卫生吗、城市公共设施使用调查、身边的交警、畅游家乡山水、错别字医生等。这些实践活动为学生积累了丰富的写作素材，使学生的语文素养大幅提升。

5. 评价改革，确保实践

指向素养提升的语文实践活动，有着清晰的教学目标。教学目标达成情况的呈现，需要评价的嵌入，进行多元评价反思提升。语文课程的评价，绝不能再仅用一张试卷考查学生，而应建立新的评价体系，在这个评价体系中，应该把实践活动纳入评价的范围。运用评价量表，进行学科实践活动时，教师的教学目标会更为清晰，学生的活动也会更有方向，积极的语文实践活动才能真正有效展开。在评价的形式上，我们可以采取不定期调研和集中问卷、抽测和检测、自评和互评相结合的方式；在考试的命题上，尽量增加一些开放性、灵活性、实践性强的题目，如诗配画、名言集锦、成语接龙等题型，题型要使学生思维空间大，并且答案不唯一，有利于学生的发挥和拓展。也就是说，我们要通过考试评价的改革，为语文实践活动的顺利实施创造条件。

（五）语文实践进活动注意要点

在落实语文学科实践进活动过程中，应注意以下几点。

1. 活动有限度。教师应深度学习，全面梳理，综合研判，提高学科实践活动的科学性，让活动有限度。《课标》要求"联结课堂内外、学校内外，拓宽语文学习和运用领域"，指出"课堂内外、学校内外"是开展语文学科实践活动的范围，语文学科实践应以语文学习为主导，综合运用语文学科知识，培养问题解决能力。语文学科实践活动能有效激发学生内驱力，引导学生运用高阶思维创新行动方案，完成真实作品或贡献有意义的成果，发展语文核心素养和综合素养。

2. 活动有梯度。《课标》对学生整个课程安排呈循序渐进、螺旋上升趋势，语文学科实践活动也一样，教师要在《课标》指导下以学段为整体，规划每学期、每阶段的语文学科实践活动的内容和方式。2022年版课标明确了每个学段的学科学习目标、内容、形式，教师要根据学生的年龄特点和学科知识要点，将学习目标与内容有计划地分解、贯穿到各个活动当中。其次，教师要明确每个学段的训练重点，如跨学科学习活动在第一至第三学段以观察、记录、参观、体验为主，第四学段则以设计、参与、调研、展示为主，重点展示学生的学习成果。

3. 活动有温度。语文学科实践活动要努力实现学科学习的方法关联与实践勾连，发挥人与人之间、学科与学科之间的协同育人效应，实现从知识统整到思维发展，走向真实问题的解决。学生是在真实情境中学习运用多学科知识解决真实问题，需要学生说真话、表真情、达真意，感受社会生活的温暖，培养真善美，塑造完美人格。

4. 活动有效度。语文学科实践活动要以"成果"为活动导向，进行逆向设计。教师在创设语文学科实践活动时，要设想学生取得学习成果是什么样的，为什么要取得这样的学习成果，如何搭建合适的支架保障取得成果，成果该用什么方式来呈现更合适等。在活动前，教师要顶层设计活动流程，精心组织活动过程，引导学生在活动过程中收集材料、解决问题、留下痕迹，还要不断总结提炼学科实践的发展成果。

语文核心素养是学生学好其他课程的基础，也是学生全面发展和终身发展的基础。教师若巧妙设计语文实践活动，学生一定能在丰富多彩、趣味横生的学科实践活动中主动探究、游戏、操作、合作、交流、表达等，逐步形成良好的个性和健全的人格，成为德、智、体、美、劳全面发展的人才。

二、数学实践进活动的学科实例

（一）创建游戏化实践活动

当前，很多小学生在数学课堂活动学习中都呈现了显著的被动态势，不愿意参与数学教学活动，甚至部分学生还产生了一定的心理抵触，给课堂教学带来了一定困难。在这种情况下，通过高质量的数学游戏可以带领学生感受数学学科的魅力，增强数学学科教学的趣味性。小学生处于爱玩的年纪，他们对各类游戏活动非常热情。教师在数学课堂中引入游戏活动，可以提高学生在数学教学中的参与度，逐步将自身对游戏活动的兴趣转移到数学学习中，感受数学的"好玩"。

例如，在人教版小学数学一年级"9加几"教学中，教师就可以在课堂导入阶段引入"数数大比拼"游戏。"9加几"是20以内进位加法的种子课，此时如果能够激发学生的学习兴趣，优化他们对计算的感知体验，那么对他们以后的计算教学学习是非常有利的。在1—5数的认识和11—20数的认识这两个单元，学生对不进位加法的计算已经能够熟练掌握。因此，通过"数数大比拼"游戏，让学生能体会10的重要性和妙用，从而为接下来学习"凑十法"奠定基础。让学生分成红、黄两队比赛，看谁能快速说出自己队伍所对应颜色的图片个数。游戏开始之前，教师课件出示红、黄两幅图片对应的不同事物个数，比如红队要数的是13个随意摆放的鸡蛋，黄队则是一盒10个外面又放置了3个，需要一个一个数，而另一个则是通过10+3就可以知道是13；这样的图片数了几组之后，胜负明显，从学生的不服气引导学生发现，不是红队学生数得慢，而是物品的摆放有奥秘，接下来对于"凑十法"的教学活动，学生自然而然会想到10的妙处了。通过这个游戏，不仅能让学生初步感知凑十的好处，也可以保证游戏过程的趣味性，提高数学课堂对学生的吸引力，促使他们积极参与其中，对数学学科有正向的感观认识。通过这些方式，可以在数学教学中彰显儿童的天性，显著降低数学教学难度，提高数学教学的最终效果。

（二）联系生活实际实践活动

在传统教学中，教师会根据教材内容讲解数学知识，对相关的理论知识进行着重讲解，但这样的教学方式容易给学生带来理解上的偏差，对数学知识认识不够全面，对数学思维的培养产生不利影响。但在核心素养视角下，则需要站在学生角度，提升学生对基础知识的运用水平，让学生可以通过学习掌握基础知识并运用知识解决数学问题。在教学中引入生活化教学思维，可以让学生转变学习态度，了解数学知识学习的实用性特征，增强自身解决问题的能力。从生活角度引出数学知识，还能降低学生的抵触心理，熟悉的环境让学生更有主动性，所以加入一些未知的知识，在情感上易于接受，增强学生对陌生知识的探索。

例如，在人教版小学一年级下册"认识人民币"这一单元，在现今这个移动支付盛行的社会里，使用现金支付的现象在逐步减少。人民币对于学生而言常见却不常用，所以真正学习起来还是有点陌生的。笔者设计了"开办商店模拟购物"活动，小组分工每组开个小商店，组长当营业员，组员当顾客，顾客用自己带来的人民币模型，到营业员处买东西。最后来评一评，谁是最文明顾客，谁是最优秀营业员。活动前让学生自己来决定想买什么，用哪种面额的钱购买，这样不仅可以充分利用学生已有知识来教学，激发学生的兴趣，同时又能更好的体现创新性，让学生在实践中掌握数学知识。除了设置课堂活动，课前和课后都可以让学生带上零钱去超市帮助妈妈购买常用的生活用品，感悟数学和生活的关联。学生经过探索获得知识和理论，一方面增强学习的趣味性，另一方面有利于学生探究能力增强，为自主探究活动奠定基础，为培养学生核心素养提供条件。

（三）关联跨学科实践活动

学科内容和学科思想存在一定的联系，大部分的学科内容存在交叉之处，思想也非常相似。因此，可以在有效融合学科思想的过程中逐步提升学生的创新意识和创新思维；学生综合发展能力的培养以及提升非常关键，教师可以在整合相同思想的过程中为学生的自主实践提供必要的帮助，安排形式多样的教学实践活动，让学生能够在参与社会实践的过程中产生由内而外的学习能动性，实现活学活用。

例如，教学一年级上册"认识钟表"单元内容时，可抓住各学科的共通点进行设计。1. 在探究影子问题、寻找自然界的时钟的项目活动之后，制作科学小实验"沙漏计时"，让学生通过动手实践，发现一日的时间变化特点，教师引导学生总结反思，提炼出科学实践研究的一般方法"观察—记录—发现—运用"，并引导学生将自己探究到的规律运用到日常生活中，解释并解决生活中的问题，增强了学习自信，体现数学与科学的学科融合。2. 在美术课画钟面、制作钟面等活动中，让学生自主探究数字钟面的结构和特点，体现数学与美术的学科融合。3. 绘本阅读"我的一天"，让学生感悟一天在不同的时刻要做不同的事情，体现数学和生活的实际联系以及和语文的学科融合。

4. 新课时设置游戏环节，通过"老狼老狼几点钟""我来说你来拨，我来拨你来说""同桌考一考"等游戏，让学生学会认识钟表。最后班级布置时间文化墙，展示学生的各项有关时钟作品。相信这一系列活动将远比教师灌输式的方式理解记忆更深刻。

三、英语实践进活动的学科实例

《义务教育英语课程标准（2022年版）》（以下简称《课标》）提出了教学设计与实施要以主题为引领，通过学习理解、应用实践和迁移创新等活动，引导学生整合性地学习语言知识和文化知识，进而运用所学知识、技能和策略，围绕主题表达个人观点和态度，解决真实问题，达到在教学中培养学生核心素养的目的。

主题是英语课程内容的六大要素之首，具有联结和统领其他内容要素的作用，为语言学习和课程育人提供语境范畴。在以主题意义为引领的课堂上，教师围绕主题，创设与主题意义密切相关的语境，充分挖掘主题的育人价值，结合学生已有认知经验，鼓励学生积极参与和探究主题意义。主题意义探究活动落实到课堂实践中要秉持在体验中学习、在实践中运用、在迁移中创新的学习理念，引导学生在学习理解、应用实践和迁移创新等一系列相互关联、循环递进的课堂活动中发展能力，形成素养。

在此，以闽教版英语五年级上册 Unit3 Planning a Trip 的教学为例，阐述如何设计指向主题意义的英语课堂实践活动。

（一）基于主题意义的语篇分析

《课标》指出："教师要深入解读和分析单元内各语篇及相关教学资源，并结合学生的认知逻辑和生活经验，对单元内容进行必要的整合或重组，引导学生基于对各语篇内容的学习和主题意义的探究，逐步建构和生成围绕单元主题的深层认知、态度和价值判断，促进其核心素养综合表现的达成。"

1. 语篇内容分析

本语篇主题为旅游计划：Planning a Trip. 该主题属于"人与社会""人与自然"范畴，涉及"常见节假日与文化体验"和"天气与日常生活"主题群。本单元主要内容为主人公 Wang Tao 和 Ma Li 讨论 Wang Tao 的国庆旅行计划，引导学生学习制作计划和收集信息，在学习过程中引领学生探究旅游的意义，了解制作计划的重要性以及感受祖国的大好河山，进而激发学生的爱国爱乡之情，坚定文化自信。本单元设计为四课时。第一课时和第二课时关注学习理解，第三课时关注运用实践，第四课时关注迁移创新。

2. 教学目标分析

基于英语学习活动观理念，本单元教学目标制定如下。

（1）学生在看、听、说的活动中，梳理 Wang Tao 的国庆旅游计划及相关的台湾信息。学习对话核心内容 Will you …? Yes, I will. /No, I won't. 和 How is the weather in …? It's …（学习理解）

（2）学生梳理和提取出 Wang Tao 旅程计划中的信息：When、Where、Why、Who 和 How，尝试形成一个思维导图，了解制作旅行计划的要素。（运用实践）

（3）学生通过谈论交流莆田的交通方式、天气情况、旅游景点、风味美食以及文化历史等相关知识，制作和分享莆田宣传海报，内化与运用语言，发展语言能力和提高学习能力，在实际情境中创造性地解决问题，提高核心素养。（迁移创新）

（二）指向主题意义的课堂实践活动设计

《课标》提出要践行学思结合、用创为本的英语学习活动观要把握以下三个要点：一是坚持学思结合，引导学生在学习理解类活动中获取、梳理语言和文化知识，建立知识间的关联；二是坚持学用结合，引导学生在应用实践类活动中内化所学语言和文化知识，加深理解并初步应用；三是坚持学创结合，引导学生在迁移创新类活动中联系个人实际，运用所学解决现实生活中的问题，形成正确的态度和价值判断。教师在设计课堂教学活动时要以此为依据，设计符合学生认知发展的活动，指向对学生核心素养的培养。

1. 学思结合，基于语篇，感知主题意义

《课标》指出："关于学习理解类活动，教师要把握感知与注意、获取与梳理、概括与整合等基于语篇的学习活动的要求，激活学生已有知识经验，明确要解决的问题，发现认知差距，形成学习期待。"

在第一课时中，教师通过分享自己的湄洲岛之行作为热身，让学生观看图片，猜测地点，了解老师的旅行计划，初步感知制作旅行计划的几要素。师生对话如下。

T：This weekend Ms. Li will go for a holiday. Guess where will I go? Look, there is a beautiful beach, a beautiful sea and beautiful lady. Can you guess where is it?

Ss：Meizhou Island.

T：Yes, you're right. Look, this is my trip plan. In the morning, I will go to Meizhou Island by ship with my family. In the afternoon, I will go to see the beautiful beach. In the evening, I will enjoy a big dinner——a lot of seafood! Wow, I hope to go there now!

此环节关注学思结合，学生基于图片和已有经验，猜测和了解老师的旅行计划，初步感知制作计划的基本要素。在教师创设的情境中，学生激活关于旅行的已有知识经验。

接下来的环节，学生在看、听、说的活动中，梳理Wang Tao的国庆旅游计划，并学习对话核心内容：Will you ...? Yes, I will. /No, I won't. 师生通过问答提取重要信息并形成思维导图，问题如下：

T：When will Wang Tao go for a holiday?

S：National Day.

T：Where will Wang Tao go? Why?

S：Taiwan. His aunt and uncle live in Taiwan.

T：Who will go with Wang Tao?

S：Ma Li.

T：Will Tang Tao go to Taiwan by plane?

S：No, he won't. He will go by ship.

此环节关注学思结合，教师通过连续性的问题，引导学生反复观看对话，梳理和提取出Wang Tao旅程计划中的信息：When、Where、Why、Who和How，绘制形成一个思维导图。

Planning a Trip

when　where　why　who　how

2. 学用结合，深入语篇，理解主题内涵

《课标》指出："关于应用实践类活动，教师要把握描述与阐释、分析与判断、内化与运用等深入语篇的学习活动的要求。"

本环节中，教师通过引导学生对城市进行猜测，引导学生感受祖国和家乡的壮丽河山和深远文化，激发学生的爱国爱乡之情，坚定文化自信。学生通过对话练习，加深对语言的运用和城市的了解，在情境对话中内化与运用语言，深刻理解旅游的意义。

T：There are so many beautiful cities in our country, can you guess where is it? No. 1：I can visit the Great Wall，I can eat roast duck.

S：Beijing.

T：Yes. No. 2：I can go by plane. I can visit Jiuzhaigou. I can see lovely panda. Where is it?

S：Sichuan.

T：Wonderful. No. 3：It's in Fujian. I can visit a famous mountain. I can have nice tea there.

S：Wuyishan.

T：Now try to make a dialogue, talk about where will you go for a holiday?

S1：Will you go to ...?

S2：Yes，I will. / No，I won't.

S1：Will you go by plane/visit the Great Wall/ eat Beijing roast duck ...?

本环节关注学用结合。学生在语境中运用所学语言进行真实的交流与表达，不仅内化与运用语言，也促使学生思考各个城市的内涵，拓展和加深学生对主题的理解，也将英语语言知识与地理知识和文化知识巧妙融合。

3. 学创结合，超越语篇，解决实际问题

《课标》指出："关于迁移创新类活动，教师要把握推理与论证、批判与评价、想象与创造等超越语篇的学习活动要求。"本环节注重引导学生在活动中联系生活实际，形成对主题意义的深度理解并尝试解决真实情境中的实际问题。

本环节中，教师引导学生总结 Wang Tao 的旅行计划要素，创设新的情境，引导学生在新的情境中创造性地运用语言，联系生活，加深对主题意义的理解，并尝试解决实际旅游的问题。师生对话如下：

T：Wang Tao's cousin, Mali, she wants to go for a holiday, too. She wants to come to Putian for a holiday. Can you introduce Putian to Mali? How will introduce Putian to Mali?

S1：Putian is a beautiful city.

S2：Welcome to Putian.

T：Great! We can try to introduce Putian like this：How can Mali come to Putian? How is the weather in Putian? Where can Mali go in Putian? What can Mali eat in Putian? Now let's work in pairs and talk about it and then make a postcard about Putian.

此环节关注学创结合。学生通过谈论交流莆田的交通方式、天气情况、旅游景点、风味美食以及文化历史等相关知识，制作和分享莆田宣传海报，内化与运用语言，发展语言能力和提高学习能力，在实际情境中创造性地解决问题，提高核心素养。

主题意义的探究有助于学生全面透彻地理解语篇，深化对主题的理解。学思结合、用创为本的英语学习活动观对主题意义的探究提供了有力的保障。因此，以英语学习活动观为指导，实施指向主题意义的英语教学是促进核心素养发展的需要，也是实施义务教育英语课程改革的重要途径。

四、音乐实践进活动的学科实例

在此，具体以"构建音乐学科课堂实践的'4T模式'"为主题，说明音乐实践活动的学科实例。

《义务教育艺术课程标准（2022年版）》（以下简称"新课标"）是新时代义务教育阶段艺术课程教学的纲领性文件，它全面而深刻指导当前小学音乐课程教学。一方面，新课标明确界定了"审美感知、艺术表现、创意实践、文化理解"四大核心素养目标体系；另一方面，新课标重构了小学音乐课程的内容结构、学段划分、教学任务，不仅更加突出了实践性，同时也进一步强调了表演、舞蹈、声势、律动等诸多音乐实践内容的融合应用。采用多种多样的教学方法，如主题化、项目式学习等，以增强学生的学习体验，培养他们的学习能力，帮助他们更好地理解知识的结构和深度。音乐课的课型并非一成不变，如唱游课、唱歌课、欣赏课、编创课、舞蹈课、戏曲课、演奏课等。基于教材、课程标准、学情等各种教学决定因素，我们要灵活把握各种课型，把多样化的音乐实践活动，从生活、问题、故事、情境等层面组织教学，让学生在亲身实践之中掌握学科知识，提高他们的实践能力和解决问题的能力，打造有效、有趣、有序、有料的音乐课堂。那么，如何将生动有趣的活动引入音乐课堂呢？

（一）审美感知——体验性活动

体验性活动是以音乐体验为中心，通过亲身参与和实践来获得经验和感受的活动。这些体验性活动不仅可以激发学生的学习兴趣和创造力，还可以帮助他们更好地理解和感受音乐的魅力，提高自己的音乐素养和审美能力。同时，这些活动也有助于培养学生的团队合作精神和社交能力。下面以"韵律活动"的审美体验为例作详细阐释。

韵律活动是一种让学生全身心投入到音乐之中的审美体验活动。在教学活动前教师根据教学内容，挖掘其音乐元素，合理安排律动元素和内容，以引起学生对作品的兴趣，感受体验律动带来的快乐。在律动活动中借助身体各个部位，通过动作来体验音乐，通过音乐来感染心灵，把音乐和身体动作结合起来，用身体富有节奏的动作反映音乐的高低、快慢、强弱和不同韵味，以肢体语言来表现音乐的形象、情绪，把音乐"动"起来，"舞"出来，既注重训练节奏感，又注重培养学生的表现力。在表现音乐时我们鼓励学生根据音乐内容创编相应动作，用肢体语言与同伴交流，大胆地表达表现。如律动

《飞呀飞》，在表现小鸟飞的动作时：有的学生展开双臂上下飞舞；有的学生侧转身体左右摇摆；有的学生双臂伸直左右摆动表现展翅飞翔……在律动《小雨沙沙》中，学生们有的双手合拢做小雨点；有的双手左右摇摆做细雨；有的双手上下颤动表现大暴雨……学生们通过自己的创编和表现，不仅体验到音乐的高低、快慢、强弱，同时也发展了自身的观察力、思维力、创造力和身体的协调性。

比如，《小狗圆舞曲》乐曲具有 ABA′ 结构，A 段音乐活泼欢快，B 段音乐优美抒情，A′ 音乐更为热烈。欣赏时，教师先引导学生分别听辨 ABA′ 三段音乐的不同特点，并做相应的动作（A 段小狗摇尾巴转圈圈动作；B 段随着乐曲的节奏变慢，小狗累了休息伸懒腰的动作，A′小狗又转起尾巴的动作）。教师启发学生听辨出哪段音乐适合做转圈？哪段音乐适合做伸懒腰？为什么？在分析乐曲过程中，学生们纷纷表达自己的见解：A 段音乐活泼欢快，所以适合做转圈的动作；B 段音乐优美抒情，适合做伸懒腰休息的动作……从学生们热烈的讨论中，可以看到他们通过自己的感知体验已经深入地理解了乐曲的结构特点及情感基调。另外，教师还可以经常让学生给一些简单的乐曲创编歌词或创编动作。以《猜调》课堂教学为例。教师启发学生创编歌词："什么长？长上天，高楼长长长上天。"欣赏《小青蛙找家》时，教师启发学生创编动作：有的学生用拍手动作表现乐曲中拍子节奏的旁白部分；有的学生用跳跃动作模仿青蛙蹦蹦跳跳的动作；还有的学生模仿青蛙妈妈跳荷叶的动作等。学生通过自己创编动作、歌词等，促进了创造性思维的发展。

（二）艺术表现——表现性活动

表现性活动是一种让学生通过自己的表现来展示所学知识和技能的活动，是一种充满活力和创造性的艺术形式。通过情感表达、技巧提升、创造培养、互动沟通,更好地理解和演绎音乐作品。在音乐教学中,表现性活动可以帮助学生发挥自己的音乐潜能,提高音乐素养和审美能力。通过表演者的表演技巧和情感的投入,将音乐作品以生动、直观的方式展现。学生不仅巩固了所学知识,提高了音乐实践能力,也在表演过程中获得成就感。同时,这些活动还有助于培养学生的自信心、团队合作精神和创新思维。下面以"打击乐活动"的艺术表现为例作一阐释。

打击乐活动作为一种充满活力和创造性的音乐形式,加入课堂的好处是多元化的,不仅可以提高学生的创造力、协作能力、音乐素养、自信心、情感表达、注意力、身体协调,还能拓宽视野,以及有效培养学生的创新思维和想象力。这项活动鼓励学生探索声音的可能性,创造出与众不同的音乐,激发了学生的创新意识和创造力。这些能力的提升对学生个人发展有着深远的影响,因此我们应该重视打击乐在教育中的价值,将其纳入更广泛的教学体系中。新课标准指出器乐教学应与唱歌、欣赏、创造等教学活动密切结合。因此在学习新歌时,可以通过器乐演奏来辅助识读乐谱,达到化难为简的效果,让学生在敲打中掌握歌曲的节奏与速度,吹奏中找到音高、音准。由此,学生便在探索与比较中学会新歌。

以《铁路修到苗家寨》的课堂教学为例,此课向学生介绍苗族的乐器——木鼓。教师让学生一起听一听木鼓能发出什么样的声音,并请学生用声音来模仿。

鼓点节奏：2/4 咚大的大 /咚大的大/咚大的大/咚大的大/咚大大。

教师讲解木鼓的三种打法,让学生感受三种不同的音色。(敲击鼓心：咚。敲击鼓边：大。鼓槌互击：的。)

(三) 创意实践——创造性活动

创造性活动是通过自己的创造力和想象力来表达和展示自己的能力和创造性思维的活动。在音乐教育中,创造性活动可以帮助学生养成独立思考的习惯,培养创新能力和表达能力,同时也能提高音乐素养和审美能力。教师可以引导学生进行创造性活动,并给予鼓励和指导,为他们提供平台和空间展示自己的创造力。在创造性活动中,学生可以自由发挥,尝试新的思路和方法,培养自信心和积极性。下面以"音乐创画"的创意实践为例作详细阐释。

在平常的音乐欣赏课中,教师常常不知道如何向学生形象地讲解音乐的旋律和高低的变化,以此提高学生对音乐欣赏课的学习兴趣。音乐是一门体验的艺术,在上欣赏课时,我们要把抽象的音乐通过直观的手段呈现,更直观地感受音乐。运用音乐创画,可以大幅提升教学效率。聆听时无需用过多的语言去解释音乐,旋律的起伏、节奏的连断、力度的强弱、音色的变化、音乐的结构等能直观地呈现音乐的内涵、情感和节奏。很多难以表述的难点问题,一个恰当的图谱就能有效解决。借助图形谱将听到的转为可视的动画,能直观地看到音乐旋律的起伏变化,图形谱中线条、图形随乐而动,用形象的视觉体验来解决音乐看不见、摸不着、听不懂的问题,引导学生获得个性化的音乐审美体验,帮助学生发现音乐特点(旋律的高低、力度的对比、音色的变化以及音乐结构等特征)、理解音乐风格、积累听赏经验。在音乐教学中合理恰当地运用图形谱,可以不断激发学生的听赏兴趣,加深学生对音乐的感悟和理解,让音乐教学充满生机和活力。

以《小狗圆舞曲》课堂教学为例。乐曲速度很快,四个小节引子后,出现快速的反复回转型,描述小狗飞快旋转追逐自己尾巴的样子。引导学生把"抽象"变"形象",感受旋律起伏,清楚地看出乐曲表达的内容,现场创作声音绘画(如下图)。

教学《牧童谣》时,正值疫情特殊时期,以打病毒游戏动画引起学生兴趣。在感受作品时教师将图谱设计成各种动态的病毒并标上音符、唱谱,用带有声响的病毒唱名(黄病毒贴上唱名 sol-5 \ la-6;紫色病毒贴上唱名 mi-3 等)。形象生动的设计让学生们在活动中兴趣高昂、注意力集中、情绪愉快地学习到音乐知识。

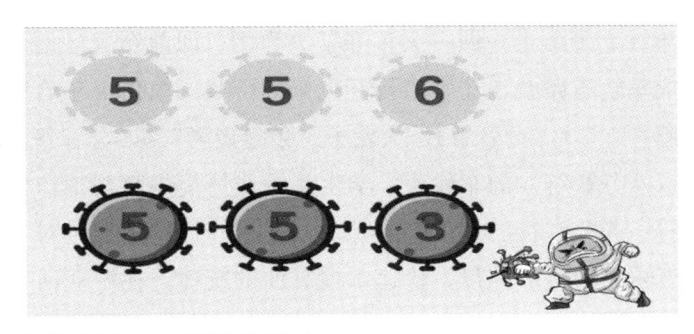

（四）文化理解——情境性活动

情境性活动是一种通过创设真实或虚拟的情境，让学生在特定背景下进行角色扮演或实际操作，以提供亲身经历和实践机会的活动。在教育中，情境性活动可以帮助学生将所学知识应用于实际情境，并促进他们综合能力的发展。通过情境性活动，学生可以将抽象的概念和知识与实际情境相结合，提高解决问题的能力和适应不同情境的能力。教师可以根据学科和教学目标选择合适的情境性活动，引导学生主动学习和思考。更重要的是，教师需要在活动中扮演引导者的角色，鼓励学生思考和交流，并及时给予反馈和指导。通过"情"和"境"综合感受，帮助学生感知、表现音乐。下面以两个实例来具体阐释文化理解的情境性活动。

以四年级上册第二单元教材歌曲《小小足球赛》为例。教师首先播放世界杯主题曲"We will rock you"创设情境，帮助学生从音乐风格上走进足球的世界。再以融合足球赛的现场活动情境，从热身节奏游戏到招募足球队员。在歌曲演唱时深挖音乐要素，音乐的力度、速度、强弱等找到"颠一颠"体现足球节奏的弹性、"传一传"体现足球旋律的连贯、"顶一顶"感受足球音高的起伏。学生配上动作，情绪饱满、声音轻巧地完整演唱，沉浸在课堂的快乐中。

再以一年级上册第十一课《火车开了》为例。课前布置场地，用地贴的方式，贴出火车轨道路线，让学生玩开火车的游戏。模仿火车启动时的汽笛声"呜——呜——"（二分音符）、大轮子"轰隆轰隆"（四分音符）和小车轮"咔嚓咔嚓"（八分音符）的车轮声。学生从游戏情境中直观地体会到二分音符、四分音符、八分音符的速度差异并加以运用。让学生通过对平时生活的观察，结合音乐的力度和速度，快速掌握歌曲的旋律，在游戏活动中不知不觉地熟悉歌曲，达到玩中学、学中玩的教学效果。以上教学片段是以"情境"激起学生的情感体验，由"经验"转为"环境"的体验，使学生将知识、音乐与生活统一起来，上升到"情""境"融合的一种状态，体会从"情""境"到知识的"形"与音乐的"意"。

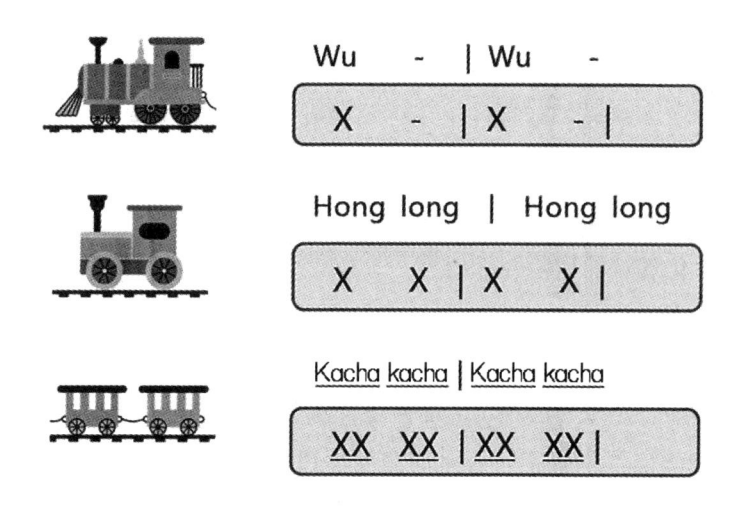

	Wu - | Wu -
	X - | X - |
	Hong long | Hong long
	X X | X X |
	Kacha kacha | Kacha kacha
	XX XX | XX XX |

综上来看，通过构建音乐学科课堂实践的"4T模式"，教师应该注重教学内容的丰富性和多元性，使学生能够全面了解和掌握音乐的基本知识和技能。同时，教师要根据学生的个体差异，灵活调整教学策略，以提高教学效果。此外，教师还应该关注学生的兴趣爱好，激发他们对音乐的热爱，为培养音乐人才奠定基础。让学生在实践中提高自信心，锻炼心理素质。同时，激发学生的创新潜能，培养他们的审美能力和艺术鉴赏力。

第五章　学科实践进作业

2022年版新课程方案坚持育人为本，素养导向，明确提出要"强化学科实践"。其中，基于学科实践的实践性作业是一种较为新颖和有待探索的作业形式，在培养学生综合能力、发展学生核心素养方面具有较为明显的作用。本章将从素养立意的价值定位、构建良好的学科实践性作业生态，真正关注素养提升，来分析实践性作业的内涵、意义及其学科实例。

第一节　学科实践进作业的内涵和意义

一、学科实践进作业的内涵

传统的作业形式主要是以"抄写""背诵"为主，如在语文、数学等学科教学中，教师会布置抄写相关内容的作业，这样的作业形式不仅缺乏趣味性，还会使学生产生厌学情绪，不利于学生核心素养的培养。在这样的情况下，教师应根据小学生的学习情况和认知水平，设计多样化、有趣味性的实践作业，以激发学生对学科知识的学习兴趣。

学科实践进作业的含义是把学生在学科实践活动中所获得的直接经验与学科课程的学习内容相结合，通过设计综合实践活动、探究类作业、跨学科类作业等方式，让学生在自己的生活中，对一个学科知识的生成过程进行亲身体验，从而获取新的知识，并在这个基础上，培养学生的问题意识、创新精神和实践能力。

具体而言,学科实践进作业包括三个基本要素:第一,从学科课程内容中选择实践性强的教学内容,并将其纳入实践活动;第二,让学生在课堂教学中发挥主体作用,充分调动学生的积极性,使其主动地参加各种实践活动;第三,引导学生在完成实践活动过程中,去解决遇到的各种问题,并在问题解决的过程中获得新知识。

当然,不同学科因其学科特性的差异,在学科实践进作业的内涵理解上会略有差异。比如,在小学语文课程标准中就明确了语文课程的实践属性,所以它的实践作业是基于言语实践考虑的,不同于书面作业。基于小学语文学科具有较强的实践性,又因为语文作业是学生课后巩固知识、查漏补缺的关键部分,如果只是给小学生布置书面作业,就不能体现新课程标准中要求的让学生在大量的实践中掌握运用语言的技能。实践性的作业就是让学生把做作业变成一种乐趣,成为学生进行创新游戏的过程,使减负不再是口头上的说说而已。

不同学段的学生在个性上具有较大差异性,教师在布置实践性作业时要充分考虑学生的特点,分层次、多样化地布置作业。比如,教师在进行小学语文实践性作业设计时,要使作业的内容体现出全面性,让每个层次的学生都能得到发展;要调动学生的积极性,让他们自觉地动起手来做作业,并在做作业的过程中将知识掌握,在学生的头脑中留下深刻的印象。

二、学科实践进作业的意义

(一)激发学生知识学习热情

所学知识有其用,是学生对学习有持久热情的根本所在。学生是班级教育课堂中教的对象、学的主体。如何激发学生的学习热情,使每个学生都能集中注意力于课堂教学,这是课堂教学中的一个重心和难题。简单的知识讲解往往比较乏味,学习者在教材上容易感觉无趣,注意力难以集中。如果教师能结合课堂内容在课前为学生布置适合的实践作业,引导学生提前做好知识的预习,就能在课堂中营造良好的教学氛围,使学生将注意力聚焦于课堂具体内容上。这是因为处于小学阶段的学生,对周围的世界有着强烈的好奇心和求知欲，而实践作业的布置大多立足于生活实际，以生活中的各种现象、问题为基础，拉近学生和教学内容之间的距离，提高学生的课堂参与感，对学生来说，会更加亲切、熟悉。

（二）帮助学生真正掌握知识

很多科学知识、概念都是经过高度概括的产物，比较抽象，学生难以理解，这就要求教师在布置作业时能够化繁为简，将学科知识融入实践作业中。比如，数学实践性作业是指学生借助观察、测量、调查、制作、实验、交流等个体性实践活动，运用已有的数学知识、技能、思想方法和经验，解决生活实际问题（由某一主题或某一领域的数学模型与学生熟悉的生活实际或社会现实有机融合而形成的问题）的一种学习活动。取消"一张纸"的考核，丰富了作业内容和形式，多角度多维度，消除题海战术，降低应试焦虑，减轻了学习负担。同时，也提供学生表现的舞台，发现学生的闪光点，促进学生身心健康发展，增强了自信。从实践角度出发，真正关注素养提升。

（三）提高学生知识运用能力

学习知识的最终目的，是要服务于生活。然而，在各学科学习中，经常出现这样一种现象：教师讲解的知识学生都听懂了，但在生活中遇到相关的现象和情境时，学生没有办法将所学知识与之联系起来。无疑，这样的教学属于无效教学，学生非常死板，缺乏灵活运用知识分析问题、解决问题的能力。究其原因，教师在讲解知识、布置作业时脱离了与实际生活的联系，导致学生无法建构起完整的知识体系。因此，在布置作业时，更应该创设与实际生活相关的情境，调动学生学习的兴趣和求知的欲望，鼓励他们积极主动地参与、完成课外实践作业。例如，在教科版科学一年级下册《给动物建个"家"》这一课中，教师可以提出"你能用科学家的方式进行思考，给动物设计制作一个家吗"这个问题，让学生回家用废纸、废旧材料或自然材料制作各种各样的、适合动物居住的家。在实际问题的驱动下，学生积极动手制作，培养良好的学习习惯和动手、动脑能力。

第二节　学科实践进作业的学科实例

一、语文实践进作业的学科实例

【实例 1】

无论是古诗改编、实地调查、制作主题画报还是依托网络绘制电子课件等，都是常见的活动实践类作业。小学语文教师应当根据语文课后作业设计的实际需求，在诸多作业类型中优先选择适合学生的作业类型，或由学生自主选择作业形式。实践作业建议如下：

（一）改编古诗，构成时空交流

古诗作为中华传统文化精粹，是多年历史文化沉淀的产物，通过对古诗的精细解读，能构成时空交流。学生在学习古诗时，多是在语文教师的引导下理解古诗的含义并完成古诗的背诵和默写。小学语文教师在布置课后作业时，也有摘抄古诗、默写古诗等机械式的作业，这与双减政策下作业设计优化初衷不符。小学语文教师可尝试布置古诗改编作业，让小学中年级学生通过作文的形式，将熟悉的古诗词改编成特别的小故事。学生在完成古诗改编作业时，应当立足于古诗的历史背景，做到有效改编。

例如，杨万里的《宿新市徐公店》，"儿童急走追黄蝶，飞入菜花无处寻"这一句画面感十足。教师可以在领读和精细解读古诗含义后，让学生通过摘抄的方式记忆古诗，同时在课后布置古诗改编故事的作业，让学生通过自主思考的方式改编出创意故事，激发学生丰富的想象力。

学生 1："哗哗——"一竹浆轻轻拨动着溪水面，风穿过树头新叶翻动我的书页，暮春的阳光也有了夏天的味道，这里水陆环绕，舟车通利，是我此行的必经之地。我坐在徐氏开的旅馆里，欣赏着金黄的花田，悠闲自在。

"别走！站住！"一声稚嫩的呐喊声传进我的耳朵，我向窗外望去，一个胖乎乎的小孩正饶有兴致地追着一只轻巧的黄蝴蝶。他略显笨拙地穿过老旧的篱笆，沿着长长的小路追赶着蝴蝶。那蝴蝶好似一个活泼的精灵，见小孩伸手扑它，一下子闪到小孩身后，又围着他转圈，小孩眼花缭乱。这时蝴蝶发现了一片菜花田，高高的花秆上开着黄色的花，一朵朵小花在风中摇曳好似向它微微点头，仿佛在向它招手："快来！快来！"蝴蝶便一头钻了进去，隐没于金黄的花海，不见了踪影。小孩面前只剩一片无声的花田。他疑惑地打量四周，找不到那个小精灵，气恼得直跺脚。我回神来，想到自己刚才津津有味地看一个孩童捉蝴蝶，不禁呵呵笑了。

教师可以让学生自愿上台，向其他人分享自己改编的古诗小故事，并给予鼓励。这样，学生在实践中不仅了解了中国古代传统知识，也学会了创新与分享。同时，在实践中提升了语文素养，提高了语文学习能力。

（二）制作画报，实现学科融合

在新课程标准下，学科融合力度再度强化。在布置小学中年级学生的语文课后作业时，同样可以通过学科融合的方式，设计活动实践类作业，为学生提供全面且深入的学习体验，以适应现代社会对复合型人才的需要。

比如，主题画报便是常见的语文学科与美术学科相结合的产物。《乡下人家》一课描绘出乡下质朴的自然和人文景观。由于并不是每位学生都生于乡下、长于乡下，部分学生对乡下人家的理解仅局限于纸上。小学语文教师可在寒暑假等假期较长的时段布置主题画报作业，让学生在假期内到乡下人家进行实地考察。为了进一步实现学科融合，让语文学科与美术学科进行有机结合，通过仔细观察并细致描摹的方式，将乡下人家的自然和人文景观绘制于主题画报后，于假期结束后进行当堂展示。这样，丰富了学生对乡村生活的感受，使他们产生热爱与向往之情，在引导学生感受的过程当中，发展了学生语言和思维的意识，不仅引导了学生体会情感，也鼓励学生尝试以画、说等多种形式去表达感受。

当然，有条件的学生可融合语文学科和信息技术学科，尝试借助电脑制作主题画报。而主题画报的绘制内容也不仅局限于现代景观，对于无法实地考察的古诗文和文言文中出现的内容，同样可以通过主题画报的方式予以呈现。教师在布置主题画报作业时，应当要求学生尽可能实现图文并茂，精练完整的文字与精选的照片缺一不可。当然，为了更好地理解课文内容，调动学生学习语文的兴趣,帮助学生更好地感受语言文字的美,教师也可以通过思维导图或图表让学生对整篇课文做梳理,这样也能加强学生对课文的理解,在一目了然的图表中习得内容与方法。

(三)调研实地,提升体验学习

"纸上得来终觉浅,绝知此事要躬行。"小学中年级学生单凭教师课堂教学,是无法深入理解课堂所学知识的。针对这个问题,教师可以在课堂中以主题活动的方式,学生通过实地调查,做体验式学习,在体验中学习成长。因此,教师在给学生布置作业时,可结合课文所学内容做适当的拓展延伸,鼓励学生到生活中体验实践。

莆田地区因有悠久的文化历史和独特的地理位置,造就了许多优美的风景名胜,比如工艺美术城、湄洲岛、森林公园、妈祖庙等每年都吸引了大批游客。这些景点不仅风景优美,其背后还蕴含着悠久的文化背景,是小学语文教学可以运用的好素材。例如,在学习口语交际训练"转述"的内容时,教师明确转述要求,通过创设情境活动"我为美丽家乡代言",让学生把学到的转述的方法运用到代言活动中。在课堂教学中,教师可以多设计一些主题活动,比如"一日小导游",由学生选择自己喜爱的景点作为介绍对象,在课前除了搜集资料和图片,还可以通过实地观察的方式感受体会景色的优美。在课堂中以导游的方式向其他同学介绍该景点,不仅锻炼了学生的口语表达能力,还为学生提供了更多接触文化景点的机会。

以"一日小导游"活动中张同学的活动流程为例。该同学选择的景点是妈祖庙。为了更详细、更精彩地向其他同学介绍妈祖庙,张同学利用周末时间去了一趟湄洲妈祖庙,参观了妈祖庙,听当地导游讲解了妈祖庙的历史由来。回来之后,张同学根据自己的参观路线,拟定了导游词的思路:妈祖文化由来——历朝历代妈祖庙的修建和重修——妈祖庙对国内外人士的影响。张同学为每个环节的讲解都配上了图片和视频,在妈祖庙大牌坊的导游词中,张同学这样描述:"站在大牌坊前,大家可以仰望到妈祖庙的全貌,牌坊两边的长廊,雕梁画栋,依山逶迤,与大牌坊连为一体,优美而壮观……"通过本次"一日小导游"的活动,学生的逻辑思维和口头表达能力都得到了相应的锻炼。同时,许多学生在活动之后也表示,通过大家的介绍自己见识了本地更多的景点，也感受到莆田地区优秀的文化，为自己家乡的美景感到自豪，并且将在平时生活中积极推介家乡的美景和文化。

可见，教师可以针对不同的教学内容，布置实地调查作业，让学生深入到不同的场所进行考察，通过体验式学习来搜集和整理信息，从而学会分析和处理问题。这样把实地调查运用到作业设计中，可以发展学生语文能力、创新能力，在丰富的社会生活实践中综合能力得到全面发展。

（四）依托网络，促进师生互动

在数字时代，网络已经成为生活中不可或缺的一部分。网络技术的融入为师生互动带来了新的机遇和挑战。作为教育者，教师需要不断探索和实践，找到最适合自己教学风格和学生需求的网络互动方式。通过合理利用网络资源，我们可以构建一个更加开放、互动和包容的学习环境，激发学生的学习热情，培养他们的综合素质。

例如，在学习统编版语文四年级上册第一单元之前，教师在智慧中小学教育平台上发布"风景如画，最美乡村"为主题的任务，让学生在家长的陪同或帮助下，将拍摄的乡村印象照片、视频和收集到的图片等上传分享，使学生在平台上交流学习。学习文本后，教师在平台上发布"我是小小朗读者"，可以利用平台"音频点读"功能、"录音上传"功能和"点评评价"功能，激发学生自主学习和分享的积极性，进一步提升学生欣赏与朗诵的水平。同时，上传分享朗读音频，有利于师生之间、生生之间的倾听、评价与互学。

单元习作教学时，通过平台拍照功能，分享交流自己的乐园，帮助学生打开写作思路，线上交流写框架，分享乐之所在，感受不同的乐。学生在分享交流评价中不断完善修改习作，学会表达和抒情。同时，教师利用问卷星平台，把学生写的乐园上传平台，让大家进行投票，看看谁的乐园最受欢迎，从而激发学生的写作成就感。在整个学习过程中，实现了信息技术与课堂的有机融合，让信息技术真正为课堂教学助力。

在网络环境下，教师不再是知识的唯一传递者，而是学生学习的引导者和伙伴。学生在与教师的互动中，不仅能够获取知识，还能够学会独立思考，培养合作探究等能力。同时，教师也可以通过与学生的互动，不断提升自己的教育教学水平，实现自身的职业发展。

(五) 集合作业，自选作业形式

语文学习资源与实践活动机会到处有、随时有，教师只要善于抓住时机，精心创建教学情境，带动学生从课堂拓展到课外，通过进行各类语文学习课的社会实践体验活动，就可以帮助学生整体综合利用语文理论知识，从而形成语文学习的实际应用才能。新课改背景下，小学语文作业优化设计的难度有所提高。教师在为小学中年级学生布置实践类作业时，也可尝试采取作业集合模式，让学生在若干个作业形式中优先选择自己感兴趣的或擅长的作业形式。

例如，面向小学中年级学生的语文学习难点——古诗词，可尝试采用作业集合模式，让学生在配乐诗朗诵、主题画报和故事改编三者中，优先选择自己感兴趣的或擅长的作业形式，在规定时间内保质保量地完成。在下一节课上，则可在不同作业形式的学生中抽取较优质的作业进行课堂展示。教师应尽可能采取多元化的评价方式，以尊重学生的个体差异。

综上所述，面向小学中年级学生的语文实践类作业丰富多样，改编古诗能够促成时空交流，实地调查将促成体验式学习，制作画报有利于实现学科融合，依托网络能促进亲子互动……小学语文教师应根据新课程标准，合理优化设计小学中年级学生的语文课后作业，帮助学生在课后作业中学习成长，从而提升语文学习能力和应用能力。

【实例 2】

(一) 结合教材，实践作业生活化设计

在设计小学高段语文实践性作业时，要根据教材内容，并充分考虑学生生活实际，选择与他们生活密切相关的主题和内容，让学生在真实的生活情境中学习和运用语文。教师既可以设计与课文主题相关的观察、调查、采访等实践性作业，使语文学习与日常生活紧密相连，让学生在实践中加深对课文内容的理解，感受语文知识的实际应用价值与语文的魅力。以课文主题"我的家乡"为例，教师可以让学生通过调查、采访或实地考察，了解家乡的历史、名胜古迹、特色美食等，要求学生用文字、图片或视频等形式记录自己的发现和感受。学生可以小组合作，共同制作一个关于家乡的展示板或 PPT，向全班同学介绍自己的家乡，从而让学生了解自己家乡的文化、历史

和风俗，培养他们的家乡情感和文化自信。

教师还可以紧密结合课堂所学的课文内容，通过写日记、写信、制订家庭活动计划等方式，让学生在日常生活中运用语文知识，提高他们的语文应用能力，真实感受语文知识的实用性。例如，在进行《一次有趣的观察》大单元教学时，教师可以让学生在家中种植一种植物，并观察其生长过程，要求学生每天写观察日记，记录植物的生长情况，如高度、叶子数量、颜色变化等，并在一个月后撰写观察报告。这样的作业不仅让学生亲身体验了植物生长的过程，还培养了他们的观察力和写作能力。

(二) 激发兴趣，实践作业多样化设计

在小学高段语文课堂上，教师需要有效激发学生的学习兴趣，并将实践作业进行多样化设计，拓展学生的语文实践视野与体验形式。因此，教师应设计多种形式的实践性作业，如观察报告、调查报告、采访记录、手工制作等，让学生利用多种形式和渠道进行语文学习，如阅读、写作、表演、绘画等，以满足不同学生的学习需求和兴趣，激发他们的创造力和想象力。

以统编人教版五年级上册第三单元为例，教师可以将多种多样的民间故事作为实践性作业的任务主题，鼓励学生从多个渠道收集民间故事，运用故事演绎、角色扮演、故事剧本创作、主题探讨、故事续写等不同形式完成学习任务和展示学习成果。田螺姑娘、梁山伯与祝英台、八仙过海等耳熟能详的民间故事，是丰富小学高段学生业余生活的重要语文学习资源。教师可以以小组为单位，让学生自主选择民间故事的实践作业主题，可以将书法、绘画、传统戏剧、故事情景剧等多种作业任务形式融入课堂教学活动中。小学生在深入体验和实践探究的过程中，会对中华优秀传统文化有所改观，对语言文字的独特魅力、博大精深等特征进行全面理解。结合高段小学生在语文课堂上的行为表现，将实践探究和体验经验分享在汇报展示环节之中，语文教师则需要合理评价学生的语用实践效果。

(三) 跨学科整合，实践作业综合化设计

语文作为一门综合性学科，可以与其他学科进行整合。在设计实践性作业时，将语文学科与其他学科知识相结合，设计综合性的实践作业，培养学生的综合素养。例如，结合历史学科，在学习历史故事课文时，可以设计以

"历史人物"为主题的实践性作业：编写历史剧本，进行历史剧表演，讲述历史人物故事等；结合艺术学科，在学习古诗时，可以设计以"诗歌配画"或"诗歌传唱"为主题的实践性作业；结合科学学科，利用科学知识，制作与课文相关的科学模型、动手操作小实验等；结合信息技术学科，利用信息技术手段，如多媒体、网络等，制作电子绘本、在线演讲等。这样的跨学科实践性作业有助于培养学生的跨学科整合能力和语言表达能力，让学生在完成跨学科作业的同时提升语文应用能力。

另外，在小学高段语文课程中，教师会从发展思维的角度，将实践作业进行综合化设计，协助学生将语言建构、语言运用、文化传承等核心素养体现在实践作业任务之中。以统编人教版五年级上册第六单元为例，可将思想感情的正确表达方法融入实践作业任务之中。教师可以结合高段学生的自主探究需求和心理特点，以"给某某的一封信"作为实践性作业，让学生将日常生活中观察到的现象，通过恰当的情感表述出来。教师应积极鼓励学生给消防员写信、给环卫工人、给社会不同阶层的人写信，发展学生的语用思维，并从不同的视角看待生活中的细节小事，将思想感情付诸在文字之间。在这过程中，语用思维发展目标与学习过程有机融合，人文情感熏陶与工具性表达有机融合，提升了学生的语文素养。

(四) 深挖需求，实践作业自主化设计

新课标强调"尊重学生的学习主体地位，关注学生的个体差异和不同的学习需求"。因此，在小学高段语文课堂中，教师需要深挖学生的实际需求，给予学生一定的自主权，鼓励学生根据自己的兴趣和特长自主选择实践作业内容，收集资料、整理信息，指导学生自主设计个性化的实践作业任务。这样可以满足学生的多样化需求，激发学生的学习兴趣，提高他们完成作业的积极性和主动性，培养学生的自主学习能力和解决问题的能力。

以统编人教版五年级下册第一单元为例，教师可围绕"童年岁月的美好回忆"这一主题设计实践性作业任务。对于高段的小学生，其在童年时光中的美好体验，是本次实践性作业的主要实施切入点。教师应结合学生在课堂上所提出的问题，例如"……小时候的玩伴都在哪里？小时候做过最勇敢的事情是什么？小时候做过的最有趣的游戏有哪些？小时候的囧事……"深层次挖掘学生的语言实践需求，以利于学生自主选择实践作业内容。只有自主化设计实践作业任务，才能提升高段小学生学习语文的兴趣，享受学习乐趣，明确语文学习的重要性。遵循基本的认知规律，教师需要发挥学生的自主性，将完成实践性作业任务的形式进行详细分类。多数学生会选择将童年回忆制作成剪影、绘画作品，或是通过讲故事等形式进行成果分享。当然，也有选择以日记、习作或唱歌等形式完成实践作业并分享的。不论是哪种方式，都是学生自我个性化的展示，都值得尊重与鼓励。总之，只有深层次挖掘学生的自主学习需求，将实践性作业视为学习质量监控的主要手段，才能让高段学生快速形成系统化的语文学习习惯和思维模式。

（五）客观评价，实践作业反思化设计

反思化设计是教育实践中的一个重要理念，它鼓励学生在完成作业后进行自我反思，从而加深对知识的理解，提高学习效率。对于小学语文实践作业而言，反思化设计能帮助学生更好地总结学习经验，发现自身不足，并促进他们的自我提升。它不仅关乎知识的传递，更关乎学生语文思维能力和情感态度的培养。在小学高段语文课堂上，教师需要给予实践性作业更加客观的反馈评价，并将学习反思与总结的目标视为实践性作业的设计导向。

例如，要求五年级的学生分组合作，选择一个传统节日（如中秋节）进行深入研究，并准备一次相关的主题演讲。在完成这项作业的过程中，教师特别强调了反思的重要性，鼓励学生在准备演讲的每一个环节后进行反思，以便更好地优化自己的表现。教师应为学生设置明确的反思目标，如"在准备演讲的过程中，你遇到了哪些困难？你是如何解决的？你觉得自己的演讲有哪些亮点和不足"等，以这些问题引导学生对自己的学习过程进行深入思考。也可在作业过程中提供具体的反思指导，如建议学生在每次排练后记录下自己的感受和想法，以便后续回顾和改进。反思不仅仅是个人的行为，教师还可以鼓励学生在小组内部分享自己的反思成果，通过集体讨论来进一步优化演讲内容和形式。在完成演讲后，教师应对学生的表现进行及时的反馈和评价，不仅要指出他们的优点和亮点，还应针对存在的问题提出具体的改进建议。这样的反思化设计通过明确的反思目标、具体的反思指导、合作与分享，以及即时性的反馈与评价等手段，不仅有助于提高学生的演讲能力，有效地促进学生的反思学习，还能提高学生的语文应用能力，培养他们的自主学习能力和思辨性、批判性思维。

综上所述，设计具有实践性的小学高段语文作业是提高学生语文应用能力、创新精神和综合素养的重要途径。教师在设计实践性作业时，应结合学生的生活实际、适应多性化需求、鼓励自主化设计、跨学科整合以及注重反思评价等策略，使作业更具针对性和实效性。同时，教师还要根据学生的实际情况和反馈进行适时调整和优化作业设计，以便更好地促进学生的全面发展。

【实例3】

（一）注重学科融合，丰富语文实践外延

语文是一门综合性强的学科，与其他学科之间相互融合、互相渗透。为了进一步促进学生综合素养的形成与发展，教师在进行语文作业设计的过程中，就要注重语文与其他学科之间的融合，引导学生在语文实践活动中，围绕某个有意义的话题设计丰富多样的活动，在综合运用多学科知识解决问题的过程中提升语言文字运用能力。

1. 做一做活动。新课标倡导培养小学生的动手能力，创设有效的学习情境，设计有利于学生发展的实践活动，提高学生的动手操作能力，促进知识的转化与运用，进而促进学生的全面发展。老师可以创新设计一些实践活动类作业，让小学生通过实践活动发掘自己的潜力，锻炼动手操作能力。比如，学习二年级上册口语交际《做手工》时，可以布置学生先在家里学习制作一件精美的手工作品，并试着说一说你是怎么做成的。在课堂上跟同学们交流你做的是什么，是怎么做的，要求按照顺序说清楚。其他同学要专心听讲，记住主要信息，以此锻炼学生的语言表达能力和倾听能力。又如，学完二年级上册课文《树之歌》后，布置学生利用课后时间到小区捡掉落的树叶制作树叶贴画作业，学生兴致勃勃地完成一幅幅创意的树叶贴画作品：有"龙飞凤舞"，也有充满意境的"小鸡在草地上吃草"的悠闲画面，还有有趣的"海底世界"……

2. 演一演活动。让学生扮演故事中的角色，让他们通过角色扮演来理解和体验故事情节，提高对语言的理解和运用能力。针对小学低年级语文教材课后作业大部分都设置了"朗读"和"背诵"内容，教师可转变思路，创新作业设计，将这类课后作业转换为表演类作业，让学生通过参与表演，发掘自己的潜能，获得学习的乐趣，加深对课文的理解。通过具体的实践活动，增加语言的积累，促进知识的内化和思维能力的提升，进而巩固学习成果，真正实现"寓学于乐"的目标。

如在学习《狐假虎威》一课时，要求学生能分角色朗读课文。对此，老师可创新性地将其设计成表演类作业，布置学生回家之后，与自己的爸爸妈妈做一次亲子表演活动，让孩子既当导演又当主角狐狸，爸爸当故事中的老虎，其他家人当野猪、小鹿和兔子，分角色演绎课文中的情境。通过表演互动，学生自然走近课文中的角色，不仅加深了对课文的理解，更锻炼了形象思维能力和创造力，也调动了其完成作业的积极性，真正实现在玩中学，在学中玩。

3. 唱一唱作业。著名特级教师于永正说："音乐是通往思维和记忆系统的高速公路，当高雅的音乐被巧妙地融入语文教学时，语言就会通过音乐这个媒介开启学生获得信息的通道，让他们愉快地步入课文所营造的那座无比神圣的殿堂。"小学阶段，尤其是低段学生具有好动、好奇、爱探索、易感染的心理特点，很容易对新鲜的事物和活动的事物产生兴趣。音乐能让学生动起来、亢奋起来，并且在这种轻松自在的氛围下，学生的记忆力也会大大提升。如教学语文二年级上册语文园地二中的儿歌《十二月花名歌》后，推荐学生回去后跟着音频学唱这首歌，在音乐的律动中能轻松地记下这首儿歌。又如学古诗后，推荐学生回家跟着视频学唱古诗，可以深化理解，加强记忆，激发学习故事的兴趣。

4. 画一画作业。小学低年级学生的形象思维占主导地位，学生喜欢看绘本，热爱绘画。在学习古诗《夜宿山寺》和《敕勒歌》后，老师可以布置学生"根据自己对诗意的理解，画一画简笔画，并将古诗抄写在上面"的语文实践任务。这种诗配画的作业任务，让学生理解诗意，想象画面，更深刻感受山寺的高耸入云和草原的高远辽阔。

(二)联结学生生活，拓宽语文实践空间

语文是一门具有实用性、工具性的教学课程，语言、文字等知识学习的落脚点就在于其实际生活中的运用。教师要引导学生在语文实践作业与学生的生活之间建立联结点，拓展学生的语文学习空间，使语文作业成为学生自我能力展示的一块宝地，使学生能通过这一类型作业的完成去解决学习生活中面临的实际问题，实现自身实践能力、综合素养的有效提升。

1. 实地参观活动。根据语文学习主题活动，围绕驱动问题，引导学生在具体生活情境中去主动参与、积极体验，在实践中建立学习与生活的联系，从知识学习向问题解决过渡，在完成作业的过程中重新建构自身的知识体系，提升学生的核心素养。例如，学习了二年级上册第四单元"自然风光"主题课文后，学生提出问题："我们的家乡有哪些风景名胜或历史古迹？"围绕这个问题，布置学生利用周末去观察自然风景、参观历史古迹等，并让学生通过画一画或记一记等方式交流所见所闻，这样就为学生语言的实践运用提供了舞台，以此增强学生对语言、文字的实践运用能力。在实践活动中，学生学会调查、探究的方法，提高收集、运用、处理各种信息的能力。

2. 节日创意活动。节日到了，教师可以围绕节日主题开展活动，如教学一年级上册《语文园地八》时，学习内容是"新年快到了，给家人或朋友写一句祝福的话"。以"怎样制作新年贺卡"为驱动问题，老师先引导学生尝试制作新年贺卡，并讨论在贺卡上写祝福话语的基本格式，然后鼓励学生给家人或同学做贺卡送祝福。学生会根据不同的对象制作不同的贺卡，并写上各有特色的祝福语，并把贺卡送给他们。家人们开心极了，自己也成就感满满。学生在实际生活中既锻炼了解决问题能力，又提高了运用语言文字的能力。这些实践性的活动能够让学生更深入地理解和运用语文知识，培养他们观察、分析和解决问题的能力。

3. 体验生活活动。学生的语文学习与生活实际紧密相连，联结学生生活可以帮助学生更深刻理解课文内容，在探究中提升学生的实践能力和思维能力。二年级上册第二单元《田家四季歌》描绘了农民一年的农事活动，赞美了农家人的辛勤劳动。学习本课，可以了解一年四季农作物生长和农事活动常识，又能感受辛勤劳动带来的愉悦。由于这首儿歌有较强的地域性，生活在城市里的学生可能对儿歌内容的理解有一定的难度，因此课前教师可根据学生实际情况，引导学生上网查询或询问长辈，初步了解田家生活。课后鼓励学生积极参加田间劳作的研学活动。学生在家长协助下，积极参与挖地瓜、割水稻、给稻谷脱粒等农事活动，学生借此可以了解到植物的生长过程，以及粮食的来历，懂得粮食来之不易，应该好好珍惜粮食。

(三) 设定探究任务，激发语文实践热情

1. 探究性作业。探究性作业是语文学科实践的重要类型，以驱动问题来引导学生开展具有探究性的学习任务，有助于学生合作意识和思维能力的提升。如在教学《雪孩子》一课后，教师就可以布置探究性任务："雪孩子去了哪里？""为什么说雪孩子还在呢？""雪孩子还会回来吗？"让学生带着这些问题下课。学生通过课外查资料、找伙伴合作探究的方式进行讨论探究。通过探究发现，原来雪孩子化成了水，又蒸发成了水汽，进而化成了空中的云，空中的云又化成雪。所以说，雪孩子还会再回来的。这一具有互动性的课后作业的设计，使学生发挥了学习的主体地位，并在自主、合作、探究中深化了对课文的理解，提升了学生探究科学的兴趣，培养了发散思维能力。又如，学完二年级上册识字单元《拍手歌》这篇课文后，让学生模仿课文也来当当小诗人创作《拍手歌》。学生对动物比较感兴趣，学了课文后有了灵感，一首首充满童真童趣的拍手歌跃然纸上。

2. 实验和观察。低年级小学生有着很强的好奇心和求知欲，喜欢观察周围的事物，也喜欢做一些小实验。为此，教师可以提供一些能够激发学生思考和解决问题能力的活动，鼓励他们挑战自我。如，教学二年级下册《语文园地七》的写话："如果可以养小动物，你想养什么？写写你的理由。"教师可以先在课堂上引导学生说一说想养什么小动物，理由是什么。学生畅所欲言：有的说很想养蚕，有的说希望养一只小花猫，有的说喜欢养小兔子……教师可以借此拓展延伸，有条件的可以跟家长商量养只小动物，每天观察记录小动物的生活习性以及发生的变化，还可以记录观察的收获和感受。让学生动手操作、观察和记录结果，帮助他们探索和发现动物成长的奥秘，培养学生的探究兴趣、观察能力和思维能力。

3. 绘本书活动。低年级学生形象思维占主导作用，他们很喜欢看绘本。针对这一个特点，可以引导学生认真阅读绘本，观察图画。有了阅读的积累，再鼓励学生去学习画一画自己喜欢的故事内容，画画自己脑海中印象深刻的人物或者动物的形象。这种探究性的实践任务，学生能根据自己的理解画出自己独特的阅读感受。虽然有点难度，但是学生乐此不疲，敢于挑战自我。

（四）借用数字平台，挖掘语文实践新意

数字化时代，教师可积极探索网络化作业与语文学科作业训练教学的对接融合点，创新设置更多数字化作业学习项目，并有针对性地组织学生展开多种形式的网络评价学习，延伸学生语文学科学习视野，让学生碰撞出更多语文知识实践学习的思维火花。

1. 利用多媒体完成作业。教师充分利用信息化教育平台设计多媒体作业，让学生使用图片、视频、录音等方式完成作业，推荐学生用录音的方式有感情地朗读课文，或者配乐经典诵读等。让学生通过电子设备完成作业并上传到教育平台，方便老师管理和查阅作业。教师利用数字化工具对学生的学习情况进行个性化评估和反馈，根据学生的学习进度和水平给予相应的指导和鼓励。如在教学《风娃娃》时，教师设计了电子作业任务：把这篇课文讲给爸爸妈妈听。建议回家之后，邀请家长辅助，制作故事讲述的视频，将相关信息推送到班级微信群。在家长的配合下，有的学生很快就完成制作并及时上传。视频推送后，会产生榜样作用，学生纷纷进入平台，观看其他同学的视频，从而吸收优点，取长补短。

2. 借助平台听故事，创故事。低年级小学生喜欢听故事，教师可布置学生通过音频 APP 每天听故事，鼓励学生听名师讲故事。听了一段时间后，学生有了一定积累，可以鼓励学生参与创作，比如让他们制作自己的小故事短视频，学以致用以展示他们的语言感受力。创新电子作业设计，为语文课后作业训练注入全新活力，提高了学生语文学习积极性。

3. 通过线上平台师生互动。信息化教学手段很大程度上打破了学科教学的时空限制，使师生之间、生生之间的作业交流变得更加便捷高效。教师借助线上教学平台，组织学生上传展示自己的作业成果，交流自己的学习问题或困难，以线上评价的方式，对学生语文实践作业完成情况进行点评和指导，帮助学生及时答疑解惑。设计互动式数字作业，如在线问答、交互式练习等，让学生在完成作业的同时，能够更加积极地参与学习。比如，要求学生通过平台上传寒假实践活动成果。教师可以在平台上给予针对性的反馈和评价，也可以组织学生进入平台互动评价点赞，相互学习，共同提高。教师创意设计网络评价，综合运用学生互评、教师评价等方式，提高学生语文实践的积极性，让学生在多重互动中发展语文学科素养。

总而言之，在学科实践视域下，教师要立足于对小学生的核心素养培养，根据低年级小学生的学情，聚焦学科实践，创新作业设计途径，调动学生的积极性，设计出能够体现语文学科实践性特点的作业，培养学生的自主探究意识和解决问题能力，以此将学科实践性作业的作用与价值充分发挥出来，使小学生在完成小学语文实践性作业的过程中，不断提升学习能力、分析与解决问题的能力以及综合素养，最终为今后的可持续发展奠定坚实的基础。

二、数学实践进作业的学科实例

新修订的课程方案坚持育人为本和素养导向，明确提出要"强化学科实践"。实践性作业是一种较为新颖的作业形式，在培养学生综合能力、发展学生核心素养方面具有较为明显的作用。从素养立意的价值定位、构建良好的数学实践性作业生态，真正关注素养提升，来分析实践性作业的意义、设计和实践。

（一）从知识立意到素养立意：实践性作业的价值定位

为深入贯彻落实"双减"政策，更好地实现减负增效，促进学生身心健康发展，培养学生核心素养，构建"双减"后学校教育教学新样态，学校秉承为学生的全面发展与幸福人生赋能的教育理念，立足学科核心素养，全面推进实践性作业的深度研究与探索。从作业设计、作业实践等方面，探索将主要学科与其他学科、关键能力相结合，设计有料有效的实践性作业，改变长期以来重知识、轻能力，重认知、轻实践，重应试、轻问题解决的负面影响。根据"双减"政策精神和《教育部办公厅关于加强义务教育学校作业管理的通知》要求，教师应根据学段、学科特点及学生实际需要和完成能力，科学设计探究性作业和实践性作业，探索跨学科综合性作业。

数学实践性作业是指学生借助观察、测量、调查、制作、实验、交流等个体性实践活动，运用已有的数学知识、技能、思想方法和经验，解决生活实际问题（由某一主题或某一领域的数学模型与学生熟悉的生活实际或社会现实有机融合而形成的问题)的一种学习活动。此项作业取消"一张纸"的考核，丰富了作业内容和形式，多角度多维度，消除题海战术，降低应试焦虑，减轻了学习负担。同时，也提供学生表现的舞台，发现学生的闪光点，促进学生身心健康发展，增强了自信。从实践角度出发，真正关注素养提升。

(二) 构建良好的数学实践性作业生态，真正关注素养提升

教师要从"源头"思考作业减负、学科实践"进作业"问题：优化基础作业设计，减少机械重复的书面作业；课外作业以阅读、探究、体验、观察为主，探索项目化、综合实践等长时作业的布置；设计生活化、跨学科、融学科、融合地方特色的作业。

1. 从分散到整合，优化作业设计

传统的小学数学作业设计，更加倾向于通过基础化的习题训练来巩固知识，缺乏创新性和灵活性，很多作业既缺乏学科内的前后呼应，又缺乏学科间的横向关联，容易挫伤小学生完成作业的积极性，甚至降低学生对数学学习的兴趣。当作业被简单地机械重复时，必然导致学生作业负担过重。基于此，可围绕实践性作业情境化、活动化、问题化、项目化、个性化的特点，从源头开始，从分散到整合，优化作业设计。

(1) 知行合一：立足生活化。数学是一门兼具知识性与工具性的学科，具有生活化的特点，许多内容都与我们的日常生活息息相关。作业的设计也要考虑如何融入"教育回归生活"的理念。如：中高段数学量感的体验，教师让学生走进超市，借助拎一袋米、拿一桶油的体验，感受克与千克，在此基础上感受吨是更大的重量，充分积累感性经验。匠心设计实践性作业，赋予作业以鲜活的生产生活情境，也可以将一单元所学的知识和技能与生活链接，在真实情境中解决问题，实现知识的迁移和创造，让作业发挥其对学科核心知识和关键能力的考察的独特价值。

(2) 关联整合：统整跨学科。在新课程背景下，打破学科之间的融合壁障，强化学科之间的"互动"是提高课程教学质量的一个重要举措。同理，在作业设计中也要考虑"学科"融合的思想。年段教师可共同合作，对相关的知识点进行整合，研究设计跨学科作业。关键找准"整合点"，设计恰当的情境，让学生在解决问题的过程中对不同学科知识进行提炼整合，提高相关

知识学习的效果，发挥融合学科作业的独特优势，避免因为单学科知识局限性而影响学生综合素质与解题能力的全面发展。

（3）五育融合：以实践育人。主要融合地方特色，如地方独有的人情风物、饮食传统等。随着时间的流逝和现代化的快速发展，许多带有"莆田特色"的标志事物、文化习俗等都在渐渐消失，许多地方文化逐渐面临着被遗忘和淡化的困境。教师可设计不同主题、富有地方特色的校本实践性作业，以课本为出发点，将课内知识当成一粒种子，通过设计一系列的融合实践活动让这颗种子生根发芽、长叶开花，并结出"五育并举"的硕果。

2. 从知识到素养，深入作业实践

（1）亲身体验，积累活动经验。体验式作业是引领学生亲身经历知识的发现与建构过程，切身感受学习内容的趣味与价值。注重学生"习得过程"中的知情意行同步协调发展，着眼于作业情境活动对学生个体的潜能唤醒和情感浸润。亲身体验类作业使学生能积累丰富的经验。

如，"测量"教学实践作业：能用身体上的"长度"去测量教室以及身边某些物体的长度。学习了千米之后，感受千米，可以走路、跑步、骑行等，鼓励学生到校园、校外走一走，估一估学校到家的距离等。在不同的形式中，感受了千米的距离，充分积累感性经验。基于生活实际的体验作业，在沉浸式的综合实践活动中，学生发现问题、搜集处理信息、表达交流、形成成果，知识与技能、情感与态度得到发展，探索精神和创新能力得到提升。作业实践如下图所示。

"测量"实践性作业展示

（2）动手操作，手脑联盟创新。动手制作的实践性作业，是手脑联盟的创意行动。如，学习图形的认识与测量的相关数学知识，课后布置制作长方体、圆柱、活动角、钟表等，学生在制作时，他们的专注力和创造能力得到了培养，充分发挥了想象力和思考能力，发展学生的空间观念和空间想象力。手脑并用的手工制作类作业符合小学儿童的身心发展需求，提升学生设计思维并融合数学知识，真正提升能力，感受数学价值。

例如钟表的作业实践：孩子们，学习了"认识钟表"，请做个你喜欢的钟表，并画一画《我的一天》，你都做了些什么事情？

(3) 真实探究，提升思维品质。实践性作业以其"探究、实践、灵活、创新"的特点，深受学生和家长喜爱。项目式学习的作业，基于解决真实情境中的问题，关注知识融合，激发学生思维的发散性、灵活性和创造性，强调小组合作探究，作业成果形式丰富，相互评价自我反思。

数学实践作业作品展示如下：

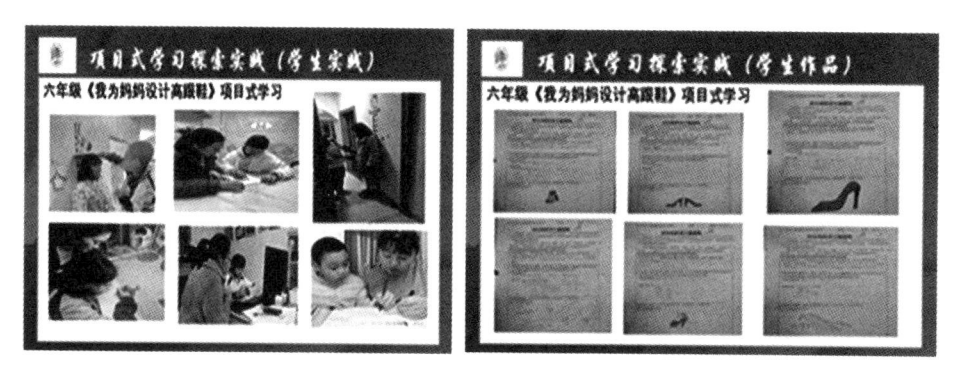

根据教学内容和学生特点，把学生生活中遇到的问题转变成为学习上的问题，可以充分发挥学生思维的发散性和创新性，推进学生在科学素养、创造力、实施力等方面的发展。

如，五年级《走进不规则图形》项目式学习的实践作业：①如何利用有限空地合理规划停车场？如何计算生活中不规则图形的面积（如学校、城市、国家面积）？②请你设计班徽图案。实践作业作品如下：

（4）综合统整，培养全面能力。跨学科作业以一个学科为中心，多门学科融会贯通、交叉渗透进行综合化的设计、实践与评价，以提升学生解决问题的能力。

相较于传统的专科作业，跨学科作业有利于拓展学生的认知视野，淡化学科界限，有利于学生灵活运用知识，解决实际生活问题，指向于儿童多元智能发展，从而为人的全面可持续发展奠定基础。

如，跨学科作业实践：

	探秘非遗里的莆田木雕	1. 设计说明：
作业设计	六5班同学开展项目式学习《探秘非遗里的莆田木雕》。搜集了有关莆田木雕的资料。 微信公众号"莆田发布"：2023年4月22日20:00莆田木雕登上央视综合频道（CCTV-1）《非遗里的中国》，向全国展示莆田木雕的艺术魅力。木雕《清明上河图》，由郑春辉团队耗时4年创作完成，作品为双面雕刻，长12.286 m，高3.075 m，宽2.401 m。一面雕刻故宫博物院院藏北宋张择端版《清明上河图》，另一面雕刻台北故宫博物院院藏清乾隆元年清宫画版《清明上河图》，2013年创造吉尼斯世界纪录——世界最长木雕，收录于《吉尼斯世界纪录大全》。	图形与几何是义务教育阶段学生学习的重要领域。本题设计是数学和德育、劳动教育、美术、历史、鉴赏等相结合。图形的认识主要是对图形的抽象。学生经历从实际物体抽象出几何图形的过程，认识图形的特征。自然界中

续表

		一些物体不是中规中矩的，木雕的木头是不规则的物体，可以抽象成长方体，引导学生在简单的真实情境中进行合理估算，做出合理判断，计算出面积、体积等。学生结合实际情境解决问题，积累观察和思考的经验，知晓数学和其他学科的密切联系，形成数感、空间观念、应用意识。同时，也为莆田木雕精品所震撼，非遗文化博大精深，大师精神值得学习！

一、基础训练：请认真阅读以上资料，并完成下面的作业：（考查基础知识，有易错点，难度中等）

六5班第1小组，提出问题：

1. 木雕的雕刻面积大约是（　　）平方米（每面几乎雕满图案）。平均每平方米木雕创作大约要耗时（　　）天。以上两空你选（　　）。

A. 36　40　　B. 72　20　　C. 48　30

2. 请你估算，雕刻木雕的这块木头体积大约是（　　）立方米。

3. 你知道了平均每平方米木雕创作的天数，有什么新的想法？

（5）有趣开放，培养发散思维。开放性的实践作业，发散思维创造设计、社会实践调查。作业的布置不能局限于课本上，要开阔学生视野，让学生放眼家庭、放眼生活、放眼社会，让作业成为学生的引路者。如此，既锻炼了学生的调查能力，又锻炼了学生发现问题、分析问题的能力，还锻炼了学生的发散性思维和创新能力。

如：学习《租船问题》后，让学生回家调查附近公园里游船的价格和限乘的人数，设计一份本班学生去游绶溪如何租船最划算的方案。

在教学《认识人民币》之后，让学生在超市里对各种商品的价格进行调查、整理、收集数据。教学《可能性》一课后，通过校内外的统计调查，鼓励学生用数学的眼光观察生活、观察世界，以帮助学生正确认识彩票，正确对待彩票。

设计有趣味性的数学实践作业或有趣的益智游戏类作业。玩是孩子的天性，通过玩，激发学生学习数学的兴趣；通过玩，刺激学生自主探索、自主研究。

如：探秘充满无限趣味的数独、七巧板等。

优质的数学实践性作业，减负提质，提高学生学习力，锻炼"思维"，发展"智慧"，提高解决问题的能力。优教提效，增强教师研究力。实践中，育人目标和核心素养"双线"并行，教师充分发掘课程的育人价值，真正落实学科育人。

三、道德与法治实践进作业的学科实例

学科实践就是引导学生参与实践教学活动，加深学生对教学内容的理解，不断提升学生实践能力的重要教学方式。通过这种教学方式，不仅可以有效提升教学水平，还可以激发学生的学习兴趣，对学生独立思考能力、实践创新能力的培养都可以发挥积极作用。小学道德与法治是一门与学生日常生活联系比较紧密的学科，教师在教学过程中，将学科实践融入其中，不仅可以有效提升道德与法治的教学水平，对学生核心素养的培养也能发挥积极作用。新课标指出，要通过多种方式，引导学生开展自主探究与合作探究，让学生加深对社会的认识。而通过对新课标中具体方式的分析，可以发现这些方式是学科实践的外在形式。根据这些形式，笔者梳理出道德与法治的学科实践的内在方式有：观摩与分析、传承与养成、遵守与捍卫、体验与共情、参与与担当等。

（一）巧用学科实践，明晰作业方向

在新课标指导下，开展小学道德与法治教学活动，就必须以核心素养培

养为目标，因此，道德与法治作业设计与学科实践在融合过程中，必须以核心素养培养为目标。教师在实践活动中，遵循以人为本的教育理念，打破道德与法治的学科壁垒，根据学科素养培养目标，加强教学内容的梳理与融合，积极开展协作育人活动，为学生的核心素养提供支持。同时，教师在加强教学目标的融合过程中，还需要充分尊重学生在教学活动中的主体地位，从学生的视角出发，充分考虑小学生的学习特点、学习需求、日常学习生活等实际情况，确保教学目标的设定与学生的实际情况紧密相连，避免作业设计与学科实践融合流于形式，无法为学科实践活动的开展提供科学的目标指导。在明确教学目标之后，道德与法治作业设计也应该在这一目标指导下开展，而为了加强学科实践与作业设计的融合，就需要更多地从实践角度出发，开展作业设计优化工作。

小学道德与法治教学需要培养学生健全的人格和道德修养，这是核心素养培养的重要内容之一。例如，在《网络新世界》这一课教学活动开展中，教师应该以核心素养为导向开展教学活动。而作业设计是教学活动的重要环节，要想将作业设计与学科实践融合起来，就需要从核心素养的具体内容出发，以核心素养为目标，开展作业设计活动。《网络新世界》这一节课是要让学生对网络世界进行初步了解和认识，引导学生培养正确的网络观念。因此，在作业设计中，教师可以根据教学内容的实际情况，设置与学生日常生活相关的实践活动，让学生在作业实践中，逐步加深对网络知识的了解，使学生逐步认识到正确使用网络的积极影响。针对这一具体目标，教师可以设计"网络行为自我检查表格"，让学生运用表格记录自己一周内的网络使用情况，引导学生对自己的网络行为习惯进行自我检查，逐步引导学生从自身实际情况出发，树立正确的网络运用价值观念。在此过程中，教师还可以与家长沟通，引导家长对学生的网络使用情况进行检查，为学生的网络行为规范提供参考与支持。在学生提交作业之后，教师还可以通过学生的具体作业情况，发现学生在网络使用方面存在的具体问题，对学生存在的主要问题进行梳理，并重点引导学生通过交流、分享，进一步加深对网络规范使用的了解。

（二）依据生本理念，拓展作业范围

小学道德与法治的教学内容丰富多样，很多教学内容都与学生的健康成长密切相关，而在作业设计中，也应该充分考虑丰富多样的教学内容，为教学活动的顺利开展提供支持。新课标中也要求道德与法治的教学活动应该从学生的成长角度出发，教学内容的拓展也应该以学生为中心，从学生的日常生活和长远发展出发，拓展作业范围。而在开展作业设计活动时，教师也应该以学生为主，从学生的角度出发，开展作业设计活动。在作业设计中应该充分考虑道德与法治学科的实践性，将作业设计与学科实践结合在一起，开展实践性作业活动。而实践活动的设计也需要从学生角度和日常生活出发，根据学生的成长发展，结合教学内容，选择合适的实践教学活动，确保学科实践能够深度融入道德与法治作业设计内容中。当前社会生活更加多样化，作业设计的内容可选择的范围也比较大，但是，在具体的作业设计中也应该充分考虑学生之间的个体差异，使作业实践能够为学生的个性发展发挥积极作用。在作业设计中，教师可以利用作业内容分解的方式，将教学内容分解成具体化的内容，这样才能使作业设计内容环环相扣，为学生的作业实践提供支持，确保顺利完成作业。

例如，在《中华民族一家亲》这一课的作业设计中，教师可以采用层层递进的方式，先让学生对本班学生所属的民族进行调查。然后，教师引导学生重点认识分析本班学生所属民族的服饰、文化、饮食等风俗状况，对这些民族加深了解。在此基础上，教师引导学生在课后寻找资源观看我国五十六个民族的相关视频资料，了解我国五十六个民族的具体状况。在此基础上，教师可以让学生选择自己比较感兴趣的一个民族，对该民族进行重点了解，利用观摩分析的方式了解民族文化和习俗特点等基本情况，并重点学习该民族的歌曲、舞蹈、民俗工艺或者美食等特色。学生学会之后，教师可以组织一次表演展示活动，让学生通过文艺表演等方式，展示学习成果，使学生之间进行充分的交流分享，进一步增强对中华民族一家亲的理解。在此过程中，学生充分开展了自主实践活动，不仅提高了自身的自主学习能力，也为学生政治文化素养的培养提供支持，这对学生的长远发展起到了积极作用。

（三）发挥学科实践功能，持续创新作业形式

在道德与法治作业设计中，形式创新同样非常重要。因此，作业设计也必须渗透形式创新理念，确保作业能够满足学生的需求。为此，教师需要对

学生的学习情况进行考查，还需要对学生的核心素养培养进行考查，以此将学科实践理念融入作业设计中，满足学生的真实学情。而在内容方面，作业设计应当更具生活化特点，与学生的日常生活保持一致。特别是道德与法治学科实践作业大多数都是以各种实践活动形式开展，很多作业都需要通过学生参与实践活动，所以生活化活动作业便是一个重要方向。

例如，在《家乡的喜与忧》这一课的作业设计中，教师可以设计一个调查类活动作业，指导学生以小组的形式对家乡的实际情况进行充分了解，分析家乡的喜与忧。资料搜集方式自选，既可与父母交流，也可在网络查询。通过体验与共情的方式，可以加深学生对家乡的了解与喜爱，培养学生的归属感和责任感。此外，在这种情况下，家长接触学生实践活动的时间相对较多，家长对学生实践活动作业的实施情况也相对比较了解，进而也能提供一定的帮助。

在小学道德与法治作业设计中，教师应该以核心素养培养为目标，将学科实践与作业设计融合在一起，以学生为主体，从学生的个性发展和成长角度出发，开展多样化的实践活动。在作业设计过程中，需要坚持核心素养培养目标，不断丰富实践活动内容，加强作业设计实践，为学生的长远发展提供支持。

四、科学实践进作业的学科实例

（一）科学实践作业的布置

科学实践作业是指以课本为载体，以实践为抓手的科学作业，包括制作、观测、饲养、调查等。按功能不同，将实践作业又分成准备型作业、过程型作业、考查型作业和拓展型作业。

1. 准备型作业

在课堂教学中，有部分实践作业需要学生提前进行准备，这就需要教师从备课时以教材为起点，基于课程内容，提前做好安排。如教学《月相的变化》一课，要求学生提前对月相进行观察，做好一个月内的月相记录。教师需提前布置学生每晚观察月相的任务，为课程内容的实施保驾护航。

在学习相关内容之前预先进行的实践探究型作业，为即将要学的科学新知做准备。引导学生将观察到的现象与将要学的科学内容间进行联系，更好地理解科学概念和相关知识。

2. 过程型作业

此项作业指的是在课堂中做了一部分，在课外继续探究记录的，探究结果还要拿到课堂中进行反馈交流的作业。一般需要一段时间的观察，内容以种植养殖为主。如教科版三年级下册第二单元《动物的一生》涉及蚕的养殖，四年级下册第一单元《植物的生长变化》涉及凤仙花的种植，要求学生在种植养殖过程中进行持续的观察、记录。课外持续观察探究，既是上阶段学习的应用，也为下阶段教学服务，起到承上启下的作用。

3. 考查型作业

以了解学生单元学习情况，以单元考查为目的的实践作业。了解学生对本单元科学知识的理解、探究活动的水平与存在的问题，帮助教师进一步诊断学生的整体学习情况和质量。

4. 拓展型作业

对一课题或一单元涉及的科学知识进行拓展和应用类型的作业，内容上不局限于教材甚至可在一定程度上超越教材要求。对教材涉及的科学知识进行一定程度的拓展和应用，使学生丰富相关的科学知识，达到更好的理解与应用。如教科版二年级上册第二单元第6课《做一顶帽子》，要求学生能合理运用自己学到的关于各种材料的知识，发挥自己的创意，设计出自己想要的、具有不同功能特性的帽子。

(二) 科学实践作业实施的主要策略

1. 内容设计合理，量少而精

实践作业在内容设计上紧扣教材，作业难度根据学生探究水平设计，不让学生在心理上感到望而却步。有的考查型作业还要进行分层设计，以适应不同学生的能力水平。如四年级下册《电》单元实践性考查作业，就是进行分层设计。

2. 布置及时，给学生完成的时间

实践作业布置的时间因作业的类型不同而不同。准备型的实践作业要放在教学前，让学生先有实践和体验，再来学习，能凸显学习的效果。考查型和拓展型的作业一般放在教学后，让学生对自己的学习成效有个了解和评估。而像养蚕等过程型作业的布置则要放在教学中。作业布置后要预留一段时间，让学生在这段时间里完成作业，也保证了作业的质量。

3. 与生活实际紧密结合

在实际教学中，教师应根据学生的认知水平、年龄特征等情况来设计丰富多样的实践作业，和生活实际相结合，在生活中巩固学习成果。比如教科版四年级上册《听听声音》一课，在教学后学生已经了解到不同的材质、不同的物品发出、传播的声音是不同的，那么教师在布置作业时就可以请学生在生活中收集不同的声音，并对这些声音产生的来源进行探究，分辨哪些是噪音。又如在教科版四年级下册第二单元《电路》中，学生已经学习了许多用电安全知识，认识到生活中的不安全用电行为会对人类的生命健康造成极大的危害，用科学知识分析、证明了学习导体和绝缘体知识的重要性。教师请学生课后找出家中可能存在的用电安全隐患，使学生认识到本节课的知识对日常生活有着重要的指导意义。

4. 实践作业的有效指导策略

实践作业是否需要指导，这要根据具体内容而定。一般来说，对考查型或拓展型作业，不需要大面积的指导，而只是对一些平日实践能力较差或科学学习能力较差的学生进行个别指导。而对准备型的作业或对学生来说有一定难度的作业都是需要指导的。

对中长期的作业，教师要经常性地督促与提醒。在布置中长期作业时，从布置之时到作业过程都需要进行指导。主要有两种指导方法：一是讲解式，对具体做法进行详细讲解，帮助学生弄明白如何去实践。二是范例式，对一些制作类的实践作业，教师可提供一些样本给学生参考。这些样本有些是教师自己制作的范例，更多的是上届学生留下的精致作品，如手抄报、天气日历表、各种造型的船等。如在教科版六年级下册第一单元《小小工程师》中，涉及塔台模型的设计、制作、测试，在布置作业时可以为学生展示一些完成度高的作品，打开学生的思路，启发学生更好地完成作业。

总之，在小学科学教学中，科学学科实践作业能够有效地培养学生的探究能力，锻炼学生的动手操作能力，激发学生对科学的学习兴趣。然而，目前的小学科学作业设计中存在着作业形式单一、内容缺乏趣味性等问题，导致学生无法积极参与到课堂教学中。在这样的背景下，小学科学教师应积极转变观念，合理地进行教学设计和改革。设计小学科学实践作业时，教师要根据课程内容的特点以及学生的认知发展规律，根据不同的课程内容来布置合适的实践作业，提供有效的作业指导，让学生的思维可视化，促进学生的深度学习，帮助学生获得科学概念和科学探究的螺旋式发展，进而培养学生的科学核心素养。

第六章　学科实践进评价

2022年版义务教育课程方案和各学科课程标准的修订颁布，标志着素养立意的课程教学要真正找到回归课堂、回归学科的路，也进一步强调学科育人方式变革的迫切性，将学科实践视为实现学生核心素养形成与发展的必经学习方式。推动育人方式从学科认识转向学科实践，构建实践型的学科育人方式，成为落实义务教育课程方案和课标的必然要求。而充分发挥评价育人功能，以评价方式撬动课堂教学方式变革，也成为基础教育课程变革的抓手。伴随着教育目标从"知识"转向为"素养"，从"学习结论"转向问题解决，教学评价方式也随之从"定性"转向"发展"，不仅关注学生学的成效，更侧重学生怎样才能学得更好；不但关注结果，还要关注达成结果的过程、方式、方法，通过过程更好、更全面地理解结果，并用结果改进过程。

第一节　学科实践进评价的一致性

多门学科的新课标在"课堂教学评价建议"中均强调"教师应注重'教—学—评'一体化意识"，倡导将评价融入教学设计，围绕"教师的教、学生的学以及学习的评价"统整为一个高质量闭环，充分发挥评价促进学习和改进教学的功能，最终实现课堂有效教学。在教学活动中，教、学、评这三者缺一不可，只有当三者具有一致性时教学活动才能发挥出最好的效果，将教学评价更好地融入教学活动中不仅能提高课堂教学的有效性，还能真正促进学生的全面发展。

所谓学科实践进评价的一致性,首先指"学—教"的一致,即教师教的方式要与目标规定的学生学的方式相匹配。面对教学重难点,多采取问题探究、小组研讨等学科实践方式,为学生创造真实情境,使其在经历学科实践中发现和感悟。其次指"学—评"的一致,即课堂评价和学习目标要紧密相连,注重培养学生的学科素养和综合素质,以及积极的学习态度、创新意识、实践能力和健康的身心品质等,在学科实践中综合运用诊断性评价、形成性评价和终结性评价等多种方式,检测学生核心素养的发展状况。最后指"教—评"的一致,即要把发展学生核心素养的目标始终贯穿于整个教学内容和教学评价。具体包括以下几个方面内容。

一是评价学思结合,做到目标和内容的一致性。在学生学习的过程中,学与思是密不可分、互相关联的学习方式。教师在设计教学流程时,应充分考虑教学实践过程中目标的达成和内容的适配度,也旨在能否在课堂实践中,教给学生正确学思结合的方式,学完思考,思考后再学。

二是评价知行结合,做到内容和活动的一致性。学科实践内容要求从认识中来、从实践中来,重视实践,要求"真实"。在学科教学前,如何保证学科内容和活动的一致性,要求各科老师都要参与实践活动的设计与开发,而落实的程度需要反推是否安排促进知识和能力同步发展的实践活动,并且按照规定的课时去实践。

三是评价从学到用,做到内容和作业的一致性。我们的评价应贯穿整个学科实践,从获得知识到实践应用。知识的习得应该是学生主动探究,而评价习得的过程是学生是否是学的主体。而实践的过程是否应有已习得的知识的建构,在使用中完善与升华。我们在设计内容和作业时,也应关注他们之间的联系,作业练习的评价可以让学生提高解决问题的能力技巧,可以增强学习动机和兴趣,可以让学生对知识的习得更有效,也更有利于核心素养的培养。

四是"教—学—评"三者的一致性。在学科实践进评价的过程中,既要关注"教"——教师"教什么""怎么教",也要关注"学"——学生"学什么""怎么学",还要关注"评"——我们应该"评什么""怎么评"。学科实践进评价的过程,是一个理论认识与实际应用相结合的过程,其间学生畅所欲言，教师能就学生的问题有丰富的储备积极应对，在师让学、生自学的学习共同体中，评价贯穿始终。师生思维碰撞的火花逐步加深学生的理解，促进教师调整相关教学活动，不断提升教学评的一致性。

第二节 学科实践进评价的学科实例

一、语文实践进评价的学科实例

传统的课堂教学评价往往只关注学生的知识掌握程度，而忽视了实践能力和创新思维的培养。为了全面提高学生的语文素养，在此尝试将学科实践引进课堂教学评价，关注可观察可测量的外显评价，关注学生在真实生活实践中对学习过程、学习结果的表现性评价，预期达到让素养"可见"的目的。

（一）基于学科实践，构建评价体系

基于语文学科实践，构建评价体系应注重学生实际运用语言的能力，以听说读写为基础，开展评价方式，从识字与写字、阅读与鉴赏、表达与交流、梳理与探究四个维度出发，对语文课堂进行分项等级评价。考查学生语言表达、阅读理解、写作、文学鉴赏等能力；注重创意写作、批判性思维，强调学科综合能力，包括跨学科应用和多模态表达；评估学生在实际应用中的语文素养，重视问题解决、团队协作、实践应用和创造性表达，同时关注实践伦理和反思能力，确保全面反映学生在语文实践中的综合素养。

语言表达能力评价：包括书面表达和口头表达两个方面。针对书面表达，可以评价学生文章的结构、语言的准确性、丰富性和流畅性等；对于口头表达，可以评价学生的语言表达能力、逻辑思维能力、语言规范性等。

阅读理解能力评价：评价学生阅读理解能力，包括对文本的理解、分析和评价能力。可以通过阅读理解题、阅读笔记、阅读报告等方式进行评价。

写作能力评价：评价学生的写作能力，包括议论文、说明文、记叙文等不同类型的写作。可以根据写作内容、结构、语言运用等方面进行评价。

文学鉴赏能力评价：评价学生对文学作品的鉴赏能力，包括对文学作品的理解、分析和评价能力。可以通过文学作品的阅读、分析和讨论等方式进行评价。

语言规范性评价：评价学生语言的规范性和准确性，包括语法、书写、标点等方面。可以通过语言练习、语言测试等方式进行评价。

个性特长评价：评价学生在语文学科中的个性特长，如诗歌创作、演讲表达、舞台表演等。可以通过学生作品展示、才艺比赛等方式进行评价。

综合能力评价：综合评价学生在语文学科中的综合能力，包括语言能力、思维能力、创新能力、表达能力等。可以通过综合性评价任务、项目作业等方式进行评价。

在建构语文学科评价体系时，还需要考虑评价的灵活性和多样性，充分考虑学生的个体差异，注重因材施教，促进每个学生的全面发展。

（二）创设真实的任务情境，设计评价量规

根据学科实践要求和教学目标，设计出具体、真实、可操作的任务。任务应具有实际意义和挑战性，能够引发学生的思考和实践。任务情境的创设，首先要把它作为教学服务的目标来体现。激发学生探究兴趣，是创设任务情境的前提。美国教育名家约翰·杜威认为："不是所有疑难都能引起思维。困难的情境必须和学生曾经对付的情境有相似之处，学生对付这个情境有一定的控制能力。教学的艺术，在于使新问题的困难程度大到足以激发思想，小到加上新奇因素自然地带来的疑难，足以使学生得到一些富于启发性的立足点，以此产生有助于解决问题的建议。"在创设情境之前，教师要对教材进行深入研究，充分掌握教材中的关键要素和学生的思考依据，创造符合教学目的和内容的任务情境。其次是真实性，即创设的情境尽可能贴近现实生活，贴近自然，贴近学生的社会经验和生活体验。任务情境越真实，越有利于在语文学习、社会生活和学生经验之间建立关联，从而提高学生的参与度，有效测查学生运用知识解决问题的能力。

以四年级下册第四单元习作为例。"选择习作中给出的情境或者创设一个情境，根据需要写出动物的特点，并尝试在说话和作文时用上本单元所学的表达方式来表达对动物的喜爱。"这是本单元学习的最终预期学习结果。为此，我们联系学生日常生活，设计如下问题情境，作为贯穿单元学习始终的大任务：学校《冉星轻韵》校刊设置了一个"动物秀"专刊，面向全校学生征稿！你想将自己喜欢的动物向校刊投稿吗？请认真研读本单元4篇课文，掌握描写动物的方法，写一写自己喜欢的动物，积极投稿吧！

以上大任务，属于表现性评价任务，学生要高质量完成，需要经历"品读—对比—联结—实践"的过程，逐步掌握文章中所蕴含的表达方式来表达对动物的喜爱之情，并灵活运用进行习作。

同时，根据任务的特点和学生需要掌握的学科实践能力，制定明确的评价标准，编制了如下的评价量规，使学习过程更有目标性，更加可视化。让学生明确努力的方向，以评促学。

评价维度	4＝作家	3＝胜任	2＝学徒	1＝新手	得分
内容	主题明确、内容具体、真实	主题较明确、内容具体、感情真实	主题基本明确、内容比较具体、有感情表达、偏离作文要求	主题基本明确、内容不够具体、离题	
语言	灵活运用明贬实褒和反语的手法、语言流畅、用语准确、形象生动、不写错别字	会用明贬实褒和反语的手法、语言较通顺、用语较准确、形象较生动、不写错别字	语言基本通顺	语言基本通顺，有少量语病	
结构	结构严谨、条理清晰、分段表述	结构完整、层次较分明、分段表述	结构较合理、层次欠清楚、分段表述	层次较清楚、结构较乱	

（三）关注评价过程，发展学生素养

评价不仅仅是对学生知识掌握程度的检测，更是对学生能力发展情况的反馈。因此，我们应当注重评价的过程性，针对学科能力的综合性评定，有利于提升学生的学业水平和综合素养。

观察学生表现：观察学生在完成任务过程中的表现，记录学生的实际操作、沟通协作、问题解决等方面的细节。注意学生在实践中遇到的困难和挑战，并记录下来。

促进家校合作：教师和家长之间的合作对于培养学生的语文素养至关重要。教师可以通过家长会、家访等形式与家长沟通，共同关注学生的学习进展，促进家校之间的良好合作关系。

利用信息技术手段：借助现代信息技术手段，如多媒体教学、网络资源等，教师可以丰富教学手段和资源，提高学生的学习兴趣和能力。同时，利用信息技术手段，让评价结果可视化，也可以更好地实现课堂教学即时评价。

反馈与调整：建立完善的评价记录和反馈机制，根据评价标准，对学生的表现进行评估，及时向学生、家长反馈评价结果，促进教学的改进和学生的成长。同时，教师也应根据学生的表现和反馈不断调整教学策略，以更好地满足学生的需求和提高教学效果。

总结与反思：崔允漷教授指出"实践后的反思是化行动为知识、化实践为素养的重要路径"。基于学科实践的表现性评价，要聚焦学习过程发挥诊断性作用。学科实践是一个完整的过程、统整的系统，对过程和结果的评价也是对实践的诊断凭据。实践结果可以通过朗诵会、故事会、课本剧、小组汇报、演讲辩论、调查报告等多种方式呈现，引导学生对活动进行自评互评，为进一步优化实践、完善实践提供支持。

（四）倡导多元评价，激励学生自信成长

一直以来，教师在学生学习评价中占据重要位置。随着教育改革的推进，我们重新界定了教师和学生在教学过程中的定位，充分肯定了学生在学习活动中的主体性作用。除了传统的考试和测验，教师还应运用多种评价方式来全面了解学生的学习情况。例如，教师可以安排学生进行故事复述或对文学作品进行口头解析，观察学生在课堂活动中的表现、口头表达、作业完成情况等，以及通过作品展示、项目报告等方式来评价学生的实际运用能力。又比如，通过小组合作的方式让学生共同完成一个故事的创作项目，不仅能评价学生的写作和口头表达能力，还能考查他们的团队合作和创意思考能力。评价学生学习过程的主体可以是教师、学生家长、同伴，甚至是学生自己。自我评价可以激励学生进行自我反思和自我提升，而同伴评价则可以培养学生的批判性思维和相互学习的能力。多元的评价主体，可以更加全面地对学生的各个方面展开评价，有利于学生清晰地认识自我、树立学习自信，化被动学习为主动学习。

总之，融学科实践于评价体系、以评价改进课堂教学、以评价促进学生成长的教学评方式使得学习过程更有目标性，更加可视化，力求凸显学生的成长过程，关注学生的实践性，并以综合性的评价结果让每一个学生都能在开放、多元的学习中提高语文素养。

二、数学实践进评价的学科实例

《义务教育数学课程标准（2022年版）》指出：要发挥评价的育人导向作用，坚持以评促学、以评促教。评价结果的呈现应更多地关注学生的进步，关注学生已有的学业水平与提升空间；评价结果的运用应有利于增强学生学习数学的自信心，提高学生学习数学的兴趣，使学生养成良好的学习习惯，促进学生核心素养的发展。

在小学数学教学中，良好的学习评价是有效衡量学生学习成效的重要措施，对学生的数学学习具有引导、激励、判定作用，对激发学生学习兴趣、实现学生核心素养发展也有重要价值，只有建立以学科核心素养为导向的学科评价体系，学科素养才能真正落地。为更科学、全面地评价小学生综合素养发展水平，探索多样化的数学学科综合评价体系，实现学教评一致，我们要以全面了解学生的学习过程为主要目的，通过健全多样化的评价体系来促进学生综合素养的提升。

（一）学科实践进评价的意义

1. 改进评价结构，拓宽评价内容。学科实践评价理念从"知识立意"转向"核心素养立意"，从"基于习题的书面解答能力考查"转向"基于真实问题解决的实践能力考查"，学科实践评价也在逐步探索之中。在改进学科评价结构时，要把学生在学习活动过程中的信息尽可能多地纳入评价范围，即关注、记录和分析学生在学习过程中不同方面的表现。如学生的知识掌握、技能运用、思维发展、问题解决能力、学习态度与习惯、创新与批判性思维、合作与交流能力等等，改进评价结构，拓宽评价内容，通过学科实践活动进行评价，全方面反映学生的素养发展水平。

2. 丰富评价方式，建立多元评价维度。传统教学模式主要将纸笔考试作为评价学生的主要方式，强调甄别和选拔功能，是选拔性考试的主要方式，忽略了学生综合素养的提升。而随着教育评价改革的推进，小学纸笔测试开始淡化，表现性评价成为素养导向评价改革的着力点，重视过程、数据等记录性评价是评价和技术融合的新方向。实施评价的目的是促进学生的学习和发展。不能认为对学生数学学习的评价就是测验、考试，课堂对学生学习的评价就是看学生的解题正确率。单一的评价方式会导致课堂教学忽视数学知识发生、发展的过程，把探究活动演变成解题训练，导致学生对数学学习失去兴趣。所以，学科实践进评价有助于丰富评价方式，建立多元评价维度，是优化教学、调整教学所必需的手段，是教学过程不可分割的一部分。

3. 多样评价主体，激励学生自我评价。学科实践进评价，对学生来说，通过参与实践活动，可以巩固所学知识，提高数学应用能力，培养问题解决能力和创新思维，激发学生的兴趣和动力，增强学生的学习自信心，促进学生的个性发展；对教师来说，通过分析学生在实践活动中的表现，可以发现教学策略的有效性和不足之处，进而调整优化教学策略，提高教学效果，促进师生共同进步。这样，注重师生、生生评价，关注学生的情感、毅力，确保学生学习上有安全感，缓解了学生长期存在的"考试焦虑"问题，激励学生积极参与学习活动评价，帮助学生了解自己的学习状况，发现自己在达成目标过程中存在的问题和差距，根据评价所反馈的信息及时矫正和改进。为激励学生更好地学习，推动新时期评价改革注入了生机。

（二）学科实践进评价的策略

1. 确定具体明确的评价标准。在进行学科实践评价之前，教师需要明确评价的标准。评价标准应该与课程目标和学生发展目标相一致，并且要具体、可衡量和可达成。教师需要清楚地阐述评价标准，以便学生了解他们在实践活动中需要达到的标准和要求。

2. 全程监控学科实践活动过程。评价过程监控是指在实践活动的进行过程中，教师需要密切关注学生在实践活动中的表现，及时给予反馈，反馈应该具体、准确、具有针对性和指导性，指出学生在实践活动中表现出的优点和不足之处，提出建设性的改进建议，以便学生能够明确自己的学习方向和目标，对自己的学习进行比较恰当、合理的评价。

3. 多样化、多层级进行结果评价。结果评价是学科实践评价的最终环节。教师需要根据预先设定的评价标准,收集学生在实践活动中的各种数据,如知识达成度、合作交流时间、过程参与度等,并对这些数据进行整理、分析和解读,对学生的实践活动结果进行评估。评估结果应该客观、公正、全面,并且要与学生自评、同伴互评、小组合作评价等多种评价方式相结合,以确保评价结果的准确性和可靠性,更全面地反映学生的学习状况和发展需求,促进学生素养的全面发展。

(三) 学科实践评价的路径

1. 基于数学知识目标、能力素养的表现性评价。现在学界认为表现性评价越来越重要,它不应该是教学完成以后的事,而应把评价作为课堂教学活动的一个有机组成部分,实现教学评的一致性。不是先设计教学过程,再设计如何评价,评价方案的设计应在明确教学目标之后、教学设计之前完成。我们要先确定表现性目标,再设计表现性任务,进行评价设计,开展表现性评价,这样教师的教学和学生的学习才会更有意义。所以在单元设计之前,先确定这个单元的核心目标,注意评价设计的整体性、针对性和层级划分,再以单元目标作导引,进行课时评价设计,通过课堂评价及时检测教学目标的达成情况。

例如,《扇形统计图》的单元评价设计和《比》课时评价设计。

《扇形统计图》单元评价量表

小组名称:＿＿＿＿＿＿＿＿　　组员姓名:＿＿＿＿＿＿＿＿＿＿

类别	具体评价内容	评价方式	自我评价 ( )星	同伴评价 ( )星	教师评价 ( )星
学科素养评价	了解扇形统计图的特点与作用,知道扇形统计图可以直观地表示部分数量与总数量的关系。	课堂观察、小组活动、学生作业或作品			
	能读懂扇形统计图,从中获取必要的信息。				
	体会扇形统计图的作用。				
	知道对于同样的数据可以有多种分析的方法。				
	能根据需要选择合适的统计图,直观有效地描述数据。				
	能进行数据分析,发展数据意识。				

续表

小组名称：_____　　　组员姓名：_____

类别	具体评价内容	评价方式	自我评价（　）星	同伴评价（　）星	教师评价（　）星
学习表现评价	积极参与小组讨论。	课堂评价、课后问卷、小组活动			
	明确清晰地表达自己的观点。				
	乐于分享自己的想法和问题。				
	公平公正地对同伴的表现进行评价。				

《比》课时评价量表

第一课时

评价内容	水平1：基本理解	水平2：能应用	水平3：熟练应用	水平4：创新应用
理解比的含义	能够说明"比"的基本概念，但可能需要提示	能够独立准确解释"比"的概念，并能辨识生活中的简单例子	能够举出生活中的例子，解释"比"的含义，并进行基本的比较	能够创新性地用"比"的概念来解释复杂的现象或问题
读写比	能够在指导下正确读写比	能够自主正确读写比，并知道比的各部分名称	能够流利读写比，并能解释比中各部分的意义	能够在复杂的情境中准确读写和解释比
求比值	可以计算简单的比值，可能需要帮助	能够独立计算两个数量的比值	能够解释比值的含义，并在实际情境中计算比值	能够在不同情境中选择合适的方法计算比值，并解释其背后的逻辑
分析比和分数/除法的关系	能够识别比和分数/除法的基本差异	能够解释比和分数/除法之间的联系与区别	能够用例子说明比与分数/除法在实际中的不同应用	能够探究比与分数/除法在解决实际问题中的不同效果和适用性

第二课时

评价内容	水平1：基本理解	水平2：能应用	水平3：熟练应用	水平4：创新应用
理解比的基本性质	能够在指导下识别和说明比的基本性质	能够独立解释比的基本性质，并举出简单的例子	能够在多种情境中正确应用比的基本性质，并能给出解释	能够创造性地在复杂情境中应用和解释比的性质
化简比	可以简单化简比，但可能不够熟练	能够正确并独立地化简比，理解化简的目的	能够熟练地化简比，并探索化简比的不同方法	能够教会同伴如何化简比，创造性地使用比例化简解决问题
类比法和推理思想	了解类比法和推理思想的概念，但可能需要示例	能够在具体任务中使用类比法和推理思想，但可能需要指导	能够独立使用类比法和推理思想解决问题，并能解释过程	能够在新的或未知的情境中应用类比法和推理思想，并教授他人
掌握数学知识的本质	对数学知识的本质有基本的理解，能够回答直接相关的问题	能够通过探索比的性质理解数学知识的相互关联	能够体会数学知识之间的内在联系，并在解释时使用数学语言	能够在探索比的性质时发现数学概念之间新的联系，并能创新性地解释这些联系

第三课时

评价内容	水平1：基本理解	水平2：能应用	水平3：熟练应用	水平4：创新应用
解答实际问题	能够在指导下使用比解答简单的实际问题	能够独立使用比解答实际问题，但可能尚缺乏灵活性	能够熟练并灵活地使用比解答多种实际问题	能够创造性地使用比解答复杂或未知的实际问题，并能解释解答过程

续表

评价内容	水平1：基本理解	水平2：能应用	水平3：熟练应用	水平4：创新应用
感受数学知识的应用价值	能够识别数学知识在实际问题中的应用，但可能需要示例或提示	能够理解并说明数学知识在日常生活中的应用价值	能够在实际问题解答中体现数学知识的应用，举出多个例子	能够扩展数学知识的应用范围，提出新的应用领域或方式
按比分配	能够进行基本的按比分配计算	能够在常见情境中独立进行按比分配	能够在复杂或多变量的情境中正确进行按比分配	能够创新地提出并解决按比分配的问题，能够教授他人按比分配的方法

有了这样的评价标准，学生在真实或模拟的情境中，运用所获得的知识完成某项任务或解决某个问题，考查知识与技能的掌握程度或者问题解决、交流合作和批判性思考等能力的发展状况，便能描述和评定出学生的差异。

2. 基于数学学习体验的表现性评价。学生的学习过程是一个能动的实践体验活动过程。教师要根据学生的课堂表现情况来判断学生的学习情况，对学生在课堂上的表现及时给予恰当的评价，让学生的注意力始终保持高度的集中，并处在积极、兴奋的探究状态中。我们认为，基于学生的学习体验过程，其表现性评价可从以下几方面入手。

（1）着重"听"的表现性评价。数学课堂中"听"的活动，可以考查学生对数据信息的敏感性、记忆性、准确性和匹配性。数学学科的声音素材通常含有大量的数据信息，我们可以让学生听完信息后，要求学生复述内容，或根据信息回答问题。例如，超市购物中各种物品的数量及价格等，各类问题情境中的数据，还有一些工业、农业和财经数据的新闻报道等等，通过"听"的活动体验来评价学生的学习状况。例如"百分数的认识"，可以让学生听一段新闻报道，让学生来判断哪些数用百分数表示，哪些百分率超过"1"等，用于评判学生对百分数意义的理解掌握水平，为后续教学服务。评价标准是复述或回答问题的准确度。

（2）着重"看（读）"的表现性评价。数学学科中的"看"，主要通过阅读与观察，考查学生对数据的敏感性、记忆性、准确性和匹配性，在学生读完信息后，复述或回答问题。例如，教师可以让学生观察动车票，考查学生对上车时间、检票口、车次号、车厢号、座位号、价格等信息的获取能力。或者观察超市购物单、水电费账单等，考查学生对商品价格、重量等信息的获取能力。在图形与几何教学中，可以让学生观察几何图形或实物，尝试找到图形的特征并加以概括，对学生的几何图形观察和判断鉴别能力、空间想象能力等做出评价。评价标准是阅读时间、复述内容或回答问题的准确度。

（3）着重"说"的表现性评价。数学学科的"说"的表现性评价，可以让学生说数学思维过程、解题步骤和计算方法，侧重数学思维的严谨性、逻辑性。例如，让学生玩 24 点游戏，说说有哪几种计算方法。再如，五年级《因数和倍数》单元教学，课上出示说理题："李洋洋到蛋糕店买面包。甜甜圈 2 元一个，面包 3 元一个，三明治 10 元一个。他买了一些甜甜圈和三明治，付给营业员 50 元，找回 11 元，你认为找得对吗？请说明理由。"教师通过学生的说理，对他们知识的掌握水平和语言表达水平做出评价。评价标准：①口头表达能力——口语表达的流畅性、科学性、严谨性和情感性等；②高阶思维能力——综合、评价和创新等高层次能力，通过"你有哪些思考""你有哪些评价""你有哪些观点"等问题体现。

（4）着重"写"的表现性评价。"写"的表现性评价，主要考查学生书面表达能力。纸笔测试也强调学生的书面表达能力，与纸笔测试相比，作为课堂表现性评价的"写"，可以体现在计算过程的正确书写、数量关系的合理应用以及一些课堂笔记（画重点、标单位"1"、审题痕迹）等方面，有助于教师对学生的学习效果、学习习惯、素养达成等做出评价。评价标准是书面表达的条理性、科学性和严谨性等。

（5）着重"画"的表现性评价。数学学科的"画"一般包括：①画统计图，学生根据所提供的数据画条形图、折线图或扇形图等；②画与测量有关的几何图形。例如，要求学生画一条 10 厘米的线段、画一个边长为 4 厘米的正方形、画一个周长为 24 厘米的长方形、画一个半径 2 厘米的圆形、画两个面积相等的平行四边形……通过这样的学科实践活动体验，教师对学生的知识技能掌握水平进行评价。评价标准是准确性、合理性、想象力等。

（6）着重"做"的表现性评价。"做"的表现性评价就是实践操作。数学学科"做"的表现性评价通常有测量、制作、操作等。例如，低年级的分类统计以实践操作为主，要求学生对一堆积木、玩具、图形实物等先分类，再统计，或要求学生在模拟购物中付出指定面额的学具纸币……中年级可以要求学生取一定数量的东西，如在一包糖果中取出三分之一等，高年级可以要求学生用纸板制作一个圆柱、圆锥等。

测量也是数学最常见的表现性评价，可以通过刻度尺（三角板）、量角器等测量工具的使用来进行。例如，刻度尺的应用，可以测量正方形、长方形、三角形、梯形等图形或实物的边长、周长；测量线段、铁丝、绳子、跑道、楼层等的长度或高度。测量类表现性评价还可以"剪"，让学生按要求用剪刀剪一个几何图形。例如，剪一个边长为 10 厘米的正方形、剪去一条绳子的几分之几、在指定长方形里剪一个最大的半圆等。评价标准是测量工具的使用步骤、使用方法和读数的准确性，以及测量的科学态度和细心程度。

在这些学习体验评价中，"听"和"看（读）"评判知识获取能力，"说""写"和"画"评判知识输出能力，"做"评判知识应用能力。我们可以根据学段和学科内容特点，构建校本化的表现性评价行为测评结构体系，与纸笔测试相互结合，取长补短，全面发展学生的核心素养。

3. 基于学习结果的表现性评价

随着评价改革的变化，实践性评价越来越多地落实到教学当中，评价是为了促进学生的全面发展，而不只是甄别与选拔。对于学习结果的评价，除了纸笔测验，日常观察、访谈、记录、作业、作品展示、项目活动报告、成长记录等多种灵活的评价方式也常被运用。

（1）纸笔评价

例如：a. 观察下面两幅图，$\angle 1 = \angle 2$，对吗？请你画一画或摆一摆，写一写你是怎么判断的？

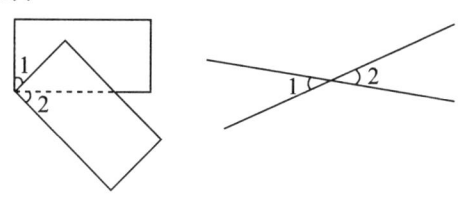

b. 李亮在家里用计算器计算数学题,但计算器的按键"3"坏了,你能用计算器帮李亮计算下面三道题吗?(用算式表示计算过程,并算出答案)

$$415×39=$$
$$375÷25=$$
$$756÷63=$$

(2)非纸笔评价

例如：a. 通过拍短视频的方式,由学生讲解知识点或习题,培养学生独立思考的能力,锻炼学生的数学交流能力和语言表达能力,促进深度学习。

b. 数学阅读分享或讲故事。学生在自主阅读数学读本的基础上,在小组或班级进行分享,促进学生数学理解与表征能力、交流与表达能力的培养。

c. 项目式学习。通过小组研究、撰写研究报告、项目成果展示等活动,通过研究性学习,综合进行评价。

d. 综合实践活动。例如,学习了《多边形面积》,让学生到学校的实践园劳动基地进行实地测量、计算、规划、劳动。学生在实践活动中,除了应用数学课堂中学到的知识,还要学会搜集资料、获取信息、了解植物种植知识等,把学科实践用到结果评价中。教师还可以利用成长记录的方式,收集学生的作品作业,参考学生平时的学习表现及相关的行为表现,结合线上、线下,利用信息技术手段和学科评价相融合,对学生的学习情况进行观察、比较,借此评价学生的成长与进步。

评价量表

类别	具体评价内容	评价方式	自我评价	同伴评价	教师评价
学科素养评价	知道在平面上用方向和距离两个要素能确定位置。	学生作业或作品			
	掌握根据方向和距离两个条件描述和确定物体位置的程序和方法。				
	理解位置的相对性。				

续表

类别	具体评价内容	评价方式	自我评价	同伴评价	教师评价
	能根据方向与距离两个条件正确详细地描述位置或在平面图上确定物体的位置。	课堂观察、学生作品、小组活动			
	能根据路线图，具体描述物体行进的方向和路程。				
	能绘制简单路线图，能记录问题行进的过程。				
	能利用位置的相对性进行两个物体的相对位置的推理与描述，体会二维空间的位置确定规则。				
	能根据路线图或位置描述进行相关实际空间的想象。				
	能运用位置与方向的知识进行表达与交流。				
	能解决有关位置与方向的实际问题，如计算相关的路程与时间等。				

陈翊（一(4)班）　　　　　语文

学科指标　常规指标　　　　个人报表

全部　　　表扬　　　改进

课堂表现　　课堂表现

课后表现　　会倾听

勤思考

善合作

懂表达

有创新

总之，基于学科实践，建立数学"教—学—评一致"评价体系，既是对传统纸笔考试评价的反思与改进，也是推动数学学科综合评价改革的有益尝试。小学数学评价必须遵循多元化的原则，紧紧围绕提高素质、发展素养、鼓励创新这一目标，充分发挥评价的真正作用，以核心素养为载体，构建包括知识、能力、情境、难度在内的核心素养评价体系，以评促教，以评促学。

三、劳动实践进评价的学科实例

评价对于培养学生的劳动素养，促进个人全面发展，丰富精神生活具有重要意义。2020年7月，《大中小学劳动教育指导纲要（试行）》在评价改革方面突出强调要依据劳动教育目标，制定劳动素养评价标准，注重对学生劳动素养形成和发展情况的测评分析。《义务教育劳动课程标准（2022年版）》指出："评价既要关注劳动知识、技能，更要关注劳动观念、劳动习惯和品质、劳动精神。"

（一）表现性评价在劳动教育中的价值向度

表现性评价是一种评价方式，它要求学生在真实或模拟的情境中，运用先前所获得的知识完成某项任务或解决某个问题，以考查学生知识与技能的掌握程度，或者问题解决、交流合作和批判性思考等多种复杂能力的发展状况。它能测量出学生在真实世界中的复杂成就和情意表现，对复杂高阶的劳动素养评价具有天然适用性。

1. 过程导向

在劳动教育中，表现性评价注重学生在劳动过程中的表现和进步，而不仅仅是最终的劳动成果。

2. 能力提升

教师可以发现学生在劳动过程中的不足，然后针对性地给予指导和帮助，帮助学生提高劳动技能，培养正确的劳动态度和精神。

3. 个性化评价

表现性评价允许根据每个学生的特性和需求进行个性化评价，鼓励学生、教师、家长等多方参与评价过程，形成良好的互动关系。这样可以更好地调动学生的积极性，激发他们的劳动热情，帮助他们形成积极的劳动习惯。

4．教学改进

表现性评价关注学生在劳动过程中的多个方面表现，如态度、技能、知识、情感等。教师可以通过评价了解学生的劳动素养状况，然后调整教学策略和方法，以提高劳动教育的质量和效果。

(二) 表现性评价在劳动教育中的实施方法

表现性评价是一种在尽量真实的情境中，运用评价规则对学生完成复杂任务的过程表现与结果做出判断的方法。其实施过程主要包括以下几个方面。

1．创设真实的教学环境

为了促使学生的亲身投入，触发学生不同向度的思考、认知以及由此生成的审美体验与道德自觉，劳动教育课程的实施需要一种真实的教学环境，例如校外的职业院校、制造工厂、郊区农庄、劳动示范基地等。

2．设计好评价的任务

依据明确的评价目标，兼顾学生的实际情况和需求，设计具有挑战性的评价任务，制定清晰、具体，能够全面、准确地反映出学生的学习情况和能力水平的评价标准。

3．关注劳动过程表现

对于劳动教育课程而言，身体参与劳动的过程更为重要。基于此，对于劳动教育课程需要有效运用表现性评价。它"不单是对学习目标或阶段性学习目标达成的评价，同时更强调学习过程的价值，认为学习过程中的感知、探究及其多元表现对于儿童学习品质的养成具有重要意义"。

4．强调劳动体验表达

劳动教育中，学生的劳动体验与劳动表达是基于真实可感的劳动情境，因此，劳动教育课程的实施需要强调劳动体验表达。自我表达既是显性的，指向学生通过亲身参与、实践劳动，达到特定的劳动教育课程目标；自我表达又是隐性的，指向学生通过亲历劳动内化生发热爱劳动、诚实劳动、辛勤劳动的品质，发扬劳模精神、工匠精神。

5．结合量化评价与质性评价

需要将量化评价与质性评价结合起来，劳动表现的等级评定不可或缺，但要重视对学生劳动作品、演说视频、作文、实践行动、口头回答等资料的收集，力求全面、深入地对学生进行评价，生动展现出学生在劳动认知、劳动情感与劳动行为方面的进步，以此真正实现评价对身体、对人本身的关注与重视。

(三) 表现性评价在劳动教育中的实施路径

评价是一种肯定、一种激励，更是一种导向。在教学实践中，学校把握好"坚持育人导向、遵循教育规律、体现时代特征、强化综合实施"等原则，针对不同情况采用不同形式的表现性评价实施方式，整合学校、家庭、社会各方面力量，构建"一体两翼"新时代劳动教育课程体系，实现学校劳动教育规范化、家庭劳动教育日常化、社会劳动教育多样化，形成协同育人格局。实施中注重体现"三性"：一是激发性，激发学生的进一步理解和体验；二是动态性，做中评，评中做，做评合一，让学生看见自己的进步和成长；三是生长性，通过评价反馈，矫正错误认知，改进学习行动，促进素养生长。

1. 表现性评价助日常生活劳动常态化

劳动教育包括日常生活劳动、生产劳动和服务性劳动，涉及学校、家庭、社会。为了利用家庭和社会的资源和力量，加强"家校社"之间的沟通和合作，共同为孩子的成长和发展努力，在"家校社一体化"推进劳动教育时，以劳动教育总体目标为依据，从劳动素养涵盖的三个维度、六项内容出发，考虑维度、层级结构及要求，教师可制定了统一的评价标准，构建"三维六项十八点"的综合评价模式，做到你知、我知、大家知，彼此行动一致。具体表现如下：

三个维度	六项内容	十八个观测点
价值体认	劳动观念	认同劳动、尊重劳动、热爱劳动
	劳动精神	艰苦奋斗、开拓创新、敬业奉献
关键能力	劳动知识	法规知识、安全知识、技术知识
	劳动技能	规范操作、设计制作、优化改进
必备品格	劳动习惯	自觉劳动、安全劳动、坚持劳动
	劳动品质	诚信劳动、吃苦耐劳、珍惜成果

学校还可以校编《劳动实践手册》为抓手，重视完善学生劳动评价制度，实现劳动可记录、可追溯、可评价，让多元的劳动评价成为学生热爱劳动的内驱力。

　　首先，推进每日"动态打卡评价"制度。即每日学了什么，记录什么，评价什么。学生、教师、家长、社会人士等对照十八个观测点参与到评价中，主要采用"星级评价"方式，优秀三星、良好两星、合格一星。质性评价与量化评价相结合，强调"过程"和"结果"并重。

　　其次，反思是一个人自我教育、自我成长的重要机制。为了促进学生敢反思、乐反思、会反思，劳动实践手册注重自评与他评相结合，尤其注重描述"我的成长足迹"，让学生用画图、拍照、文字等方式展示自己的收获与成长。这种自我反思性评价直抵学生内心，有利于提升学生的自我效能感，生成自我调节学习策略，学生把心中他人看不见的变化转化成文字、图表等，这是个体不断与外部世界、自身对话的过程，极大促进了学生劳动观念、劳动精神的提升。

　　最后，班级实行迭代跟踪制度。日常以班级为单位，力求做到"学生每日一小评，每周一小结；班级每月一大评，每学期一总结"，各班级举办云上云下成果展，每月评出的优秀劳动者及时在班级劳动专栏更新，所有人都可以随时赏析。赏析的过程不仅是传递劳动信息的过程，也是宣扬劳动者吃苦耐劳和勇于创新的劳动美德的有效途径之一。学校还通过劳动周开展劳动技能赛，评选"劳动小能手"，颁发"校本劳动章"。以此良性循环，推进学生形成良好的劳动素养。

　　2. 表现性评价助劳动课堂实效化

　　在表现性评价规则引领的劳动实践中，学校劳动课采用微项目学习的实施方式，学生沉浸式地投入接近真实的任务情境中，经历学习、实践、创新的过程，利用评价标准获得有效反馈，明确期望达成的劳动素养目标、目前所处水平以及如何进一步提升等问题，通过自我调节实现劳动素养的形成。

　　在劳动课堂上，评价表现点的设计分为两部分。一是学习素养评价。包括会倾听、勇提问、勤思考、善实践、力合作、乐表达，学习素养评价为每一节课的有效学习规范了良好的习惯。课前，教师借助指标为评价指明方向，课上通过及时激励评价，端正学习态度，提升学习内驱力，提高学习效果。二是劳动素养评价。结合具体的劳动任务要求，设计和运用合适的评分规则，因课而定。比如《巧手缝纽扣》一课，抓住"纽扣掉了，应该怎么缝"开展实践探究学习，在缝纽扣前，抓住缝纽扣的表现点"针脚平整、线头干净、缝制牢固、搭配美观"，通过自评、组评和师评，对学生的缝制效果进行评价。

评价维度	评价内容	评价标准	自评	组评	师评
				★★★	
学习素养	会倾听	情绪平和，尊重他人意见，保持思维与沟通的一致。			
	勇提问	表述清晰明确，问题有价值。			
	勤思考	能积极思考、独立思考、深度思考。			
	善实践	积极主动，心灵手巧。			
	力合作	能分工合作，取长补短。			
	乐表达	能用多样化的方式表达自己独特的想法。			
劳动素养	树立正确的劳动观念	能感受缝补的辛苦与快乐，自愿积极地投入劳动，体会到劳动最光荣。			
	掌握科学的劳动技能	懂得缝制纽扣的流程，会缝制纽扣。保证针脚平整、线头干净、缝制牢固、搭配美观。			
	养成良好的劳动习惯和品质	养成有始有终的劳动习惯，养成自己的事情自己做，认真负责、珍惜劳动成果等品质。			
	领悟向上的劳动精神	体会不怕困难、精益求精的劳动精神和慢工出细活的巧匠精神。			

3. 表现性评价助项目式学习路径优化

苏霍姆林斯基在《给教师的建议——劳动和智力发展》一文中说："思考和双手的联系越紧密，劳动就越加深刻地进入学生精神生活，成为他心爱的事情。"劳动中的创造是发展学生智力的最强有力的刺激之一。为了培养学生的创新素养，教师可以结合地方特色文化，引导学生找到他们感兴趣的点，创造条件产生研究性的思考、研究性的劳动。

"劳动+"项目式学习正是培养创新能力的重要学习方式。劳动教育倡导"做中学""学中做"的理念是引发学生自主学习和主动探究的驱动力。我们融合其他学科，建立学科间内在的"多维联结"，以任务为主要载体，提倡学生在生活中发现问题，并在技术的支持下解决问题，注重动手实践、手脑并用、知行合一、学创融通，让教学评一致的评价方式成为学生自主探究的方向标。如，在开展"指尖上的非遗——竹笠"项目式学习中，以终为始，逆向设计，在实施前与学生商定制定了评价量表，指引学生朝着学习目标去探究、去实践、去总结。

"指尖上的非遗——竹笠"评价量规

实施阶段	评价内容	标准描述			自评	互评	师评
		3分	2分	1分			
一、确定问题	酝酿项目	进行了多次头脑风暴，产生了许多有意思的想法。	能积极思考，提出自己的想法。	不善于开动脑筋，想法一般。			
	问题价值	善于发现问题，提出真实、可行、有价值的问题。	能发现并提出问题。	提出的问题相关性不强。			
二、制定方案	合作讨论	小组成员间互相尊重、耐心倾听、确定方案，并且得到小组成员的一致认可。	能体现合作讨论，明确分工，确定方案。	能在老师的帮助下讨论合作，确定方案。			
	方案制订	方案具有较强的科学性、实践性，分工明确合理。	方案有一定的科学性，但实践性不强，有分工。	方案有瑕疵，科学性、实践性不够，分工不合理。			

续表

实施阶段	评价内容	标准描述 3分	标准描述 2分	标准描述 1分	自评	互评	师评
三、探究学习	自主学习	能通过多种方式，针对研究问题自主学习，做好记录，学习内容准确丰富。	能针对研究问题学习，做好记录，学习内容准确。	在教师的指导帮助下学习相关内容。			
	考察分析	认真考察，主动访谈，做好记录，从多种渠道收集信息、分析整理。	能考察记录，收集分析信息。	能在老师的帮助下考察记录，收集分析信息。			
	交流分享	主动分享交流学习成果，思路清晰，大胆表达。	能分享交流学习成果，表达清楚。	能分享学习成果，表达有瑕疵。			
四、实践创作	作品设计	小组成员积极参与，互助共享，有独特、创新性的设计。	小组能合作实践，略有创意，能互相启发，全体成员参与度较好。	能在老师的帮助下合作实践，全体成员参与度一般。			
	制作模型	模型能基本解决真实问题，有较强创新性，较为美观。	模型能基本解决真实问题，但创新性不够。	模型不能解决真实问题。			
	迭代改进	能不断修订、调整项目方案，使项目尽量朝着创新、艺术的方向发展。	在老师指导下能调整项目方案，朝着更好的方向发展。	不能进行迭代改进，无法做得更好。			
五、展示交流	解说表现	讲话有力，举止大方，吐字清晰，富有创意，注意礼仪，与倾听者有目光交流。	表达有时不清晰，创意一般，肢体语言使用有限，偶尔与倾听者有目光交流。	表达不清晰，缺乏肢体语言，没有创意，与倾听者无互动交流。			

续表

实施阶段	评价内容	标准描述 3分	标准描述 2分	标准描述 1分	自评	互评	师评
六、评价反思	过程展示	作品展示具有独创性，能够图文并茂或用多种方式讲述作品的探究过程，包括遇到的困难和问题等。	作品展示有一定独创性，能讲清楚探究创作过程。	作品展示方法单一，表述不清晰。			
	创意作品	作品主题明确，富有创意，制作精美。	作品有主题，有些许创造性，不够精美。	作品缺乏创意，有瑕疵。			
	学习反思	能积极进行自评、互评、反思，既总结成功经验，又反思失败教训，还能提出更好的建议。	能清楚地说出自己的感受和想法。	不能准确表达自己的看法。			
	意识行动	认识非遗文化传承对人类发展的巨大意义；努力传承先进的历史文化，创新美化现代生活。	认识到非遗文化的博大精深；知道文化传承的重要性。	对非遗文化的认识不足，重视度不够；缺乏对文化传承的认同感。			
总评							

为了激励学生持续积极主动参与劳动，善于实践、勇于创新，也为了方便学生回顾自己在成长过程中的种种表现，学校还结合信息科技，记录学生成长的点点滴滴，以促进学生对自身整个小学阶段形成合理的成长性评价。

总之，评价导学习，评价促成长，表现性评价是学校劳动教育发展的"引擎"，学生逐步形成正确的劳动观念，懂得尊重他人劳动，珍惜劳动成果，自理能力、动手能力、创造能力、意志力和责任感等均得到很大程度的提升。教师可以努力创新实施路径，探索更多、更好的评价手段与方法，以达到最佳的使用效果。

四、艺术实践进评价的学科实例

(一) 新课标背景下小学美术单元教学评价的特点

1. 小学美术单元教学中评价的内涵目标

小学美术单元教学结合基于特定主题的相关学习内容,注重学生个体全面发展。教学中以循序渐进的学习方式,多角度、多层次进行有效评价,提高小学美术的教学效益,使学生对主题学习获得停留感,扩大了小学美术学习的广度和深度。

2. 小学美术单元教学评价的多元化导向

(1) 评价主体的多样化

小学美术课堂的评价需要关注学生美术素养的提升,以及课堂形式改变后学生自主参与整个评价过程,学生艺术鉴赏的综合学习能力等。教师在学生学习过程中需要加强观察和沟通,并与家庭作业的最终评估相结合,形成以学生为中心、多样化的评价主体,自我评价、同伴评价和教师评价等多元实施途径,促进了学生小学美术学习阶段目标的完成。

(2) 评价形式的多元化

新课程标准要求小学美术单元教学将单课时教学改为艺术单元教学,让学生更多体验创作的实践过程。通过在真实的学习环境中进行探究、合作和再创作,全面发展学生的核心艺术素养。在新课程标准的背景下,可以对所有学生采用协商评估方法,评价标准更加强调对学生的学习过程和瞬间启发,强调评价的引导和记录,进一步反映了教、学和评的一致性,从而体现了评价的多样性。

(二) 小学美术单元教学评价中的常见问题

1. 评价语言方面

传统课堂小学美术学习评价通常所使用的语言没有什么针对性,教师经常使用"非常像""非常好"和"令人印象深刻"等语言来评价学生,学生仍不知道自己的优缺点在哪里;也经常使用"你真棒""你又进步了"等语言,过分重视调动学生的积极性,却忽视了对学生错误的纠正。虽然表扬在课堂学习评价中很重要,但过度的表扬可能会产生相反的效果。

2. 评价内容方面

以往，教师经常用"喜欢"或"不喜欢"来评价学生的艺术作品，使用"对"或"错"来评估学生的学习成果。此外，部分教师在课堂学习评价中采用量化指标，主要关注学生艺术知识和技能的掌握情况，而忽视了对学习态度、情感价值等方面的评价，不利于激发学生的艺术学习兴趣。

3. 评价方式方面

一些教师把学生的绘画成绩作为评价美术教学的单一标准，学生往往被动地等待评价，未能参与他人的评价和自我评价，无法筛选和吸收有用的信息，不敢自立于思考和绘画创作，探究和创新素养难以提升。

4. 评价应用方面

以往的评价从诊断功能来看，学生评价反馈主要以分数、等级等形式呈现，并作为学生的总结性评价；从引导功能上看，一些教师经常以小组形式进行集体评价，学生不清楚个人的学习情况；从激励作用来看，一些教师通过评价积极推动学生行动，却不符合学生具体实际情况；从调节功能来看，以往的评价侧重于选拔，学生在实践中的探索意愿受到一定程度的影响。

（三）小学美术单元教学评价中的思考

小学美术教学不再仅仅是传授绘画知识和技能，而是如何使学生在美术单元中学习艺术知识，提高素养，增强学习能力、创新能力、合作能力、解决问题的能力……美术教师应以新课程标准为评价依据，构建包括学习目标、评价内容、实施方法、评价主体、反馈形式在内的评价体系，形成师生认同并共同参与的评价方法。

1. 明确评价目的

小学美术评价是基于预定的美术教学目标进行的评价。教师和学生共同学习单元内容，结合学生现有的美术基础，通过评价引导和撬动，在单元实践中最大限度地实现教与学的目标。

2. 丰富评价内容

学生的个性、层次发展都有所不同，师生根据主题情境共同设计问题，运用自主学习、合作学习、探究学习等方式和观察、讨论、实践、设计等方法，协商列出适合的评价内容，在真实情境中做到以用促学和学以致用。

3. 优化评价方法

评价实施方式在小学美术单元评价中，除了作业评价、学生自主评价、教师分层次评价、档案袋评价等，还有多种评价学生的实施方式。师生根据不同学段、不同学习领域、不同评价内容等各种因素协商沟通，提出几种可实施的评价方法，学生从中选择一种适合自己的方法开展评估。

4. 多元评价主体

在小学美术单元教学中，评价已经从以往教师单角度评价转变成互相评价，评价主体既可以是单一的也可以是多元的。学生提出自己对评价内容和标准的期望，师生协商达成一致，选择自评、互评或教师评价，抑或家长评价。

5. 应用评价结果

评价反馈形式是动态的、成长的、呈现的、反省的，对学生在每一个学习过程中的展示、潜能发挥等情况开展全面综合的评价。

（四）新课标背景下小学美术单元评价模式构建策略

1. 完善课堂学习评价量表

根据不同的教学内容，认真分析学习目标，提炼小学美术综合素养学习量表。在新课程标准下，小学美术课堂以实施"立德树人"为根本任务，以素质教育为理念，以培养学生核心素养为目标。建立相应的评价体系已成为确保小学美术教学质量一个迫切需要解决的关键问题。从小学生的美术素养入手，围绕学习态度、基本知识、基本能力等方面，设计了低、中、高年段的综合素质评价表（如表1、2、3所示）。

表1 小学美术学科综合学习能力评价表（低段）

评价领域	评价标准	状态水平描述		
		自评	组评	师评
造型表现	是否对美术课感兴趣。			
	能否通过绘画的形式，大胆、自由地表达自己的感受。			
	能否动脑筋用各种材料，制作简单的物体或动物形象。			
	能否认识常用颜色。			

续表

评价领域	评价标准	状态水平描述		
		自评	组评	师评
设计应用	是否对学习活动感兴趣。			
	是否在作业中表现大胆的想象和创新。			
	能否安全地使用材料和工具。			
欣赏评述	是否对自然或美术作品感兴趣。			
	能否用简单的词语表达自己对自然和美术作品的感受。			
综合探索	是否对身边能找到的材料进行联想。			
	能否结合语文、音乐等学科内容进行大胆地创造。			
	能否在活动中与同学合作，并在结束时进行收拾整理。			
综合评价				

评价标准：状态水平描述：分别用☆来表示，最高可获得五颗☆，最低可获得一颗☆。综合评价用"优""良""中"来区分。

表 2　小学美术学科综合学习能力评价表（中段）

评价领域	评价标准	状态水平描述		
		自评	组评	师评
造型表现	是否对美术课感兴趣。			
	能否通过绘画的形式，大胆、创造性地表现自己的所见所闻。			
	能否动脑筋用各种材料，制作简单的立体或半立体造型。			
	能否认识原色、间色、冷暖色。			

续表

评价领域	评价标准	状态水平描述		
		自评	组评	师评
设计应用	是否对学习活动感兴趣。			
	能否在作业中表现大胆的想象和创新。			
	能否注意设计与功能的关系。			
欣赏评述	是否对欣赏活动表现出一定的热情。			
	能否用恰当的语言表达自己对自然和美术作品的感受。			
综合探索	能否对身边能找到的材料进行联想。			
	能否结合语文、音乐等学科内容进行大胆地创造。			
	能否在活动中与同学合作,并在结束时进行收拾整理。			
综合评价				

评价标准:状态水平描述:分别用☆来表示,最高可获得五颗☆,最低可获得一颗☆。综合评价用"优""良""中"来区分。

表3 小学美术学科综合学习能力评价表(高段)

评价领域	评价标准	状态水平描述		
		自评	组评	师评
造型表现	是否对美术课感兴趣。			
	能否通过所学的美术知识大胆地表现周围的生活和环境。			
	能否在造型中注意运用色彩知识。			
	能否主动关注他人的作品,并进行评价。			

续表

评价领域	评价标准	状态水平描述		
		自评	组评	师评
设计应用	是否对学习活动感兴趣。			
	能否在作业中有意识地运用一些形式原理。			
	是否具有有序的工作方式。			
欣赏评述	是否具有民族自豪感,乐于了解人类文化艺术的成就。			
	能否用简单的美术术语描述对艺术作品的感受。			
综合探索	是否积极地参与探究性活动。			
	能否用文字、图像形式记录调查结果。			
	能否积极动脑、动手,并与同学良好地合作。			
综合评价				

评价标准：状态水平描述：分别用☆来表示,最高可获得五颗☆,最低可获得一颗☆。综合评价用"优""良""中"来区分。

2. 开展正向课堂学习评价

教师要观察和捕捉学生的闪光点,并以积极和鼓励的方式,通过语言、眼神、肢体语言等对他们的学习行为进行积极评价,从而激发他们的信心,创新他们的想象力。

以六年级"墨韵"单元为例。学生们以前对国画了解不多,为了激发他们学习国画的兴趣,教师让大家用刷子蘸墨,混合不同量的水,画出不同墨水颜色的点、线、墨块等,通过随机涂鸦,让学生意识到墨水强度的变化与混合的水量有关。教学中,教师可以从语言和评估方法两个方面调整评估过程。首先,教师将"很好""有进步""非常像"等简单概括的评价语言转化为"你的观点让我感觉到了墨水的强度,非常有见地";其次,及时捕捉学生的亮点或发现他们的问题,鼓励学生大胆实践,体验创作艺术作品的乐趣。

3. 采取分层课堂学习评价

每个学生都是一个个体,有不同的艺术基础。如在评价"春夏秋冬"主题作品时,根据小学美术课程的特点,学生可以自由选择艺术表现形式。在评估过程中,教师考虑了学生艺术的原始水平、学习的能力,对基础水平、中等水平和创造性水平的事实分析等事实进行评价。

小学美术课堂学习分层评价目标:

不同层次学生	分层评价目标
基础层次	能够捕捉四季的自然美,绘画的构图基本完整
中等层次	绘画色彩的运用有可取之处,可以表达自己的创作思路
创新层次	勇于尝试创新,可以运用不同的材料进行装饰,表达出与众不同的创意

4. 采取"四位一体"评价

在新课程标准的指导下,课堂学习评价由四种评价类型组成:自我评价、同伴评价、家长评价和教师评价,同时要嵌入学生绘画模块学习的全过程,确保基于核心素养的艺术课程在学科中有效实施。

以二年级"难忘的朋友"单元为例。学生往往更注重性格表达,评价过程根据不同学生的表现,使用"丰富的色彩语言"和"流畅生动的线条"等不同的评价语言来关注每个学生。还可以邀请一些家长参与其中,实现学校和家庭对学生学习的全面评价。学生们能够真正感受到老师和家长的爱、喜悦和自豪,从而激发他们对美术的兴趣和热爱。

5. 实施"多元多维"评价

教师应了解学生创作过程中的情感因素,并进行过程评估。他们还应创新评估形式,以更多样、更全面的评估视角激发学生更新颖的学习视角。

例如,根据学生的学习态度和学习表现创新过程性评价方式,制作表扬统计表,借力线上平台的回复功能设计师生评价互动环节,及时了解学生美术学习的思想动态,改变单一评价决定学生学习成果的现象。

在新课程标准的背景下,小学美术大单元教学应明确评价目标和要求,引导和促进学生的全面发展。教师应注意及时有效科学地评价，结合各种课堂反馈渠道，引导学生理解小学美术的课堂内容，提高学生的艺术品位、鉴赏能力和审美水平。

第七章 学科实践课堂的新样态及其教学设计

第一节 学科实践课堂的新样态

《义务教育课程方案（2022年版）》的本质内涵和精髓要义就是发展学生的核心素养，其明确提出：强化学科实践，注重"做中学"。学科实践作为一种培养学生核心素养为根本追求的重要学习方式，是践行新课标提出的实践育人的核心和宗旨。学科实践在实施过程中，指向学生核心素养的获得必须经过实践，实践才能出真知。而实践的过程是一种以知识理解为基础，以真实情境为驱动，以情境、任务、问题、项目为载体，高阶思维参与为基本特征，持续性深入探究的学科学习活动。其落脚点和价值取向是：思（探、实验）、用（做）、行、创。因此，基于学科实践的课堂，就是学生从实践中来习得知识、到实践中去应用知识的过程。

一、学科实践课堂的内涵

基于学科实践的课堂是实践育人的主渠道。学科实践如何落地课堂？余文森教授认为，要让学科实践"五进"课堂，即学科实践进目标，学科实践进内容，学科实践进活动，学科实践进作业，学科实践进评价。这是学科实践进课堂的具体路径和表现，其强调学生在知识的习得和应用过程中的实践性，经历实践出真知到学以致用的思维历程。

学科实践"五进"课堂的宗旨是让学生经历从实践中来、到实践中去的学习过程，学生在实践中建构概念、形成理解，在应用中检验、完善、深化理解。这一过程强调过程重于结论，应用高于理解，让学生像学科专家一样学习学科。这样的课堂在目标定位上强调知识习得的过程与应用，让学生在综合运用所学知识解决实际问题的学习行动中形成适应未来社会的核心素养，回应当前社会对未来人才的需求；在学习载体上强调内容要体现项目化、问题化、情境化和任务化，让学生在"试一试、议一议、用一用、评一评"的多维实践活动中实现素养转化，形成能说出来、写出来、用出来、做出来的素养；在学习活动中强调以学科实践的方式展开学习，在实践中生成，在应用中内化，在内化中指导新的实践；在作业上强调实践性的作业，实践性的作业要求从感性化的、操作化的、动手的、观察性的逐步向问题性的、创意性的、实验性的、设计性的、组织性的转变，让作业成为核心素养形成的重要路径和突出表现；在评价上强调表现性评价和考试评价的导向性。表现性评价注重课堂上可视、可见、可测的评价，关注学生的倾听、思考、合作、表达、创新，凸显不同层次的学生在实践活动中的表现性素养达成度，激发学生思、行与创新。而考试的评价注重在试卷中加入实践化的要素，让考题实践化，靶向课堂的实践化，让学科实践形成实践育人评价的闭环。

二、学科实践课堂的多重向度

（一）知识的理解

基于学科实践的课堂着重引导学生深度参与知识的形成过程，在实践中运用想象、推测、创新及思维等多个维度，从知识的预见性、关联性、应用性上加深对知识的理解，从而培养他们的创新思维和解决问题的能力，增强从实践中习得知识的能力和应用知识到实践中去综合的素质。

1. 预见性。学生应将自身的环境、自然经历和所学知识相结合，通过思考和观察，对特定问题或现象进行预见和表达。这种学习与思考并行的方式，有助于他们深入理解知识的来源和产生，把握事物的本质和规律，领悟学科的方法和思想，以及理解知识之间的关系和结构。最终，学生将能够全面认识知识的作用和价值，实现学与用同步发展。

2. 关联性。在设计学科实践的课堂问题时，我们应当充分考虑到学生的兴趣和需求，将问题与他们的生活经验和兴趣点紧密结合。这样，不仅能引起学生的共鸣，还能激发他们的探究欲望。例如，我们可以引导学生关注生活中的不便之处，并鼓励他们思考："在我们的日常生活中，有哪些地方可以改进？"或者"如果我是某个产品或服务的开发者，我会如何优化，以提高用户体验？"这样的问题设计，不仅能让学生积极参与实践探究，还能促使他们深入思考知识的实际应用，从而实现学科实践与知识理解的有机融合。

3. 应用性。这一特性体现了"知行合一"的哲学思想，学科实践的课堂旨在引导学生通过通达、直达真实世界的学习方式，深入参与探究活动。通过这种方式，学生能够深刻领悟知识的实用价值，为其在知识与现实之间建立沟通的桥梁。这不仅有助于学生在实践探究中实现知识的综合运用，还能够将其内化为自身可携带的素养，从而实现知识转向"可带得走、能带得走"的素养。

(二) 关键能力的培养

作为核心素养不可或缺的组成部分，关键能力在很大程度上需要通过后天的学习和实践才得以培养和提升。要实现这一目标，就要强调应用重于理解，让学生在实践中掌握学科基础知识、核心概念与技能的同时，着重于应用到实践中去，培养学生在解决问题、提出问题、合作交往、沟通交流以及组织规划等方面综合的关键能力。

1. 经历多维实践。这种实践以扎实的学科知识理解为基础，通过设计较复杂的情境和多样化的实践活动，让学生以个体或团队的形式，进行深度探究和学习。在此过程中，学生在真实或接近真实的情境中，不仅锻炼了知识运用能力，还培养了创新和创造能力。多维度的实践活动充分激发了每个学生的潜能，满足了他们不同的学习需求，使他们在亲身参与和实际操作中，实现了对知识的深度理解和应用。这种多维实践方式不仅有助于培养学生的整体素养，更有助于他们形成适应复杂情境任务的思维模式。因此，从实践中去习得知识的学科教学，应充分利用多维度的实践活动，让学生在实践中不断应用和拓展知识技能，从而逐步培养出具有学科专家水平的思维方式。

2. 形成个性化的学习路径。杜威认为，"教育应该通过多样且具体的实践活动增强个体的学习经验"。根据多元智能理论，智能的发展与经验的积累是相互促进的，而学生的学习路径则受到其个人生活环境的独特影响。因此，在学科实践教学中，我们应当在尊重学生个体差异性的基础上，以情境、任务、问题、项目为核心学习载体，选择适当的实践方法。这将使学生在具体的情境中积极参与实践活动，整合个人生活经验，并通过亲身体验实现经验的进阶和知识的提升。这样，每个学生都能打造出符合自己特点的学习路径，实现个性化发展。

3. 推动用以致学。将学生的"学习圈"拓展至现实生活，鼓励学生从"坐而论道"转变为"行动派""实践者"。针对学科实践的教学活动应让知识鲜活起来、技能灵动起来、思维丰满起来，引导学生认识到学习与掌握知识与技能的最终目的是运用和实践。用是目的，更是为了更好地实践，进而培育学生的社会责任感，促进学生的社会性成长。

（三）主动意识的养成

非学科实践的课堂多以学生的模仿或自主活动为主，但在此模式下，教学的情境性、综合性和实践性往往未能得到充分体现，导致学生的高阶思维能力无法得到充分锻炼和发展，从而限制了课堂教学在实践育人方面的潜力。为了更有效地推动学生核心素养的发展，在学科实践中，我们应着重培养学生的以下意识和能力。

1. 符合逻辑的问题意识。问题的提出是创新的源泉，因此，我们应当致力于将学生塑造成积极的提问者，并教授他们如何提出既符合逻辑又具有现实意义的问题。在培养学生提问能力的同时，我们还应注重提升他们解决问题的策略，包括学生运用批判性思维、逻辑分析和实证研究方法等，从而培育出可以"带得走"的素养。

2. 适应未来的服务意识。为了确保学生能够充分了解问题或任务需求，我们应鼓励他们亲自开展前期预习或调研等活动，鼓励团队协作与知识共享。通过这种方式，学生可以更加清晰研究方向和实践方式，为最终的问题解决或任务完成提供坚实的保障。通过这种方法，学生逐步养成到实践中去的服务意识，使他们更好地适应未来社会的需求。

3. 自觉的成长意识。自觉的成长意识是激发学生成长型思维、增强其持续挑战意愿的关键。通过培养学生的自觉成长意识，我们能够促进学生的素养后续发展，形成创新思维、终身学习和应用的良好习惯。鼓励学生在实践中自我反思、自我调整，并主动寻求挑战和机会来提升自己。将习得的知识应用于新的实践的能力，有助于学生更好地适应不断变化的社会环境，实现个人和社会的共同进步。

三、学科实践课堂的基本范式

余文森教授指出：学科实践或实践化育人的核心和宗旨是学思结合（接受探究）、学以致用（活学活用）、知行统一、传承创新结合。因此，基于学科实践的课堂教学范式就是知识习得过程与知识应用过程的具体化、一般化，其一般流程是"情境与任务—探究与交流—概括与提炼—迁移与拓展"。这一过程必须遵从学生的认知发展特点与学习特征，坚守以真实情境为导向的学习立场，激发学生从实践中来习得知识，到实践中去应用知识，注重在应用中检验、完善、深化理解并指导新的实践，呈现基于学科实践的课堂教学新样态（如下图）。

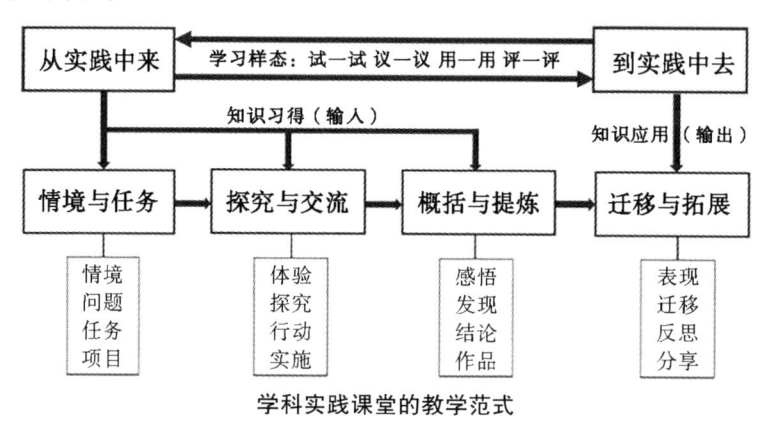

学科实践课堂的教学范式

学科实践的课堂是一种学生从实践中来再到实践中去的深度学习活动。学生经历从"情境与任务—探究与交流—概括与提炼"的实践习得知识，到"迁移与拓展"知识应用的实践中，像学科专家一样学习与思考的实践化过程。知识的习得和应用过程根据教学内容的不同载体可以有多样化的组合，如情境为载体的课堂：情境—体验—感悟—表现（表达）；问题为载体的课堂：问题—探究—发现—迁移（应用）；任务为载体的课堂：任务—行动

（做）—结论—反思（改进）；项目为载体的课堂：项目—实施（研究）—作品—分享（完善）。

实践化的课堂要求内容从静态到动态，让知识活起来，活动从实践到实践，让学生活起来，其样态和表现为：学生通过"试一试、议一议、用一用、评一评"，身体、精神在参与实践中输入知识，在实践应用中输出知识，践行"学用合一""用以致学"。试一试：自己读、自己想、自己做；议一议：听你说、补充说、不用说；用一用：学着用、拓展用、创新用；评一评：评参与、评应用、评创意。上述"四个一"的学习样态是学生到实践中去、到实践中来的途径与方法，是学科实践化课堂中学生学习的样态与表现。

综上，核心素养导向的学科实践课堂，不是"为了知识"，而是"基于知识"的学科实践活动，实现由学科教学向素养形成的转向，彰显从知识到素养的转变，强调学科实践育人的价值。基于学科实践的课堂教学新样态是践行实践育人的重要载体和抓手，是核心素养落地的内核和表现。

第二节　学科实践课堂的范式解析

《义务教育课程方案（2022年版）》的颁布，标志着基础教育课程改革全面迈入核心素养新时代。在以核心素养为导向的课堂教学变革中，更强调学生的体验、体悟，更强调学生的深度参与，从"教"走向"学"，从"代学"走向"助学"，已成为必然。为促进学生核心素养的落地生根，通过学科实践，学校构建出"情境与任务—探究与交流—概括与提炼—迁移与拓展"的课堂教学范式和样本。

一、情境与任务

好的情境内含一个好的问题，好问题引领好教学，它是学科实践的开端。我们知道，提出一个问题远比解决一个问题更重要、更有价值，创造力的第一个阶段就是问题提出（法国心理学家B·德莫），问题提出能够更好地促使问题解决，这些认识在国内外得到一致性认可。那么，在小学课堂中，怎样帮助学生提出好的问题，进而带着这些问题与任务进行学习呢？我们通过观察、分析和反思，认为破解"提出问题"的实践困境，首先要改变课堂文化。教育的特点之一就是自由。教师要为学生提供自由的学习环境，为学生提供一个开放的问题情境，将学生引入这个开放的"问题世界"。开放而真实的情境，更容易引发学生的认知冲突，促进学生积极思维，让学生产生进一步探究的强烈渴望。比如在某节科学课上，教师创设如下真实情境：在2021年湖南花木博览会设立的科技馆内，小明同学看到了挂在墙面上的一排"植物空调"，每个"植物空调"是0.8米长、0.3米高的铝合金盒子，上面布满鸟巢蕨、碧玉等植物，如同空调般挂在墙面上，这些"植物空调"无需用电，接一根小水管即可全年自养。接着，教师提出如下问题：绿色植物可作为"空调"来使用，这主要和植物的哪项生理活动有关？教师通过创设真实情境，使学生的现实生活世界和书本的知识世界建立关联，引发学生的学习兴趣和积极性。基于情境提出核心问题，使学生处于认知冲突中，从而引发学生积极思维，为后续主动学习做好铺垫。

在提出核心问题后，教师乘势引入本课课题"绿色植物与生物圈的水循环"，并出示本课的学习目标：①通过自主设计实验，完成植物蒸腾作用的影响因素的探究，并能准确地说出蒸腾作用的概念，提升科学探究以及归纳、推理等科学思维能力。②通过制作和观察植物叶表皮的临时装片，能准确描述气孔的组成，并通过制作气孔模型，理解气孔开闭原理，形成结构与功能相适应的生命观念，提高模型与建模的科学思维和探究实践能力。③通过运用植物蒸腾作用的知识解释生产生活中的现象和问题，准确说出蒸腾作用在植物生活中的重要意义，提高社会责任感。教师在引入课题后依托预学单及时出示学习目标，能让学生清楚地知道本节课的学习任务以及达成程度，为接下来学生的探究学习指明方向，从而有助于提高课堂学习效率。

二、探究与交流

学科实践是一个主体持续建构的过程，学生对知识进行探究、发现、建构和创造，体现了主体意识的生发，突出了学生的主体性、能动性和创新性。

因此，学科实践不单是为了促进学生知识获得的教学工具，还是促进学生主体成长的载体。学科实践亦能实现教学意义的增值。"意义创造"将学生定位为意义创造者，是作为描述教学的有效视角从意义创造角度出发，为学科实践提供了发展学生学科意义和技能的资源和背景，实现了学生学科概念、技能、思维和情感的获得，用学科特定的思路、方式方法产生了新的知识意义，有助于延续教学意义的增长。

在实践活动初期，主要是学生在课前或课堂上，在预学单的支持下，以独立思考的方式自主探究和解决基础性问题。此时的内容主要指向预学单中的基础性问题，凡是学生能够独立完成的任务都可放入预学单，让学生根据学习任务的要求，自主选择学习方式，自主调整学习状态，自主运用学习策略，通过自主探究学习完成基础性学习任务。自学初探也为下一组学再探打下坚实基础。

在实践活动中，学生在组内和组际对辅学单（或课堂学习单）中的重难点问题展开讨论，通过合作交流、共同探究最终解决问题。让学生经历问题思考和解决的完整体验过程，促使其思维能力的提升。此环节主要是课堂合作交流，一般先进行组内互动，组内仍解决不了的问题再进行组际互动。在学生合作交流过程中教师监控各组活动，及时有效地进行督促、协调、指导和鼓励。

在实践活动中，教师应积极组织学生进行组内讨论，实现全面参与。在小组内实现活动人人知晓、人人参与、人人评议，关注学生讨论的过程，关心学生亲历的主体性体现。班级审议，综合集体智慧。将小组方案分享到班级，整合小组活动方案的优点，引导学生从学科专家的角度去思考项目，尝试深度学习，在合作交流中完善班级活动方案。以六年级美术学科开展"冬至"主题实践活动为例。首先，结合冬至小报、主题班会、包饺子等内容拟定实践方案；接着，师生将冬至涉及的气候特点、节气习俗进行梳理，形成实践内容的预设路线，绘制出思维导图；最后，学生以小组为单位选取喜欢的实践内容进行活动流程设计，并在班级内进行分享审议，便于学生清晰理解冬至主题活动流程。该案例体现了学生在研发活动方案中活动设计开发的主体实践。

三、概括与提炼

此环节是一个展学建构的过程，是指各合作学习小组派代表向全班展示本组的探究成果，并将小组不能解决的问题提交全班解决，教师在展示交流中进行精讲点拨，帮助学生建构结构化的知识体系。在课堂教学中，教师可先将实践活动中有代表性的小组设计的实验方案（或成果）进行展示，由相关小组派代表上讲台向全班作交流，并组织其他小组进行评价。在展示交流过程中，教师引领学生进行总结和反思，在完善实验方案的基础上，引导学生概括提炼得出结论。接着，全班学生进行交流评价，在此基础上教师再作适当的精讲点拨，逐步建构起知识概念。在展学建构的过程中，学生以展促学、以展促思、以思促能，教师则以展导教、以展导思、以展导评，通过激发彼此思维，促进了新知识的理解，建构了新的认知结构。

这一环节要注意：班级展示可以是小组选派成员展示，也可以是教师根据巡视情况有针对性地指定学生或小组展示；教师要营造民主、平等的课堂氛围，鼓励学生大胆展学，并对学生展学时的表现作出即时性的、积极性的评价；教师应引领学生在展示交流中总结和反思，使学习的内容与方法上升到结构化水平，形成学科知识和能力结构。

四、迁移与拓展

此环节是指在拓学单的支持下，引导学生将课堂中所学的知识、方法和态度应用到实际情境中或迁移到其他领域去解决实际问题。为检测学习目标是否有效达成，教师依托拓学单设置一些真实问题情境的检测题，引导学生将所学迁移运用，解决生产生活中的实际问题。拓学迁移能促进知识的不断扩展、方法的不断发展、态度的不断内化，最终促进学生核心素养的有效发展。

这一环节的内容一般指向检测单中各种训练题。形式主要有两种，一种是指向课内所学的巩固性练习，另一种是指向课外运用的拓展性练习，都是将所学到的知识、方法和态度迁移应用到实际情境中去解决问题。这一环节要注意：检测单中设置的训练题应基于学习目标而设计，用于检测学习目标是否有效达成；为拓学迁移而设计的训练题，需紧扣学生可能出现的"问题点"；训练题中应设计真实问题情境，以检测和发展学生的核心素养。

第三节　数学学科实践型课堂教学设计

人教版五年级上册第六单元　多边形的面积
（设计：傅娇红、张珍、谢世泽等）

一、主题简析：规划实践园，面积我来算

本主题是人教版数学五年级上册第六单元的内容。本单元学习的内容主要包括：平行四边形、三角形、梯形和组合图形的面积及解决问题五个部分。教材以长方形面积计算为基础，以图形内在联系为线索，以未知转化为已知的基本方法开展学习。注重突出学生自主探索的主动性，让学生动手实验，先将图形转化为已经学过的图形，再通过合作学习的方式，探索转化后的图形与原来图形的联系，从而发现新图形的面积计算公式。同时，按照学习活动的递进性，对学生探索的要求逐步提高，在学习知识的过程中培养学生动手操作、实验观察和分析推理的能力。

学生在学习本单元之前，知道长方形、正方形、三角形的特征，会计算长方形、正方形的面积，对于"转化"的思想方法也有一定的认识，因此要求学生记住各种图形的面积计算公式并不难。但本单元面积计算公式的推导都是建立在学生数、剪、拼、摆的操作活动之上的，关键是要让学生经历探究的过程，实现过程性目标。

以《多边形的面积》探究学习为例。本单元重构分为三个部分：（一）规划实践园，面积我来算；（二）灵活选择方法和策略——我为面积计算做攻略；（三）走进不规则图形。本案例主要是第一部分的内容。首先，提炼这一单元内容度量学习的大观念：面积度量源于对图形大小的比较与描述的需要；多边形都可以切割成三角形，解决了三角形就解决了多边形面积的求解问题，长方形、正方形、平行四边形、梯形作为基本图形，可减少分割的份数，以利于尽快获

得多边形面积的大小；公式度量源于工具度量的抽象；度量的原始本质是一维度量，图形面积的度量都可以利用长度而得到；图形要素是决定图形大小的核心要素，与获得公式有着密切的联系，通过等积变形将平行四边形、三角形、梯形经过割补、拆分、拼接等转化成学过的图形并发现要素之间的关系，这可以帮助我们获得图形面积的猜想，更是获得公式的基本方法；通过推理的方式解释公式的合理性。以上过程发展了学生的度量意识、直观想象、空间观念和推理能力，提高了学生的问题解决能力，培养了创新意识。

本单元的学段目标：探索几何图形面积的计算方法，会计算常见平面图形的面积，形成量感、空间观念和几何直观。

内容要求：在图形认识与测量的过程中，进一步形成量感、空间观念和几何直观。

学业要求：会计算平行四边形、三角形、梯形的面积，能用相应公式解决实际问题。

学业质量标准：能认识常见的平面图形，计算图形的面积，形成量感、空间观念和几何直观。

教学提示：引导学生运用转化的思想，推导平行四边形、三角形、梯形等平面图形的面积公式，形成空间观念和推理意识。

通过本单元的学习，不仅将帮助学生深入理解面积概念的本质，还要让学生感受与体悟到"转化"是数学学习和研究的一种重要方法，以促进学生知识的迁移和学习能力的提高。

二、学习目标

1. 学生通过探索并掌握平行四边形、三角形和梯形的面积公式，认识简单组合图形的学习，经历动手操作、实验观察、辨析推理等方法，能解决生活中一些简单的实际问题，发展学生的几何直观、空间观念。

2. 学生在推导面积公式的同时，养成用定量的方法认识、解决问题，以及讲道理、有条理的思维习惯，培养学生的量感和推理意识。

三、活动概览

莆田市第二实验小学有一块劳动实践园，五年级每个班都有一块自己的田地，学生在田地种植作物前想知道田地的面积，以便可以最大利用田地。于是，链接劳动实践园，本案例以"规划实践园，面积我来算"展开主题学习。

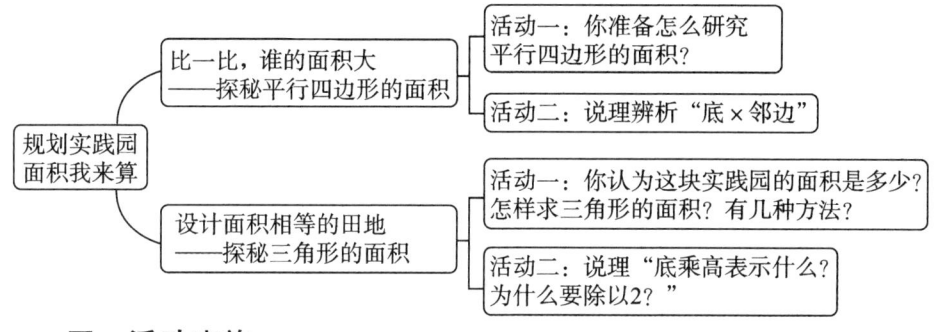

```
规划实践园         比一比，谁的面积大          活动一：你准备怎么研究
面积我来算       ——探秘平行四边形的面积        平行四边形的面积？
                                            活动二：说理辨析"底×邻边"

                 设计面积相等的田地          活动一：你认为这块实践园的面积是多少？
               ——探秘三角形的面积           怎样求三角形的面积？有几种方法？
                                            活动二：说理"底乘高表示什么？
                                            为什么要除以2？"
```

四、活动实施

第一课时　探秘平行四边形的面积

【课时目标】

1. 学生通过操作、观察、比较等活动，自主探索平行四边形的面积计算公式，渗透转化的数学思想。发展学生的几何直观、空间观念，培养量感、推理意识。

2. 学生能规划实践园，掌握平行四边形面积的计算公式，能正确地解决实际问题。培养积极参与、团结合作和主动探索的精神。

【活动过程】

（一）情境与任务

我们学校把这块实践园分割成各种形状（出示形状），根据我们学过的知识，你会计算哪些土地的面积？说说看。

预设：①长方形的面积＝长×宽　②正方形的面积＝边长×边长

【设计意图：创设学生感兴趣的真实情境，激发学生强烈的探究欲望，培养学生提出问题的能力，驱动学生积极主动地开展实践探究。】

（二）探究与交流

活动一：你准备怎么研究平行四边形的面积？

学习单：学习任务：怎样求平行四边形的面积？

我发现：平行四边形的面积＝_____
我是这样推导的：_____

_____

说一说：组内小伙伴的方法和我的方法，有什么共同点？

_____

我还有疑问：_____

1. 探讨方案：怎样求平行四边形的面积？你准备怎么研究平行四边形的面积？

2. 试一试：学生独立思考后利用学具完成学习任务单。

3. 全班交流

（1）汇报方法：小组代表汇报求平行四边形面积的方法。

（2）观察发现：比一比这些方法有什么共同点？

（3）引发质疑：怎样剪才能拼成长方形？

4. 评一评：组内交流，小结，对大家的表现进行评价。

小组名称：_____ 组员姓名：_____

类别	具体评价内容	评价方式	自我评价	同伴评价	教师评价
学习表现评价	积极参与小组讨论。	课堂观察、小组活动			
	明确清晰地表达自己的观点。				
	乐于分享自己的作业或作品。				
	在小组合作中有一定的贡献度。				
	公平公正地对同伴的表现进行评价。				

【设计意图：打造开放平台，自主探究真实任务。给不同学生提供不同形状的平行四边形，激发学生尝试不同的研究方法，积累活动经验，体会转化、变与不变等数学思想，发展学生的思维。】

（三）概括与提炼

1. 概括

揭示本质：观察原来的平行四边形和转化后的长方形，你发现了什么？

2. 提炼

达成共识：平行四边形的面积＝底×高（$S=ah$）。

提炼方法：试转化—找联系—推公式。

【设计意图：引导学生经历"试转化—找联系—推公式"的过程，学会用转化的方法解决问题，为今后研究三角形、梯形、圆形的面积计算公式起到引领作用。】

（四）迁移与拓展

活动二：说理辨析

评一评：针对前测中平行四边形的面积用"底×邻边"来计算这个问题，展开说理、辨析。

用一用：解决停车位相关问题：你能求出停车位的面积吗？

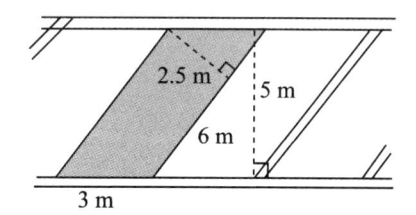

实践作业：

1. 实验小学有一块平行四边形的草坪，在草坪中修了一条 2 米宽的水泥小路，你能求出这块草坪的面积吗？

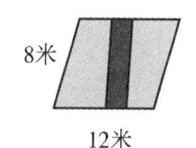

2. 你还能在草坪中设计出与这条小路面积相等但形状不同的路吗？你能设计几条？

【设计意图：提供说理的机会，提升学生思辨能力。语言是思维的外壳，当学生探究出平行四边形的面积公式之后，并没有浅尝辄止，而是针对疑惑点"为什么不能用邻边相乘来计算平行四边形的面积"，通过正反两面的说理辨析，直观地演示，深刻理解面积公式计算的本质，剔除"长×宽"的负迁移。设计有层次的练习，体现练习的针对性、拓展性和延伸性。平行四边形在生活中随处可见，练习的设计从生活中选材，培养学生应用知识解决实际问题的能力，感受数学学习的价值。】

第二课时　探秘三角形的面积

【课时目标】

1. 学生通过自主探究并掌握三角形的面积计算公式，经历操作、观察、讨论、归纳等数学活动，进一步体会转化方法的价值，能正确计算三角形的面积，并能应用公式解决简单的实际问题。

2. 学生在探索活动中，获得积极的情感体验，进一步培养学习数学的兴趣，发展空间观念和初步的推理能力。

【活动过程】

（一）情境与任务

我们学习了平行四边形的面积，那大家还想知道下列哪块土地的面积？

【设计意图：创设学生身边感兴趣的情境，激发学生强烈的探究欲望，驱动学生学习的积极性。】

（二）探究与交流

活动一：你认为这块实践园的面积是多少？怎样求三角形的面积？

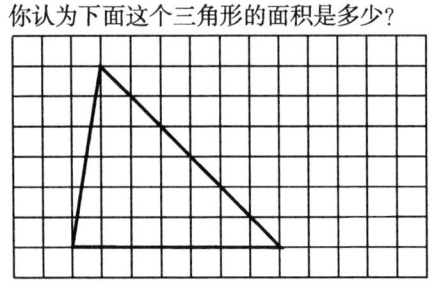

你认为下面这个三角形的面积是多少？

活动要求：1. 试一试。请用画图、算式、文字等方式在学习单上表示你的想法。
　　　　　2. 说一说。小组讨论，看看有多少种不同的方法。

1. 试一试：

老师把这块土地按一定的比例画在了方格纸上，你能计算出这块土地的面积吗？这是两个什么样的三角形？

（渗透倍拼法和割补法）

2. 说一说：小组讨论（展示作品）

观察这些方法有什么相同点和不同点？

类别	具体评价内容	评价方式	自我评价	同伴评价	教师评价
学习表现评价	积极参与小组讨论。	课堂观察、小组活动			
	明确清晰地表达自己的观点。				
	乐于分享自己的作业或作品。				
	在小组合作中有一定的贡献度。				
	公平公正地对同伴的表现进行评价。				

小组名称：_____ 组员姓名：_____

3. 评一评：组内交流，小结，对大家的表现进行评价。

【设计意图：课堂上给机会、引探究、促产出，实践是人的实践，其直接表现就是人的身体参与和亲身经历。学生是课堂的主人，只有学生活起来才能真正地实践。】

（三）概括与提炼

1. 概括

观察：原来的三角形和转化后的平行四边形。

思考：它们之间有什么联系？

师生共同推导出三角形的面积公式（$S=ah\div 2$）

2. 提炼

活动二：议一议

①思考：直角和钝角三角形也同样适用这个公式吗？

②渗透出入相补原理。

③想一想：底乘高表示什么？为什么要除以2？

【设计意图：学生通过验证直角三角形得到的结论是否在其他情况下依然成立，体会到在推理的过程中，结论要具有一般性（即不能由特殊的情况得到一般结论）。在探究过程中，学生对图形间的转化思考得更细致，对于图形间的对应关系考虑得更全面。这个活动是对学生几何直观、空间观念的培养，也是对学生推理意识的培养。】

（四）迁移与拓展

1. 数学阅读：刘徽的出入相补原理视频

2. 评一评

今天你有什么收获？学生自评互评。还有什么疑问吗？

3. 用一用

实践作业：我们班的语文老师向学校申请了一块面积为 3 平方米的三角形田地，但是要以 AB 为底，你觉得 C 点应该可能在哪里？你可以设计出几个这样的田地？你发现了什么？

【设计意图：布置实践作业，把学科实践指向学生生活中的知行自觉，形成知行合一的自觉生活样态。】

本单元教学把内容置于大情境"求劳动实践园的面积"中，来设计一个个任务，让内容实践化；在教学上实现了以往以教为主向以学为主的转变，建立学习中心课堂，让学生的思维活起来，让学生与日常的生活联系起来，从而使教学过程真正成为核心素养的形成过程。

小组名称：_____　　组员姓名：_____

类别	具体评价内容	评价方式	自我评价	同伴评价	教师评价
学科素养评价	探索并掌握平行四边形、三角形的面积计算公式。	学生作业或作品课堂观察、小组活动			
	会计算平行四边形、三角形的面积，能用相应公式解决实际问题。				
	引导学生运用转化的思想，推导平行四边形、三角形等平面图形的面积公式，形成空间观念和推理意识。				
	具有独立思考、勇于质疑与合作交流的学习习惯，有推理能力，学好数学的信心。				
	通过知识的学习过程，经历多种活动的表现，能畅谈收获，进行反思评价。				

请你用文字进一步描述在这个项目活动过程中的感受。

你的收获：

你的困惑：

你的建议：

人教版六年级上册 扇形统计图
(设计：蔡梅连、翁婵娟、李凌、吴凡凡等)

一、主题简析：环保大调查，我是小小统计员

本主题属于义务教育教科书六年级上册第七单元的内容。《义务教育数学课程标准（2022年版）》指出在"统计与概率"领域内容中，要使学生在学习过程中初步感受现实生活中存在大量数据，其中蕴含着有价值的信息，利用统计图表和统计量可以呈现和刻画这些信息，形成初步的数据意识。本单元主要包括让学生认识扇形统计图，通过熟悉的实例体会扇形统计图的特点和作用，以及会根据统计的目的和各种统计图的不同特点，选择合适的统计图进行数据描述。要求学生能从各种媒体中获得所需要的数据，读懂简单统计图表，在实际情境中，应用统计图表或百分数，形成数据意识和初步的应用意识。并根据实际问题的需要，经历数据收集、整理和分析的过程，能合理述说数据分析的结论。

学习本单元之前，学生已经具备了一定的统计知识。例如，经历简单的收集、整理、描述和分析数据的过程；会根据实际问题设计简单的调查表，能选择适当的方法收集数据；能用条形统计图和折线统计图表示数据；能解释统计结果，根据结果作出简单的判断和预测，并能进行交流。此外，学生刚刚学习了百分数的相关知识，认识了扇形。这两方面的内容为学生学习本单元的知识打下了坚实的基础。《扇形统计图》是小学阶段最后一种统计图的学习，承载着重要的统计思想与方法。

新课标指出：要让学生知道数据的统计意义，知道同一组数据可以用不同的方式表达，需要根据问题的背景选择合适的方式，逐步感知统计学基于合理性的价值判断。为了实现这些目标，本单元结合时事，以2023年8月24日日方启动福岛核污染水排海事件为背景，引发学生对身边环境质量的关注。首先，通过身边水资源质量的调查与分析，提出"莆田市水质状况怎么样""核污染数据怎样表示更合适"等问题，在调查、搜集、整理、表达数据等实践活动中，由数到形，引导学生根据百分数的意义认识扇形统计图的特点。接着，根据三组不同形式的核污染数据，结合不同统计图的特点和各自的优缺点，在分析、

比较中选择合适的统计图，进一步加深对三种统计图特点的认识。然后，引导学生从统计图中获取信息、分析信息，提出并解决简单的实际问题。练习题中以不同形式的统计图呈现相同的信息，最后突出统计与社会现实的紧密联系，利用现实素材，使学生学会根据统计数据了解相关的社会信息，提高在日常生活中读懂各种统计信息的能力，培养数据意识，发展应用能力。

二、学习目标

1. 通过搜集资料、尝试、分析、对比、交流等活动，在具体情境中，认识扇形统计图的特点和作用，知道扇形统计图可以清楚地表示出各部分数量和总量之间的关系，感受扇形统计图的价值。经历分析数据的特点，能从正确的角度比较数据，发展数据分析观念，形成数据意识。

2. 通过对比、分析等活动，经历分析数据的特点，知道对于同样的数据可以有多种的分析方法，能根据需要选择统计图，直观、有效地描述数据，发展应用意识。

三、活动概览

地球上的水资源对人类至关重要，然而，随着人口增长和经济发展，水资源的需求不断增加，同时水资源的过度开发、污染和浪费也给人类带来了巨大的挑战。2023年8月24日，日方启动福岛核污染水排海，更是引起全人类对环境质量的关注与思考。基于这些背景，学生对我们身边的水质状况以及核污水排放后的环境质量问题等产生了极大的兴趣，提出了诸多问题。于是，我们以"环保大调查，我是小小统计员"为主题开展了学习活动。

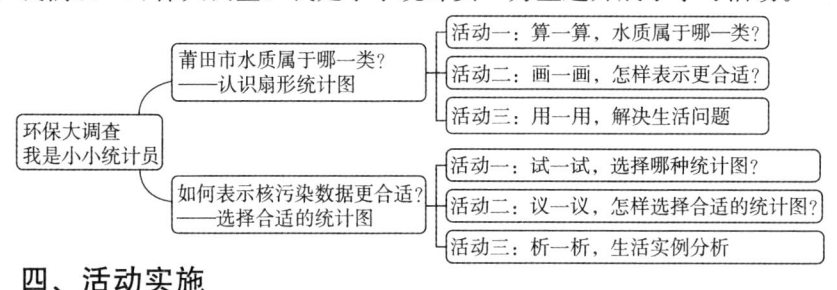

环保大调查 我是小小统计员
- 莆田市水质属于哪一类？——认识扇形统计图
  - 活动一：算一算，水质属于哪一类？
  - 活动二：画一画，怎样表示更合适？
  - 活动三：用一用，解决生活问题
- 如何表示核污染数据更合适？——选择合适的统计图
  - 活动一：试一试，选择哪种统计图？
  - 活动二：议一议，怎样选择合适的统计图？
  - 活动三：析一析，生活实例分析

四、活动实施

第一课时　认识扇形统计图

【课时目标】

1. 通过尝试、分析、对比、交流等活动，能在具体情境中，读懂扇形统计图，掌握扇形统计图的特点。

2. 经历分析数据特点过程，理解扇形统计图的特点与作用，会从扇形统计图中获取信息，做出合理的数据分析。

【活动过程】

（一）情境与任务

1.（播放视频）近期日本地震，核污水排放事件再次引起人们对水质的关注，那我们身边的水质状况怎样呢？课前我们收集了政府公开的去年环境质量数据，并整理成统计表。从表中你知道了什么？

2. 预设：①Ⅲ类水质的采样点数量最多。②Ⅳ类水质的采样点数量最少。……

【设计意图：创设学生感兴趣的真实情境，激发学生强烈的探究欲望，培养学生提出问题的能力，驱动学生积极主动地开展实践探究。】

（二）探究与交流

活动一：计算百分数

问题：（出示水质类别的判定条件）根据流域的水质类别的判定条件，莆田市主要流域的水质总体属于哪一类呢？请你用数据说话。

1. 明确任务：莆田市主要流域的水质，总体属于哪一类？（某类水质的采样点数量占采样点总数量的百分比≥60%，则称该流域以该类水质为主。）请你算一算，填一填。

任务一：
莆田市主要流域的水质，总体属于哪一类？（某类水质的采样点数量占采样点总数量的百分比≥60%，则称该流域以该类水质为主。）

水质类别	Ⅰ类	Ⅱ类	Ⅲ类	Ⅳ类
采样点数量	3	4	12	1
百分比				

算一算：

2. 尝试探究

学生独立完成。

【设计意图：因地制宜，根据实际情况调查更显统计的真实性。让学生事先调查莆田市主要流域的各类水质采样点数量，使学生经历数据收集、整理的完整过程，制成统计表，并在此基础上突出计算百分比的必要性。】

活动二：尝试画图，对比感悟

1. 说一说

观察这些百分数都表示什么？有什么发现？

2. 试一试

如果用一幅图来表示这些百分数，怎样画才能直观地表示出各类水质采样点数量与采样点总数量的关系呢？（学生独立完成学习单后，4人一组交流想法并适当修改作品）

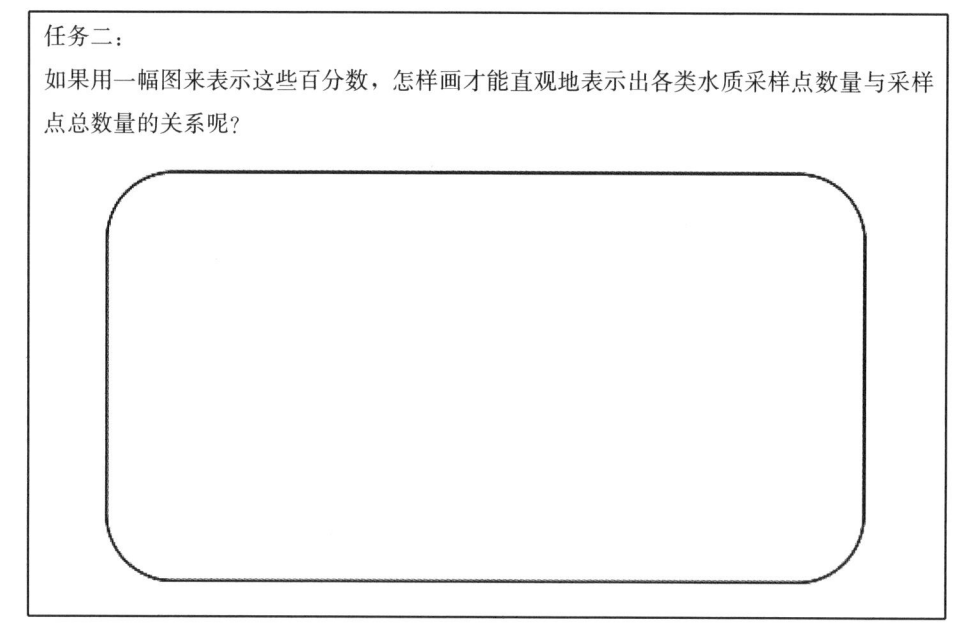

任务二：

如果用一幅图来表示这些百分数，怎样画才能直观地表示出各类水质采样点数量与采样点总数量的关系呢？

---

①想一想：用什么图来表示这些百分数？

②画一画：尝试画图，完成学习单。

③议一议：你是怎样表达各类水质采样点数量与采样点总数量之间的关系？

3. 评一评：用线段图、条形统计图、扇形图都能表示各部分数量与总量之间的关系。哪种图更合适？

小结：扇形统计图能清楚地看出各部分数量与总量之间的关系。

【设计意图：引领学生将扇形统计图与条形统计图、线段图进行对比，让学生用自己的语言表达"直观"的理解："扇形统计图不用看具体数据，根据每个扇形的面积大小就能一眼看出各类水质的采样点数量占采样点总数量的百分比。""扇形统计图都是用一个圆表示总数，用扇形表示各部分数量所占总数的百分比。"从而领悟扇形统计图的本质内涵，发展学生的几何直观。】

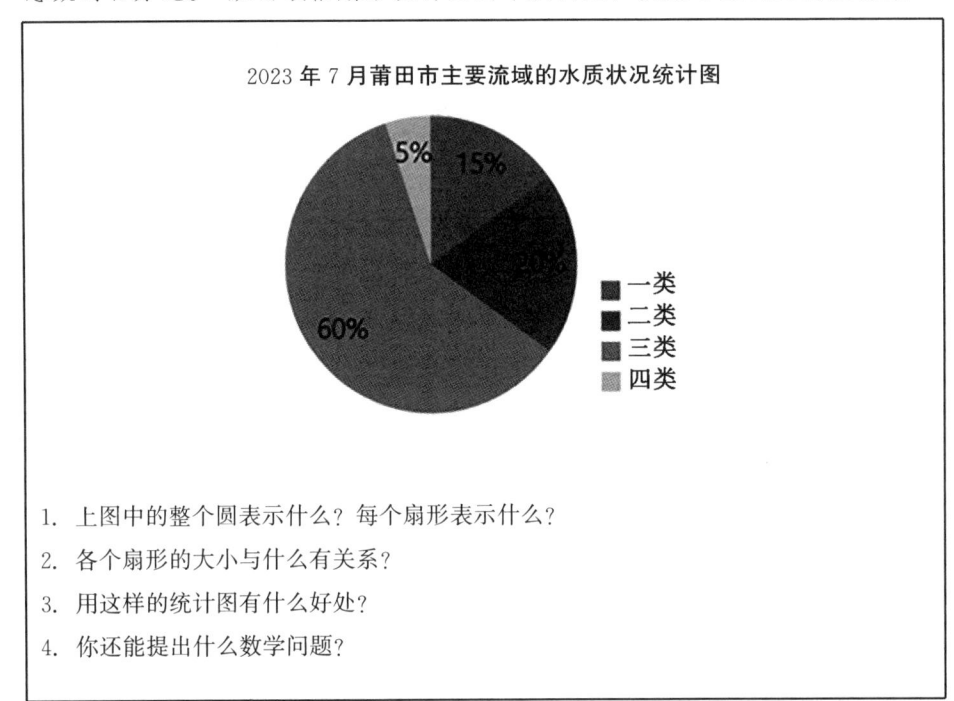

2023 年 7 月莆田市主要流域的水质状况统计图

5% 15% 60%

一类
二类
三类
四类

1. 上图中的整个圆表示什么？每个扇形表示什么？
2. 各个扇形的大小与什么有关系？
3. 用这样的统计图有什么好处？
4. 你还能提出什么数学问题？

（三）概括与提炼

1. 议一议：你能解决问题吗？

2. 用一用：

（课件：地球的淡水资源与海水资源扇形统计图）看到这个数据，你有什么感受？

3. 概括提炼：通过数据对比各部分数量与总量之间的关系，用数据说话，我们才能在生活中更客观地分析问题，解决问题。

4. 评一评：本节课有何收获？学习过程中还有什么疑问或是什么新问题？

---

1. 陈东家预计下月共支出 3000 元，如下表。下列四幅图中，准确表达这一结果的是（　　）。

用途	食品	房贷	服装	水电	其他
金额	900	900	300	150	750

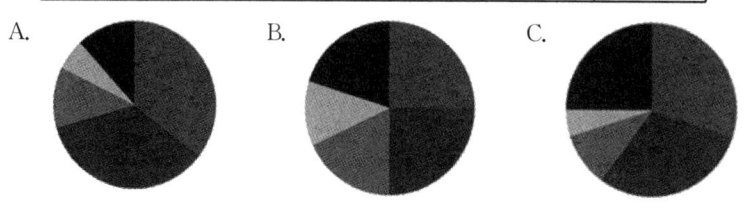

A.　　　　B.　　　　C.

2. 从图上看，陈东家和李丽家每月的食品支出金额一样多，对吗？

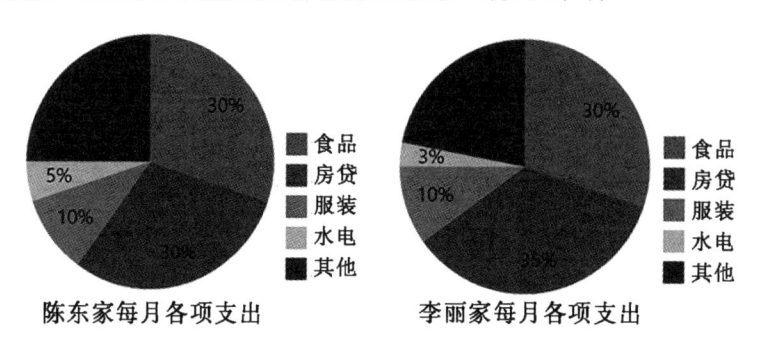

陈东家每月各项支出　　　李丽家每月各项支出

【设计意图：再次深入理解扇形统计图的特点与作用，会从扇形统计图中获取信息，做出合理的数据分析。展示扇形统计图在体现各部分数量与总量之间的关系优势，让学生进一步感受到扇形统计图的魅力。】

（四）迁移与拓展

1. 学生独立完成。
2. 集体交流。
3. 观看日本核污水排放视频，说说感受。

【设计意图：分层式练习可以让不同的学生得到不同的发展，由浅入深地通过观察扇形统计图，发展学生的数据分析和应用意识；同时通过观看视频，

体会数学与现实生活的联系，感受统计的作用。】

评价内容	水平1： 基本理解	水平2： 能应用	水平3： 熟练应用	水平4： 创新应用
了解扇形统计图的特点和作用	基本了解扇形统计图的特点和作用	了解扇形统计图的特点和作用	熟知扇形统计图的特点和作用，区别于其他统计图	能举出生活中用到扇形统计图的例子
读懂扇形统计图，获取必要信息	基本读懂扇形统计图，能获取字面信息	能根据信息做出简单分析，如最大、最小等	能根据信息进行分析，做出预测决策	能分析数据之外的内容，与现实生活紧密联系

第二课时　选择合适的统计图

【课时目标】

1. 了解三种统计图的不同特点，使学生知道对于同样的数据可以有多种分析方法，能根据问题的背景选择合适的统计图，直观、有效地描述数据，进一步发展数据分析观念。

2. 通过对三种统计图的认识、制作和选择，进一步培养学生对数据处理的能力及统计观念，使学生深刻体会到数学和我们的社会、生活的密切联系。

【活动流程】

（一）情境与任务

导入：同学们，这节课我们继续日本排放核污水的话题。上节课，同学们观看新闻，针对日本排放核污水事件，聚焦了以上三个问题。（课件展示）

课后，同学通过各种渠道收集了大量的信息，面对这么多的信息，我们应该怎么办？（学生交流）

全班交流：①分类；②用统计图整理数据……

应该选择什么样的统计图呢？这节课，我们就一起来研究《选择合适的统计图》。（板书课题）

【设计意图：创设现实情境，激发学生强烈的探究欲望，感受用统计图整理信息的必要性，驱动学生积极主动地开展实践探究。】

（二）探究与交流

活动一：选择合适的统计图

1. 试一试：

（1）下面三组数据选用哪种统计图来表示更合适？（阅读信息，完成学习单）

（2）小组内交流想法。

核污水中主要放射性物质含量占核污水中所有放射性物质的百分比（附危害）

放射性元素	含量	危害
铀（yóu）	20%	破坏细胞结构，影响正常生理功能
钚（bù）	15%	致基因突变
铯（sè）	10%	致软组织肿瘤与癌症
锶（sī）	8%	一类致癌物，致白血病
碘	7%	致甲状腺癌
钴（gǔ）	5%	极强辐射性，致脱发，引起血液系统疾病
其他	35%	

2024年1月1日全国各省会城市、直辖市辐射环境监测数据

城市	北京	天津	河北	山西	内蒙古	辽宁	吉林	黑龙江
单位：nGy/h	92	72	62	84	104	67	69	68
城市	上海	江苏	浙江	安徽	福建	江西	山东	河南
单位：nGy/h	67	59	86	76	112	74	68	75
城市	湖北	湖南	广东	广西	海南	重庆	四川	贵州
单位：nGy/h	80	68	103	75	62	78	77	86
城市	云南	西藏	陕西	甘肃	青海	宁夏	新疆	
单位：nGy/h	87	194	74	99	123	86	69	

辐射环境监测值：代表所监测的环境辐射程度，数值越大，该环境的辐射程度越严重，一般≤200nGy/h比较安全。

备注：以上数据均来自国家核安全局。

据海洋专家模拟实验预测，日本核污水预计于 5 月 15 日到达福建海域。下表是福建近五个月环境辐射监测数据：

日期	9月1日	10月1日	11月1日	12月1日	1月1日
单位：nGy/h	102	109	111	111	112

备注：以上数据均来自国家核安全局。

2. 议一议：

(1) 分别选用哪种统计图来表示三组数据？选择理由是什么？

(2) 你能用其他的统计图来表示吗？为什么？说说你的理由。

【设计意图：课前通过收集真实的信息，引导学生通过观察、推理等方式，自主探究知识，培养他们的自主学习能力，组织学生进行小组讨论、交流，学生对获取的数据进行处理，尝试用各种统计图来表达整理后的数据，在尝试过程中体会各种统计图的功能。】

(三) 概括与提炼

1. 概括：如何选择合适的统计图？结合例子说一说。

2. 提炼：选择合适统计图的依据。

【设计意图：通过小组合作、交流，让学生能够通过身边的例子来感受如何根据问题的背景选择合适的统计图，在交流中潜移默化地理解各个统计图的特点，培养他们的数据意识和合作精神。】

(四) 迁移与拓展

1. 试一试：材料中的数据应该用哪种统计图来表示？为什么？

（独立思考，小组交流）

2. 议一议：

(1) 你认为哪种统计图更合适？

（学生质疑，达成共识）

(2) 现在，你们对如何"选择合适的统计图"又有什么新的认识呢？

对于日本排放核污水事件，日本本国持反对意见的约占比 22％；韩国作为毗邻国持反对意见的约占比 15％；美国民众的观点与美国政府的反应大相径庭，持反对意见的有 21％；英国的情绪分析中，反对意见占比远高于事件整体的分析,高达27%,赞成意见为极少数,这与其公民对环保的认知有很大关系;新加坡是进口大国,且食品进口国大多位于环太平洋地区,所以新加坡居民对核污水排海事件极度关注,但这份关注度只停留在民间,持反对意见的约占比15%;澳大利亚居民对此事关注度极高,持反对意见的占比高达36%;印度并非日本的毗邻国,对该事件的反对意见占比是19%;菲律宾对此事件的反对程度约占21%。

【设计意图:再次深入理解扇形统计图与条形统计图的特点与作用,通过材料使学生理解并不是看到百分数就要选择扇形统计图,而是要根据问题的背景和统计图的特点来选择合适的统计图,在争论和辨析中深刻理解,达成共识。】

3. 感悟与拓展

(1)通过这三幅统计图,你了解到什么?(选择最有感触的一幅说一说)

(2)那么,面对核污水排放事件,作为小学生,我们又能做些什么呢?(全班交流)

总结:无论用哪种方法,我们小学生能做的就是保护环境,珍惜现有的水资源。其实,我们国家也一直在研究核污水整治,并且取得了一定的成效,请看视频。看完视频,你有什么想说的?希望同学们能好好学习,保持对科学的热情和好奇心,积极探索,勇于创新,相信你们的明天会更好!

【设计意图:分析数据是统计教学的重要环节,学生在说理后,对于三幅统计图进行进一步分析和判断,让学生学会用数学的语言表达想法,分析现实意义,培养学生推理意识以及数据分析意识,进而形成核心素养。同时关心现实世界,感悟生存环境质量的重要性,培养核心素养的世界观、人生观、价值观。】

评价内容	水平1:基本理解	水平2:能应用	水平3:熟练应用	水平4:创新应用
能根据需要选择合适的统计图	能根据信息选择统计图,可能会选错	能根据信息选择统计图,知道同一组数据可以用不同方式表达	能根据问题选择合适统计图,并区分于其他统计图	能根据问题选择合适统计图,并知道不同统计图可多选与最优选的区别

续表

评价内容	水平1：基本理解	水平2：能应用	水平3：熟练应用	水平4：创新应用
数据分析	能根据信息进行简单数据分析	能对数据反映的情况进行比较详细分析	能根据信息进行分析，做出预测决策	能分析数据之外的内容，与生活现实紧密联系

单元评价量表

小组名称：_____　　组员姓名：_____

类别	具体评价内容	评价方式	自我评价	同伴评价	教师评价
学科素养评价	了解扇形统计图的特点与作用，知道扇形统计图可以直观地表示部分数量与总数量的关系。	课堂观察、小组活动、学生作业或作品			
	能读懂扇形统计图，从中获取必要的信息。				
	体会扇形统计图的作用。				
	知道对于同样的数据可以有多种分析的方法。				
	能根据需要选择合适的统计图，直观有效地描述数据。				
	能进行数据分析，发展数据意识。				
学习表现评价	积极参与小组讨论。	课堂评价、课后问卷、小组活动			
	明确清晰地表达自己的观点。				
	乐于分享自己的想法和问题。				
	公平公正地对同伴的表现进行评价。				

基于学科实践的课堂教学新样态

人教版四年级上册　角的度量
（设计：陈诺微、郑雅君）

一、主题简析：立足度量原理，着眼度量本质

《角的度量》这一单元属于"图形与几何"领域，是人教版四年级上册第三单元的内容。角的度量单元主要包括：线段、射线和直线的认识；用量角器度量角的度数；角的分类；画指定度数的角。本单元的核心学习内容是从数学概念的本质认识角，通过角的度量、分类的过程强化对概念的系统性认识，培养量感。从纵向分析上看，角的度量处于小学度量体系的中间阶段，在长度（二年级上册：米和厘米，三年级上册：毫米、分米、千米）、质量（二年级下册：克和千克，三年级上册：吨）、面积（三年级下册：平方厘米、平方分米、平方米，四年级上册：公顷和平方千米）之后的由一维到二维的再次转折，之后还将学习立体图形体积、容积（五年级下册：升、毫升、立方厘米、立方分米、立方米）的度量。与二年级上册相比，本单元更加注重从概念的本质层面上进行理解度量角的经验，可以迁移到体积的学习，体现了同一主题下知识内容的结构化学习。

学生在二年级时已初步认识角，对角的认识还停留在感性层面，大部分学生认为角是有大小的，对如何比较两个角的大小，有比较直观的认识。学生在生活中没接触过量角器，所以认识量角器并掌握其使用方法还是有难度的。小学四年级的学生抽象思维虽然有一定的发展，但依然以形象具体思维为主，分析、综合、归纳、概括能力有待进一步提升。对于比较直观的知识点的探索方法，学生能顺利迁移，但是不够系统，所以本单元的重点就是让学生有充足的动手操作时间，难点就是培养空间想象力，发展空间观念和量感。

《义务教育数学课程标准（2022年版）解读》中指出，图形测量的教学，要引导学生经历统一度量单位的过程，经历测量的过程，比较测量的结果，感受统一测量单位的必要性，初步感知度量工具和方法引起的误差，能合理得到或估计测量的结果，帮助学生在活动中形成量感，建立量感有助于养成

用定量的方法认识和解决问题的好习惯，是建立抽象能力和应用意识的经验基础。《角的度量》经历了认识角的单位、度量角的工具的产生过程，承载着重要的数学思想和基本活动经验。本案例将《角的度量》这一单元分为两个主题，一是"图形的认识"，包括线段、射线、直线和角的认识，以及基于对图形的认识，归纳图形特点，进而对角进行分类；二是"图形的测量"，包括认识度量角的工具——量角器，学会用量角器量角，以及运用不同的方法画角等。本案例将选择"图形的测量"这一主题来分析学科实践在教学案例中的体现。

二、学习目标

1. 学生通过对空间物体或图形的形状、大小的内容的学习，在观察、想象、思考、测量等活动中，进一步根据物体特征抽象出几何图形，初步发展空间观念和量感。

2. 经历观察量角工具、动手测量角的大小的过程，能认识量角器，会在量角器上找不同的角，并知道它的度数；会用量角器量角和画角，沟通角的认识和度量相关概念间的联系，发展学生的量感和空间观念。

3. 学生在实际问题中选择合适的度量单位进行度量的过程，认识度量的意义，理解统一度量单位的必要性，初步感知度量工具和方法能合理得到结果，感知概念的系统性，培养自主探究能力、分析问题和解决问题的能力以及动手操作能力，形成用数学的思维思考和解决现实世界的问题的能力。

三、活动概览

测量不仅仅是拿刻度尺去测量图形的大小（那属于物理学范畴），数学测量的本质是用合适的"数"来描述，在数与图形大小方面建立一一对应关系，通过估一估、量一量等实践活动，逐步建立量感。有效教学的核心就是把握度量的本质结构，从而准确诊断出学生学习过程中的"真问题"与思维障碍，设计有价值的活动，促进学生自主的、再创造性的学习。

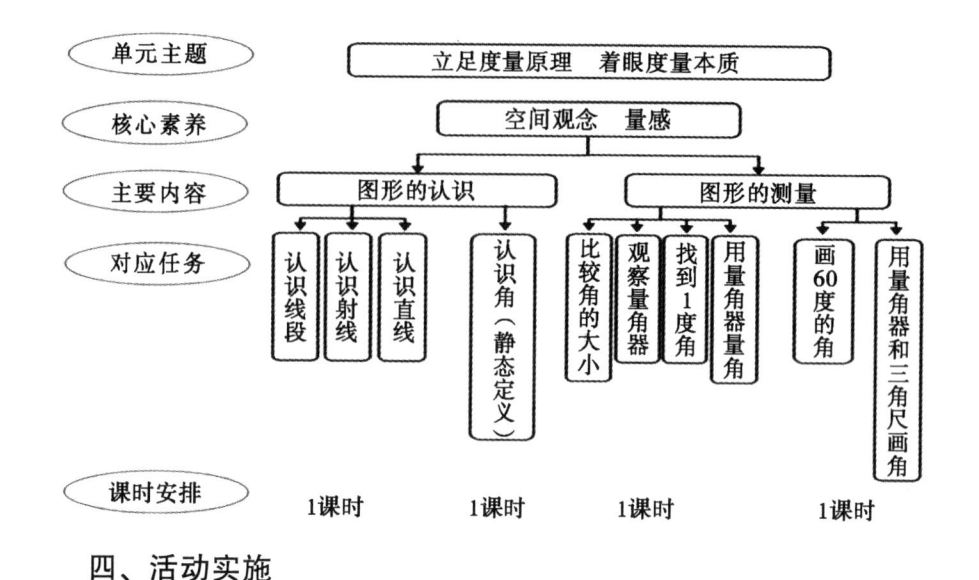

单元主题：立足度量原理　着眼度量本质

核心素养：空间观念　量感

主要内容：图形的认识／图形的测量

对应任务：认识线段／认识射线／认识直线／认识角（静态定义）／比较角的大小／观察量角器／找到1度角／用量角器量角／画60度的角／用量角器和三角尺画角

课时安排：1课时　1课时　1课时　1课时

四、活动实施

第一课时

【课时目标】

1. 学生通过观察、操作和交流等数学活动认识角的计量单位，充分经历角的度量单位以及度量工具的形成过程，理解规定角的度量单位的必要性，掌握量角器的构造与原理，并能使用量角器灵活进行角的度量。

2. 学生在比较、类推、归纳等数学活动中感受度量的本质，理解长度、面积、角度等度量活动的内在一致性。

3. 学生在丰富的学习活动中进一步形成量感、推理意识，获得积极的情感体验。

【活动流程】

（一）情境与任务

1. 观察：下面两个角∠1和∠2哪个大些？大多少？

学生观察、思考后交流。

2. 交流：要准确测量一个角的大小需要合适的角来做单位，引出测量角的工具量角器。

要精确判断∠2比∠1大多少，就得进行准确测量。

【设计意图：以学习任务为驱动，在对比两个角的大小中，激发学生的探究欲望，引导学生回顾已有的对角的感性认识，促进其积极主动地开展实践研究。】

（二）尝试与探究

活动一：观察量角器

1. 试一试：拿出量角器，仔细观察，你有什么发现？把你的发现和同桌说一说。

2. 说一说：学生独立观察并汇报：量角器上有两圈刻度、0°刻度线、中心、中间是90°……

教师课件动态呈现：量角器的制作原理，进一步介绍量角器的构成要素，特别关注0°刻度线和1°角。

3. 比一比：关于量角器，你们还有什么疑问？

①为什么量角器只有一半？②为什么量角器有两圈刻度？它们有什么用？③为什么量角器上有很多小小的刻度？……

【设计意图：认识度量角的工具——量角器，是本节课的学习重点之一，学生需要通过观察、发现量角器的组成部分，利用现代智能技术动态了解量角器的制作原理等实践活动，经历观察、猜想、验证、提问的过程，深化对测量工具的认识。】

活动二：你有办法找到1°角吗？

1. 试一试：量角器有我们度量角的单位——1°，你能找到1°角吗？

2. 议一议：看到这个1°角，你们有什么感受？

①1°的角很小、很细；②这个1°角很扁，都快变成一条线了……

3. 用一用：看量角器上的刻度，你会读出角的度数吗？

【设计意图：基于对测量角的单位的认识，学生在此活动中经历了在量角器上找到角的单位（1°角），积累对测量单位的感性认识，并在读出角的度数的应用中，初步形成对测量单位意义的理性认识等子任务，在操作中积累数学活动经验，发展量感。同时，通过了解学生运用量角器读角的水平，形成对学生的表现性评价。】

（三）概括与提炼

1. 概括

思考：小组内选择所需度量的角，尝试用量角器量出角的度数，并说一说你们是怎么量角的。

2. 提炼

用量角器量角需要做到"两合一读"，即测量角的一边与量角器的"0°刻度线"重合；角的顶点与量角器的"中心"重合，最后看角的另一条边指向多少度就读出多少度。同时，在读角的过程中要注意量角器内外圈刻度线的区别。

【设计意图：引导学生将读角的技能迁移到用量角器量角的活动中，并组织学生小组合作、交流讨论，在师生互动与生生互动中逐步归纳提炼出度量角的方法。】

（四）迁移与拓展

估一估：这个角是几度？现在呢？

教师在多媒体中呈现角的动态变化。

【设计意图：引导学生深化认识"角的大小与两边叉开的大小有关，与两边的长短无关"的道理，在实践运用中进一步发展学生的量感。】

第二课时

【课时目标】

1. 学会用量角器画角的方法和步骤；

2. 会用量角器画指定度数的角；

3. 初步学会用一副三角板画特殊角；

4. 经历用量角器画角的过程，在探索中学会表达和交流自己的观点，学会与人合作，形成学习的经验。

【活动过程】

（一）问题与任务

在练习本上任意画一个角，说说是什么角，度数又是多少？

（二）探究与实践

1. 试一试：想画一个60°的角，你有什么好办法吗？小组合作，用三角板拼角，你拼的角多少度？用这些所拼的角画一些特殊度数的角。说说所拼的角的度数。你是怎么拼的？三角板里面就有一个角就是60°，我想用它来画。

2. 说一说：提炼方法

（1）先画一条射线。

（2）用三角板60°角的一条边与射线重合，顶点和射线的端点重合。

（3）从刚才的顶点出发，沿三角板的另一条边再画一条射线。

【设计意图：为了激发学生的兴趣，调动学生的参与热情，用学生本身手上就有的现行教具60°三角板来画角。】

活动二：不是特殊角，用量角器来画角。

自主探究：画出65度的角。小组内交流画法。

【设计意图：通过自主探究和小组交流合作形式，进一步培养学生的动手操作能力。】

（三）概括与提炼

1. 概括

画角的步骤

（1）先画一条射线，使量角器的中心点和射线的端点重合，0°刻度线与射线重合。

（2）在量角器上找到60°的地方，点上一个点。

注意：从0°刻度开始

（3）以画出的射线的端点为端点，通过刚刚画的点，再画一条射线。最后标上60°角，这样就完成了。

2. 提炼：小结"角的画法"

一画射线二重合，三找点，四连线，五标度数六检查。

【设计意图：以顺口溜的形式让学生理解并掌握角的画法。边画角演示边说顺口溜，培养学生的空间思维能力和动手操作能力以及归纳能力。在演示过程中与量角的度数知识和角的分类结合在一起，巩固了前面学习的知识，"五标度数六检查"可以培养学生自我检查的学习习惯，避免了学生"丢三落四"和"看错了"的现象。同时要求学生画出的角两边长度要匀称、美观。】

（四）迁移与拓展

（1）画出75°角、105°角，你都有哪些方法？

引导学生思考，可以用量角器画角，也可以用三角板画图。

（2）你可以用三角板画出多少度的角？

【设计意图：让学生按照规定的步骤去画，是为了初步培养学生的作图能力，并让学生体验运用迁移学习新知识的方法，同时也为后续学习"垂直"和"确定物体的位置"等知识打下基础。】

人教版二年级上册 数学广角——搭配（一）
（设计：邱秋红）

一、主题简析：链接空间站，科学巧搭配

本单元是人教版数学二年级上册第八单元数学广角的内容，数学广角——搭配（一）单元主要包括：简单的排列和简单的组合。横向对比北师大版、人教版两个版本的学习素材，不同版本创设了不同的教学素材，但都有搭配生活实际问题的情景，都注重学生经历多元表征的思考过程。纵观教材从一年级下册到六年级下册都有数学广角，关于搭配的内容第一次安排在二年级上册，第二次安排在三年级下册，四年级上册"田忌赛马"中也有这部分内容，它是数学思维和推理能力的重要基础。

在一年级下册"摆一摆 想一想"活动中，学生已经掌握如何在数位表上摆数、读数，初步感悟有序思考的价值，并在此基础上发现规律，对简单排列和组合方法是有经验的。二年级学生已具备一定的动手操作、观察描述的能力，但推理意识和应用意识还比较薄弱。根据二年级学生的年龄特点，教师应结合具体情境，让学生在操作、观察、猜测等活动中感知排列的数学思想及方法，初步培养有顺序、全面思考问题的意识，养成讲道理、有条理的思维品质，逐步形成理性精神。

《义务教育数学课程标准（2022年版）》明确指出：加强知识学习与学生经验、现实生活、社会实践之间的联系，注重真实情境的创设，增强学生认识真实世界、解决真实问题的能力。学生只有在特定的实践情境中，才能够将自己和自己的经验融入其中，进而理解知识、运用知识，实现知识的整合。寓学于境，让学科知识活起来，以感促悟，让学生思维活起来。学生在探索空间站奥妙的情景中，经历观察、猜测、验证、操作（摆一摆、写一写、连一连等）等活动，学会了简单的排列与组合，在解决问题的过程中，体会解决问题的道理，感悟数学与现实世界的关联，形成初步的推理意识和应用意识。

二、学习目标

1. 学生通过学习最简单事物的排列数和组合数，在观察、猜测、验证、

操作（摆一摆、写一写、连一连等）等活动中，初步培养有序、全面思考问题的意识和推理意识。

2. 学生在运用排列与组合解决问题的过程中，通过罗列、列表、写一写、画一画等活动，培养应用意识。

三、活动概览

2023年10月26日，搭载神舟十七号载人飞船的长征二号F遥十七运载火箭在酒泉卫星发射中心成功发射，并与空间站组合体完成自主快速交会对接。学生亲眼目睹了这一激动人心的时刻，欢呼雀跃，对中国空间站产生了极大的兴趣，都想深入了解宇航员在空间站的生活与工作情况。于是，链接空间站，科学巧搭配的主题学习应运而生。基于该情境的学科实践流程图如下。

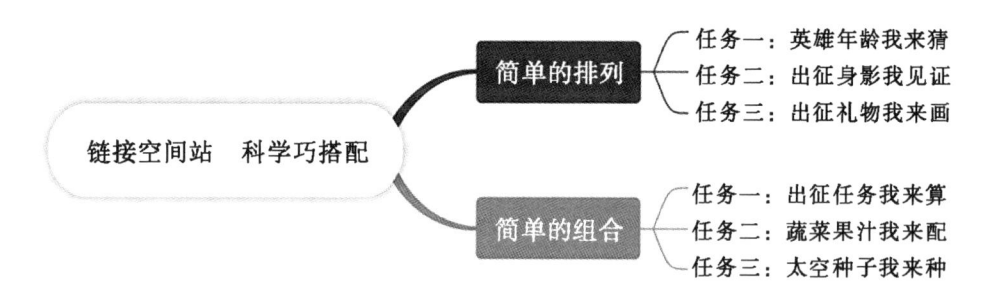

```
                              ┌── 任务一：英雄年龄我来猜
                  简单的排列 ──┼── 任务二：出征身影我见证
                              └── 任务三：出征礼物我来画
链接空间站  科学巧搭配
                              ┌── 任务一：出征任务我来算
                  简单的组合 ──┼── 任务二：蔬菜果汁我来配
                              └── 任务三：太空种子我来种
```

四、活动实施

第一课时 简单的排列

【课时目标】

1. 在"摆一摆、找一找"活动中，能有序地用3个非零的数字组成没有重复数字的两位数。

2. 会用符号、图形、连线等有序表示出事物的排列结果。

3. 在涂一涂活动中，学会有序全面思考问题。

【活动流程】

（一）情境与问题

1. 情境。（播放视频）2023年10月26日，神舟十七号载人飞船发射成功，3名航天英雄被送入太空，开启了半年的征程。你们有什么想要了解的吗？

2. 问题：①宇航员们在太空中都做些什么？②宇航员叔叔有多大？③他们怎么吃饭呢？……

【设计意图：创设学生感兴趣的真实情境，激发学生强烈的探究欲望，培养学生提出问题的能力，驱动学生积极主动地开展实践探究。】

（二）探究与交流

活动一：英雄年龄我来猜

出示任务：其中一位宇航员的年龄是用 3、5、7 组成的两位数，两位数的十位和个位不能一样，他的年龄可能是几？

1. 试一试

①想一想：组成的两位数究竟有几种可能呢？

②独立思考，尝试完成学习单（一）。有困难的同学借助数字卡片摆一摆。

2. 说一说

展示学生的作品：①漏写或重复；②能正确写出但无序；③有序并正确写出。

问题 1：观察这几份作品，你想说什么？

问题 2：他是怎么做到有序的？

讨论达成共识：固定十位法、固定个位法、交换位置法都是有序思考的方法，有序思考可以帮助我们做到不重复不遗漏。

3. 评一评

学生选择自己觉得好用的方法修正自己的作品。

【设计意图：把整个单元的大问题"搭配"置于大情境"神舟十七号航天员出征"中来设计一个个任务，一个个任务都是解决生活实际问题的小情境，寓"学"于"境"，让知识活起来。】

活动二：出征身影我见证

出示任务：3 个宇航员要拍一张合影，有几种站法？

1. 试一试

学生独立思考并尝试用自己喜欢的方式把想法在学习单（二）中表示

出来。

2. 说一说

呈现学生的作品。

问题一：对比你和伙伴的作品，你发现了什么？

问题二：能说说如何不重复不遗漏地写出六种拍照的排列方法吗？学生派代表上台演示。

3. 评一评

小组互评：①刚才的活动中你会用多种方法进行搭配，会选择合适的方法解决实际问题吗？②能协助同伴合作完成学习任务，参与讨论、展示、交流吗？

【设计意图：创设拍照的生活情境，让学生通过试一试、演一演进行方法迁移，丰盈了学生的感知力，让学生有序思考的思维可视化。】

(三) 概括与提炼

1. 概括

思考：刚刚我们解决的两种搭配问题，它们有什么共同点？

2. 提炼

虽然情境不同，但不管是三个数中选两个数排列，还是三个数中选三个数排列，都需要我们有序思考。固定法、交换法、字母、符号都是有序思考的好帮手。

(四) 迁移与拓展

> **学习单（三）**
>
> 请你用红、粉、蓝、黄四种颜色装扮花儿，一朵花只涂一种颜色。想一想究竟会有多少种涂法呢？

【设计意图：尝试画一画，让学生在动手实践中培养有序思考的能力；学以致用，让学生感受数学与生活的联系，提高实践能力。】

第二课时　简单的组合

【课时目标】
1. 在猜一猜、写一写活动中，能有序地从三个数中取两个求和。
2. 在食物搭配活动中，能有序地找全搭配方法。
3. 能在具体情境中综合应用排列与组合解决生活中的实际问题。

【活动流程】

（一）情境与任务

播放视频：宇航员们在空间站中的生活和工作的视频。你们想了解宇航员的工作和生活吗？

【设计意图：创设学生感兴趣的空间站宇航员的情境，用图片和视频直观呈现宇航员在空间站的画面，激发学生强烈的探究欲望，驱动学生学习的积极性。】

（二）探究与交流

活动一：出征任务我来算

师：宇航员们都是带着任务来到空间站的，你想知道神舟十七号的宇航员这次需要完成几项任务吗？

出示任务：神十七航天员此次需要完成的任务数量是由 4、3、9 这 3 个数中选取 2 个数的和，算一算工作数量有几种可能。

1. 试一试

学生读题，思考后独立尝试完成学习单（一）。

2. 议一议

任务数量有几种可能？怎么算的？将你的想法跟组内的伙伴们说一说。

3. 说一说

①展示学生作品

作品1：4+3＝7　4+9＝13　3+9＝12　　一共有 3 种可能。

作品2：4+3＝7　3+4＝7　4+9＝13　9+4＝3　3+9＝12　9+3＝12
一共有 6 种可能。

②思考：对比两种作品，你发现了什么？

③讨论达成共识：

交换加数的位置和不变，所以应该是 3 种可能，两个数求和的时候与加数的位置或顺序无关。

【设计意图：课堂上给机会、引探究、促产出、予展示，实践是人的实践，其直接表现就是人的身体参与和亲身经历。学生是课堂的主人，只有学生活起来，才能真正地实践。】

活动二：蔬菜果汁我来配

出示任务：

宇航员们在空间站除了要完成任务，还要进行运动锻炼和补充能量。果蔬汁也是必不可少的，知道他们一共带了几种果蔬汁吗？

1. 试一试

学生独立思考后尝试完成学习单（二）。

2. 评一评

①展示学生作品：

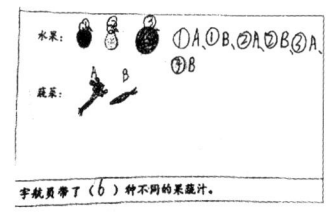

②你看懂这些作品了吗？

③这些方法有什么共同点？你最喜欢哪一种？

【设计意图：引导学生在搭配果蔬汁的过程中发现如何才能有序搭配，学会有序搭配。通过对比和找共同点，总结出有序搭配的一般方法。在活动中学生用序号、字母、连一连等方式，在实物和符号之间建立更丰富的关联，充分经历知识的应用和创造的过程，丰富思维力。】

活动三：太空种子我来种

出示任务：

太空种子也是宇航员们的任务之一，我们一起来了解太空种子。（播放视频了解太空种子）

1. 试一试

师：学校的实践园也要来种植太空蔬菜了。从三种太空蔬菜种子中选择两种，分别种在下面这两块菜地，用你喜欢的方式表示出一共有多少种种法？生尝试完成学习单（三）。

2. 演一演

问题一：三种种子中选两种可以怎么选？

学生上台演示有序的选法。

问题二：两种种子分别种植两块菜地又有几种种法？

学生上台借助课件有序把 6 种种法演示一遍。

3. 评一评

小组互评：①刚才的活动中你会有序、全面地思考问题并进行简单的推理吗？②会提供思路、方法，建议与同伴合作完成学习任务，分工明确；积极参与小组间的展示、交流吗？

【设计意图：为学校实践园算出种植的所有方法，学以致用，让学生感受数学与生活的联系，提高实践能力。通过小组互评，发挥学生的主动性、创造性和自主性。】

(三) 概括与提炼

1. 概括

思考：今天我们解决的三个问题，它们有什么共同点？

2. 提炼

几个物体摆在一起有时要讲究排列的位置，有时却不需要讲究排列的位置，只要组合在一起就可以了，但不管是排列还是组合都需要有序思考。

【设计意图：概括与提炼明晰排列与组合的相同点与不同点，感受怎样才能进行有序、全面地思考，并逐步学会这种思考方式。】

(四) 迁移与拓展

只要我们用数学的眼光去观察，就会发现生活中有很多搭配问题。

生活实践：寻找生活中的搭配现象，用你喜欢的方式记录下来。

【设计意图：布置实践作业，把学科实践指向学生生活中的知行自觉，形成知行合一的自觉生活样态，从实践中来，到实践中去。】

179

本单元教学把内容置于大情境"神舟十七号航天员出征"中来设计一个一个任务，让内容实践化；在教学上实现了以往以教为主向以学为主的转变，建立学习中心课堂，让学生的思维活起来，让学生与学生的关系活起来，从而使教学过程真正成为核心素养的形成过程。

人教版三年级上册 长方形和正方形
（设计：陈诺微、郑雅君）

一、主题简析：我是篱笆设计师

《义务教育数学课程标准（2022年版）》指出：空间观念有助于理解现实生活中空间物体的形态与结构，是形成空间想象力的经验基础。《长方形和正方形》这一单元内容包括：认识四边形，掌握长方形和正方形的特征，会在方格纸上画长方形和正方形，理解周长的含义，会计算长方形和正方形的周长等，其中周长的认识是本单元的核心内容，是学生掌握其他内容的重要基础。横向对比北师大版、人教版两个版本的学习素材，不同版本创设了不同的教学素材，但都有搭配生活实际问题的情景，都注重学生经历多元表征的思考过程。纵观教材从一年级下册到六年级下册都有图形的认识，单对长方形、正方形的认识这一部分从一年级下册就有从立体图形中直观认识长方形、正方形，能够进行简单的辨认和区分；到四年级上册认识平行四边形和梯形时，再次从与平行四边形的关系的角度进一步认识长方形、正方形。对于周长的认识是第一次接触，但也贯穿到第二三学段。学段之间的内容相互关联，螺旋上升，逐段递进，帮助学生逐步形成空间观念和几何直观。

这部分内容的学习，是建立在学生已经学习和掌握了直线和线段、长度单位和长度测量，以及初步认识长方形和正方形的基础上进行的。通过学习，学生进一步认识四边形、长方形和正方形的特征，了解周长的含义等，理解周长的含义所积累的经验，为以后两线的位置和关系、面积的学习等进一步探索其他平面图形的特征奠定基础。

课标当中对这部分内容的要求是：认识四边形，会根据图形特征对四边形进行分类；结合实例认识周长，探索并掌握长方形、正方形的周长计算公式。所要达到的学业质量标准是：能认识常见的四边形，会测量、计算长方形和正方形的周长，形成空间观念、量感和初步的几何直观。

莆田市第二实验小学的实践园突出综合实践育人的功能，引导学生提升人文、科学、劳动、创新四大素养，让学生德、智、体、美、劳得到全面发展。11月份的一天，实践园里一块基地的青菜和萝卜被一年级一位小朋友拔了，这一事件引起了学生的关注，青菜被拔了怎么办？如何保护实践园里的蔬菜？如果给菜地围上篱笆，菜地有哪些形状？应该怎么围？一系列问题引发学生思考，于是长方形和正方形以及周长的学习需要迫在眉睫，"我是篱笆设计师"，保护实践园的主题应运而生。学生通过看一看、量一量、画一画、想一想等活动，在充分经历认识四边形、辨别长正方形、测量图形的周长、辨析周长的长度中进一步发展空间观念，培养应用意识。通过"我是篱笆设计师"活动，提高学生动手实践的能力，培养创新意识，落实立德树人目标，促进德智体美劳全面发展。

二、学习目标

1. 通过四边形的认识内容的学习，学生在看一看、分一分、画一画等活动中，发展空间观念。

2. 通过周长的认识等内容的学习，学生充分经历观察、比较、测量、计算、应用、设计等活动，理解周长即物体表面或图形一周的长度值，进一步理解度量的意义即"测量单位"的累加，物体的长度具有可测属性，建立学生的量感。

3. 通过"我是篱笆设计师"项目的设计，学生经历制订方案、测量工具的选择、实地测量、篱笆设计等活动，培养学生的合作意识、创新意识和实践能力，落实立德树人目标，促进德智体美劳全面发展。

三、活动概览

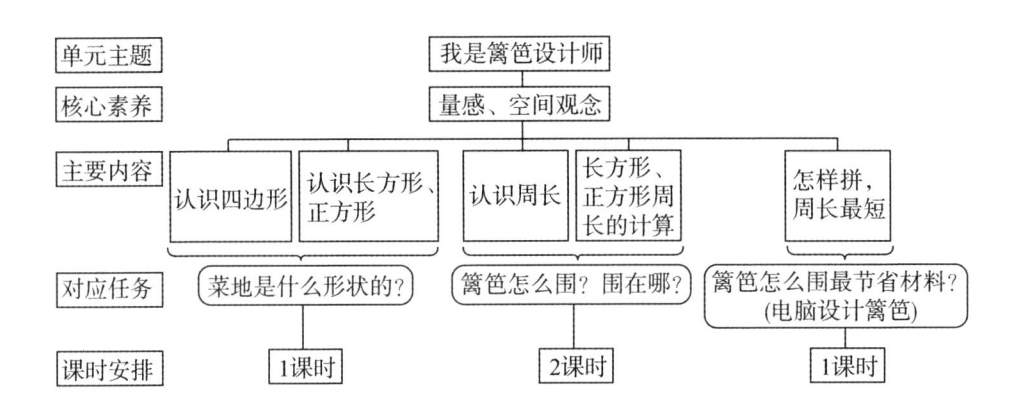

单元主题	我是篱笆设计师			
核心素养	量感、空间观念			
主要内容	认识四边形 / 认识长方形、正方形	认识周长	长方形、正方形周长的计算	怎样拼，周长最短
对应任务	菜地是什么形状的？	篱笆怎么围？围在哪？		篱笆怎么围最节省材料？（电脑设计篱笆）
课时安排	1课时	2课时		1课时

四、活动实施

第一课时

【课时目标】

1. 能从生活中抽象出图形，能从众多图形中区分出四边形。

2. 能在对比、辨析中明确并描述四边形有四条直的边和四个角的特点。

3. 通过动手量一量、折一折等活动，能归纳出长方形和正方形的特征：有四条边，四个角，且四个角都是直角，长方形的对边相等，正方形的四边都相等。

4. 感知长方形、正方形之间的关系：通过折一折、剪一剪，知道共同特点主要是都有四条边和四个角，四个都是直角；不同点是长方形的对边相等，正方形的四边都相等。

【活动流程】

(一) 情境与任务

咱们学校的实践园是个百宝箱，在这里同学们收获了（图片展示）水果、蔬菜、水稻等，同时也收获了很多快乐。可是最近发生了一件很不愉快的事情（展示学校实践园萝卜被恶意拔出的照片），这样的行为可以吗？学校希望通过咱们的研究，想出办法保护我们的劳动成果。要完成这一任务，需要做哪些准备呢？请大家设计一个合理的保护方案。

【设计意图：依托真实情境，激发学生强烈的探究欲望，培养学生提出问题的能力，驱动学生积极主动地开展实践探究，根植劳动教育。】

(二) 实践与探究

活动一：认识四边形

师：看来，想要给实践基地围上篱笆，我们首先得知道这些菜地的形状是什么。

出示任务：（展示实践园图片）把你认为是四边形的图形找出来。

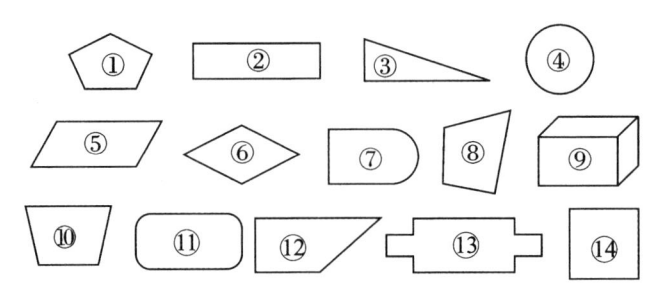

1. 试一试：把你认为是四边形的图形找出来。

2. 议一议：观察这些图形，说说四边形有什么特点。

3. 用一用：请你找一找生活中的四边形。

（学生发言表达自己的想法）

小结：四边形有什么特点？

讨论达成共识：四边形都有四条直的边，都有四个角。

活动二：认识长方形、正方形的特征

师：你还能对这些四边形进行分类吗？说一说你是怎么分的？

1. 试一试：

学生对这些四边形进行分类。

2. 议一议：

观察并记录长方形和正方形有什么异同点。可以动手折一折、量一量、比一比，尝试说一说其特征。

出示任务单：观察并记录长方形和正方形有什么异同点。

	相同点	不同点
长方形		
正方形		

3. 讨论达成共识：

相同点：都有四条边，四个角都是直角。

不同点：长方形的两组对边分别相等，正方形的四条边都相等。

（三）概括与提炼

1. 概括

思考：刚刚我们认识了四边形，也探究了长方形、正方形的特征，你们能说一说它们之间的关系吗？

2. 提炼

有四条边、四个角的图形是四边形，长方形和正方形都有四个直角和四条边，是特殊的四边形。正方形的四条边都相等，是特殊的长方形。

（四）迁移与拓展

1. 用一用：学校需要为四年（2）班划分一块菜地，下面是劳动实践园一角的平面图，你能根据 A、B 两点设计出菜园的位置和形状吗？

出示实践园：

2. 评一评

实践活动：巧拼七巧板

目的：认识四边形

活动：七巧板是一种智力玩具。它由 5 个三角形、1 个平行四边形和 1 个正方形组成。请你用七巧板学具动手拼一拼。

(1) 我会拼四边形　　　　　　(2) 我会拼长方形或正方形

我的作品：　　　　　　　　　我的作品：

【设计意图：基于教材的序和学生的需要，让学生经历在实际生活中辨认四边形、认识长方形和正方形的特征的过程，并能进行直观判断。这节课，要将学生经验的"片面"补足，让学生能从数学的角度再次认识和刻画图形。】

第二课时

【课时目标】

1. 结合实际例子，能直观感受"一周"，如：描出菜地围篱笆的长，说出一块菜地的边线的长就是这个菜地的周长等，建立丰富表象。

2. 能理解只有封闭图形才有周长。

3. 通过量一量、围一围的方法，知道封闭图形一周的长度就是周长，能够具体指出一些图形的周长，感悟"化曲为直"的方法，能从多角度体会解决问题的多元化。

【活动流程】

（一）情境与任务

仔细观察，篱笆应该围在哪？怎么围？

（二）探究与实践

活动一：认识周长

1. 议一议

仔细观察，你认为篱笆应该围在哪？怎么围？

2. 试一试

活动要求：

（1）想一想：篱笆应该围在哪？怎么围？

（2）描一描：任选一块地，用彩笔描出篱笆围的位置。

（3）说一说：和小组成员说一说你是怎么描的。

（学生独立完成学习单并和小组成员分享，全班交流描边线方法）

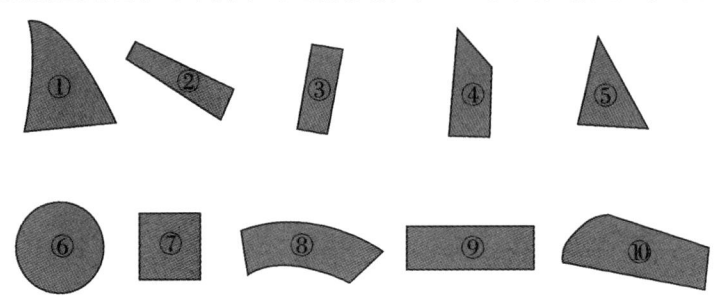

3. 达成共识：

（1）认识一周：从起点出发绕一圈又回到起点，称为"一周"。

（2）认识周长：图形一周的长度是什么？

活动二：测量周长

1. 试一试

完成学习单任务2——量一量

活动要求：

①小组讨论：明确分工，选择要测量的土地；②实践基地完成测量，并标明测量结果。

（学生在实践基地小组合作完成任务2）

2. 说一说：全班交流：不同图形的测量方法。

（和小组成员讨论后再全班展示交流，三角形、梯形等直边图形可以直接用尺子量，圆形等曲边图形可以运用化曲为直的方法。）

表1 测量周长活动评价量规

评价项目	评价内容	自评 ★★★★	自评 ★★★	自评 ★	小组评 ★★★★	小组评 ★★	小组评 ★	教师评 ★★★★	教师评 ★★	教师评 ★
学习态度	积极参与。									
组织合作	计划完整，分工明确，组员团结合作、配合默契。									
反馈交流	交流成果能力：图文并茂呈现、积极交流活动成果。									
反馈交流	创新能力：善于观察、思考，有自己的主见。									
反馈交流	反思能力：会反思，发现不足，能及时调整。									
活动成效	能按时完成任务，完成较好。									

（三）概括与提炼

1. 概括

回顾围篱笆、量篱笆的过程，你有什么想说的？

2. 提炼：

封闭图形的一周是它的周长，测量周长时可以分为两种情况：直线图形可以用尺子直接测量；曲线图形可以用化曲为直的方法来测量。

（四）迁移与拓展

生活实践：寻找生活中的图形，用你喜欢的方式记录下它的周长。请你找一找生活中物体的周长。

【设计意图：通过学生动手操作、教师引导、语言表达等环节，帮助学生建立周长的表象，培养学生动手操作和语言表达的能力。】

第三课时

【课时目标】

1. 探索长方形周长计算方法：在知道长方形、正方形的特征的基础上，能直接应用周长含义将各边长度连加；或者知道长方形的周长等于两条长和两条宽连加。

2. 会归纳总结长方形、正方形的周长公式。

3. 能应用长方形、正方形的周长公式解决实践园中的围篱笆的问题。

【活动流程】

（一）情境与任务

师：实践园的这两块实践基地，③号（长方形）和⑦号（正方形），如果同时围上篱笆，各需要多长的篱笆？

（二）探究与实践

活动一：探究长方形、正方形的计算公式

1. 试一试

（1）算一算：

给这两块实践园地的四周分别围上篱笆，各需要多长的篱笆？

尝试计算长方形和正方形的周长（学生完成学习单）

```
┌─────────────┐        ┌───────────┐
│      ③      │宽( )   │     ⑦     │边长( )
└─────────────┘        └───────────┘
    长( )
```

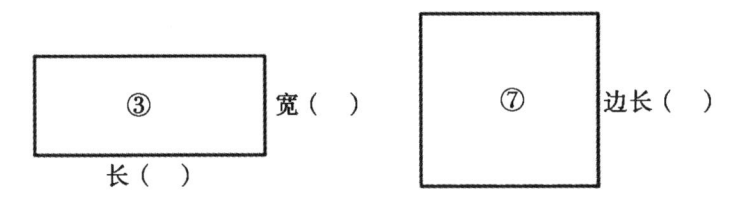

（2）说一说：在组内交流你的想法。

（3）想一想：你有什么疑惑？

2. 说一说：展示交流，总结方法。

（学生上台完整地展示交流想法。）

3. 评一评：对比不同的计算方法，你最喜欢哪一种？

（学生读懂同学的作品，并有条理地表达想法。）

（三）概括与提炼

1. 概括

对比求长方形或者正方形的计算方法，你发现它们有没有共同的地方？

2. 提炼

无论是长方形还是正方形，在求它们的周长时，就是将围成这个图形的各边相加起来。

（四）迁移与拓展

学校想在实践园再开辟一块长 8 米、宽 5 米和一块边长 5 米的菜地。如果有一边靠墙，请你想一想怎样围篱笆最省？

【设计意图：学生在多种计算方法的比较中，及时渗透了"变中有不变"的思想和数学优化思想，通过将图形的周长计算转化为线段长度的总和计算，化新知为旧知，降低了学习难度，将前后的数学知识进行了结构化的连贯处理。】

第四课时

【课时目标】

1. 进一步理解长方形、正方形周长的计算方法，能熟练计算长方形、正方形的周长。

2. 了解用同样大小的正方形拼长方形和正方形的多种拼法并发现规律。

3. 在解决问题的过程中，能探究用操作、画图来描述数学问题的方法，初步体会几何直观的价值。

【活动流程】

（一）情境与任务

播放视频：学校的实践园成为空间站研究基地，需要种植一些太空种子。什么是太空种子？太空种子怎么种植？

【设计意图：用视频直观介绍什么是太空种子，呈现太空种子的培育过程和生长过程，激发学生强烈的探究欲望，驱动学生学习的积极性。】

（二）探究与实践

活动一：怎样拼摆篱笆最短

用16个边长是1米的正方形种植箱拼长方形或正方形，怎样拼摆才能使篱笆最短？

出示任务要求：

①拼一拼，拖动小正方形拼摆成长方形或者正方形。

②算一算，拼好记录下图形的长和宽并计算出周长。

③说一说：观察数据，小组内交流你的想法。

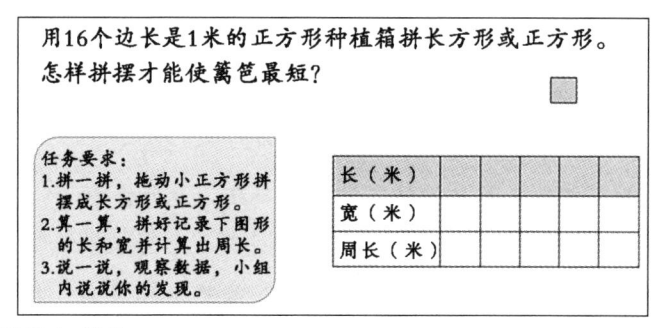

用16个边长是1米的正方形种植箱拼长方形或正方形。怎样拼摆才能使篱笆最短？

任务要求： 1.拼一拼，拖动小正方形拼摆成长方形或正方形。 2.算一算，拼好记录下图形的长和宽并计算出周长。 3.说一说，观察数据，小组内说说你的发现。	长（米）				
	宽（米）				
	周长（米）				

（三）概括与提炼

1. 概括

为什么不摆成3行呢？通过摆一摆、说一说，你们发现了什么？

2. 提炼

将小正方形进行拼摆成长方形或者正方形时，可以去想几乘几会等于对应的小正方形的个数，拼摆后图形的长和宽越接近，这个图形的周长就越短。

（四）迁移与拓展

用 36 个边长是 1 米的正方形种植箱拼长方形或者正方形，怎样拼摆才能使篱笆最短？

①画一画：按要求画出草图。

②算一算：计算出周长。

③说一说：观察数据，小组内说说你的发现。

【设计意图：尝试用草图画出所有方法，培养学生有序思考的能力；学以致用，让学生感受数学与生活的联系，提高实践能力。】

活动评价

评价标准	学生自评	学生互评	教师评价
书写工整			
全部正确			
有进步			
方法创新			
思考挑战性问题			

本单元教学把内容置于"保护实践园的劳动成果"情境中来设计一个个任务，让内容实践化，激发学生的学习兴趣，让学生知道为什么学，怎么学，学了用来做什么，体验到数学来源于生活，用于生活。最后，在美术老师引导下，学生了解了田园设计中的风格与布局，根据自己的想法，大胆进行创意设计篱笆，在快乐的学习中收获多多！

人教版一年级上册 11～20各数的认识
（设计：崔春玉，郑贞真，陈荣锦）

一、主题简析：寻古人足迹，探计数本质

本主题属于第一学段"数与代数"领域"数与运算"中的一个重要内容。对比不同版本的教材，发现人教版、北师大版教材都是先通过数出10根小棒捆成一捆的操作活动，让学生发现"1个十就是10个一"。利用摆小棒来突出1个十就是10个一的关系，体现计数单位。北师版教材从古人计数引入，引发学生的兴趣和思考。一个大石头代替10个小石头，让学生感受以十计数的由来的同时，也为后面的学习做好铺垫。本单元内容是学生建立数位概念的起始课，是在逐一计数的基础上，积累十进制概念活动经验的重要环节。这部分的学习内容在整个数的学习体系中具有相当重要的地位，它既是10以内数的认识的延续，又是100以内乃至更大的数的认识的基础，同时又为学习20以内的进位加法做好准备。

学生已经认识了1～10数字及大小关系，初步体会了从数量到数的抽象过程。"11～20的认识"是对数的进一步认识，重点是对数位的理解，即不同数位上的数字表示的数值不同，初步感知计数单位。《课标》学业质量要求能结合具体情境，认识11～20各数及大小关系，通过操作、游戏等丰富多彩的活动，对数学产生一定的好奇心，形成学习数学的兴趣和初步合作交流意识与独立思考的学习习惯。根据一年级学生以具体形象为主的思维特点和认知规律，教学应联系学生的生活实际，提供丰富的素材和生动有趣的活动，使所学的知识不断内化到已有的认知结构中。

《课程方案》中明确提出"变革育人方式，突出实践"，要求充分发挥实践的独特育人功能，倡导"做中学""用中学""创中学"。学科实践强调学生的自主学习过程，让学生在具体情境中"做"数学，从而获得真知，形成自己的学习体验和实践结果。它不仅是活化知识的过程，也是"关键能力"培育的过程。本单元借助古人计数的情境，联系学生实际，让学生充分经历"摆一摆""捆一捆""说一说""猜一猜""拨一拨"等多种形式的学习活动，

感悟并理解 11～20 各数的意义，体会十进制计数法，理解数位的含义，形成初步的数感。

二、学习目标

学生在古人计数的故事情境中，通过"11～20 各数的认识"内容的学习，充分经历"摆一摆""捆一捆""说一说""猜一猜""拨一拨"等活动，认识 11～20 各数，初步认识位值制，理解数位的含义，形成初步的数感。

三、活动概览

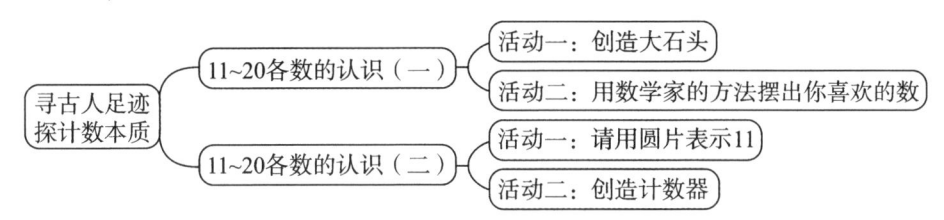

寻古人足迹 探计数本质
- 11～20 各数的认识（一）
  - 活动一：创造大石头
  - 活动二：用数学家的方法摆出你喜欢的数
- 11～20 各数的认识（二）
  - 活动一：请用圆片表示 11
  - 活动二：创造计数器

四、活动实施

第一课时　11～20 各数的认识（一）

【课时目标】

学生在古人石头计数的情境中，通过"摆一摆""捆一捆""说一说""猜一猜"等学习活动，认识 11～20 各数，正确数出 11～20 的物体的个数，知道这些数是由 1 个十和几个一组成的，感知 20 以内数的顺序和大小，形成初步的数感。

【活动流程】

（一）情境与任务

孩子们，你们知道这些数字都表示什么意思吗？

真厉害，通过你们的介绍，老师发现一个数字不仅可以表示一共有几个，

还可以表示第几个。今天，我们就来继续学习 11～20 各数的认识。

生活中的数是如此多姿多彩，那古人是如何计数的呢？（播放视频）

【设计意图：创设学生感兴趣的真实情境，通过每个人分发一张数字小卡片，激发学生的兴趣，培养学生探索的欲望，驱动学生积极主动地开展实践探究。】

(二) 探究与交流

活动一：创造大石头

牧羊人这样摆代表几？

这样摆代表几？

大石头有大学问，你能用小棒创造出属于你的大石头吗？

出示任务：用小棒摆一摆，创造大石头。

1. 试一试

用小棒摆一摆卡片上的数，创造出属于你的大石头。

2. 议一议

展示学生的作品：

①把十单独摆在一边；②把十捆成一捆；③没有把十独立开。

问题一：观察这些图有大石头吗？大石头在哪呢？圈一圈大石头。

学生1：我发现第2幅图捆起来的那一捆是大石头。

学生2：我补充，我认为第1幅图也有大石头，单独放的10根小棒就是大石头。

追问1：那第3幅图有没有大石头？你能不能创造一个大石头出来？试一试。

学生：我数出10根圈一圈就创造出一个大石头了。

3. 评一评：观察这3幅图的大石头，你有什么发现？

对比小结：只要10根凑在一起就有大石头。

问题二：10个一和1个十有什么关系？

你们创造大石头的方法和数学家一样，一起像数学家一样来数一数，1根小棒就是1个一，2根小棒就是（　　）个一，3根小棒呢……

【设计意图：抓住大情境"古人计数"来设计任务"创造大石头"，使学生真实感受古人用石头这样半抽象的代替物表示数量，当数量多的时候，以一块大石头表示10个，真实而形象地感悟十进制的必要性，体会表示大数的一种方法。通过创造大石头这一项任务，教师及时抓住课堂生成资源，让学生评一评，通过评价把学生的思维过程一一呈现，把评价和学习相融合，使学生明确把10根凑在一起就有大石头，再像数学家一起数一数，10个一就是1个十，让知识从实践中来，让知识在学生的脑子里动起来，发展学生的数感。】

学习单

1. 我喜欢的数是（　　　）。

2. 摆一摆。

3. 说一说，（　　）个十和（　　）个一组成（　　　）。

活动二：用数学家的方法摆出你喜欢的数。

出示任务：

1. 试一试

摆出你喜欢的数，并用这句话来介绍它。

2. 评一评

呈现学生的作品：

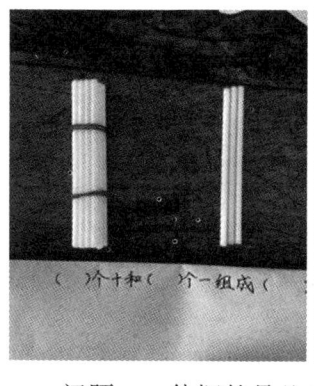

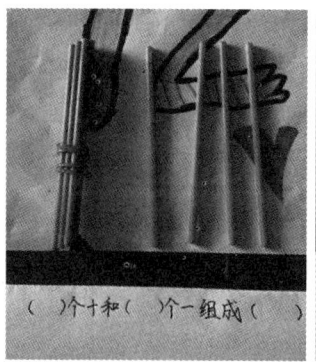

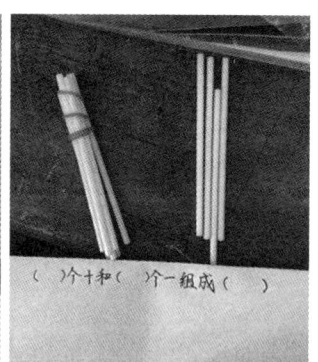

问题一：他摆的是几？能用这句话说说吗？

问题二：老师刚才发现有两个同学都喜欢 20，但是他们的摆法不同，你更喜欢哪一种？说出你的理由。

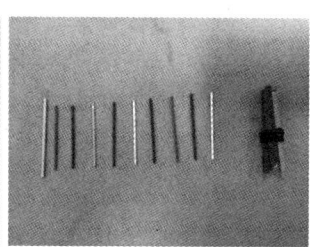

学生：我更喜欢第 1 种，用 2 个大石头来表示 2 个十，2 个十就是 20，这样看起来既简单又明了。

追问：那 30 可以怎么摆？40？50？90？

【设计意图：学生通过摆一摆、说一说、比一比，展示两种不同的 20 摆法，感受到可以通过不同的方法表示小棒数量，通过对比为学生抽象出数的表示方法提供了具体的支撑，在学习过程中融入评价，进一步理解把"十"作为一个计数单位使用的必要性和合理性，为建立学生的数感架设了一座巧妙的桥梁。】

（三）概括与提炼

1. 概括

刚刚我们像数学家和古人一样摆大石头，它有什么好处？

2. 提炼

11~20 各数是由 1 个十和几个一组成的，先数出"1 个十"，再把 1 个十和几个一合起来。

（四）迁移与拓展

1. 迁移

(1) 猜一猜：根据提示猜数。

我的前一个数是16，后一个数是18。（　）

我是11后面的第2个数。（　）

我是18和20中间的数，我是（　）。

我和11离得最近，但比11大，我是（　）。

(2) 我说你猜：说一句话，让同学猜出你手中的数字卡片是什么？

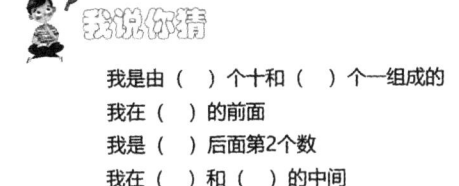

我是由（　）个十和（　）个一组成的

我在（　）的前面

我是（　）后面第2个数

我在（　）和（　）的中间

(3) 帮助数字宝宝13、15、17在尺子上排排队。

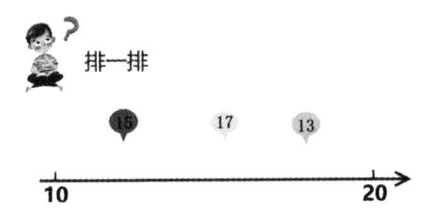

2. 拓展

实践作业：在生活中找一找11~20这些数，用画画的形式把数画出来。

【设计意图：实践作业的拓展，让学生在生活中找数，感受数学在生活中的广泛运用。同时把数画出来的开放性作业，既让学生对本节课的内容进行总结，又培养了学生的数学思维能力及表达能力。】

第二课时 11～20各数的认识（二）

【课时目标】

学生在古人石头计数法的情境中，通过"摆一摆""拨一拨""议一议"等学习活动，认识计数器中的十位和个位，知道"十位上的数表示几个十，个位上的数表示几个一"，初步培养数感。

【活动流程】

（一）情境与任务

猜一猜：遥远的古时候，人们用石头表示数。今天，老师也请来了2个神奇的圆片，猜一猜老师会用这2个圆片表示数字几呢？

生：①数字2；②数字11；③数字20……

【设计意图：链接古人石头计数法，创设学生感兴趣的猜数游戏，初步感知数值的意义，激发学生强烈的好奇心，驱动学生积极主动地开展实践探究。】

（二）探究与交流

活动一：请用圆片表示11。

出示任务：请用圆片摆一摆，表示数字11。

1. 试一试

①独立思考，尝试完成学习单（一）。

②试一试：你会用几种方式表示11呢?

学习单（一）		
请用圆片摆一摆，表示数字11。（试一试，你会用几种方法表示）		
方法一	方法二	方法三

2. 说一说

展示学生的作品：

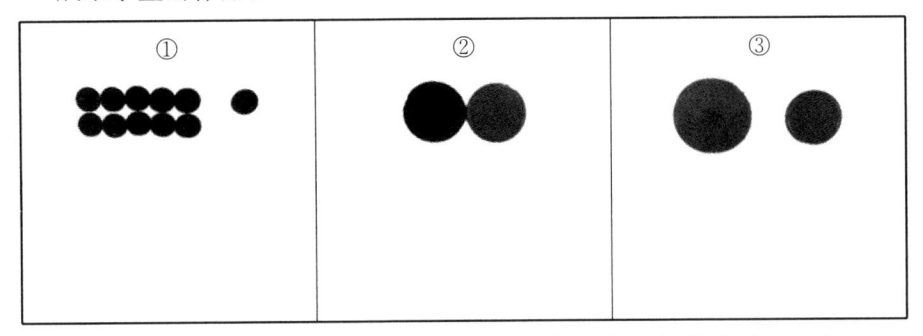

问题1：观察这几份作品，说一说你的判断：它们都能表示11吗？

生1：①可以表示11。

生2：③的大圆片像古人的大石头是10，小圆片像古人的小石头是1，合起来就是11。

问题2：②③的摆法有没有相同点？如果有，相同点是什么？

生1：②③的摆法都由两部分组成。

生2：②中的红色圆片能想象为古人的大石头，黄圆片就是小石头。

生3：②③的摆法都由两部分组成，它们分别用颜色和大小区别十位和个位。

讨论达成共识：不同的造型可以表示不同的数位，不同数位上的1个圆片就能表示不同的数值，1个十和1个一就能组成数字11。

3. 评一评

学生选择自己觉得好用的方法修正自己的作品。

【设计意图：把抽象的位值制置于"数数、摆数"的游戏中，抓住关键问题激发起学生的深度思考，通过一个个问题串、一个个任务来挑战闯关，寓"学"于"趣"，让位值制中的"位"生动活泼起来。评一评更是让学生的思维可视化，将评价融于学习过程，助力数感的培养。】

活动二：创造计数器

出示任务：2个一模一样的圆片，怎么表示11呢？

1. 试一试

学生独立思考并尝试用自己喜欢的方式把想法在学习单（二）中表示

出来。

学习单（二）

请你给下面的○添上几笔，让人一眼就能看出它们表示的数字是11。

○　　○

---

2. 评一评

呈现学生的作品：

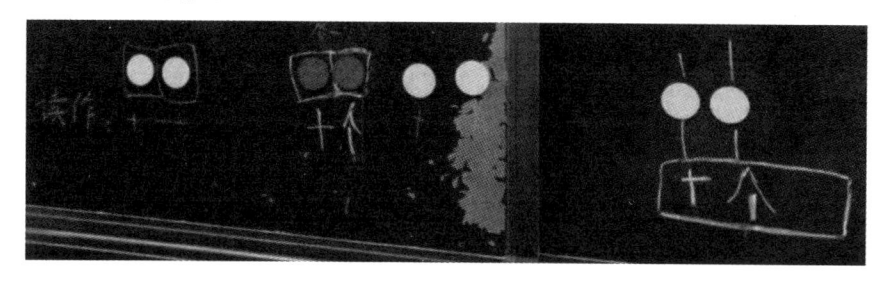

问题1：伙伴的作品，你看懂了吗？说一说他是如何表示11的？

生1：左起①②图是画表格法，区分个位和十位。

生2：左起③图用文字注明个位和十位。

生3：左起④图把圆片放入计数器。

生4：4种画法有相同的地方，都注明了个位和十位。

问题2：对比伙伴的作品，你最喜欢哪个？理由是什么？

【设计意图：以儿童立场为主线，让学生读懂伙伴的作品，并且会在诸多作品中辨析，在生生评价中给予学生深度思考的抓手，让学生迸发出数学思维的火花，从而实现学习共同体的集体智慧。】

（三）概括与提炼

1. 概括

刚刚我们创造了神奇的数学武器——计数器，它有什么优点？

2. 提炼

在计数器中，从右边起第一位是个位，第二位是十位。

(四) 迁移与拓展

1. 迁移

思考：2个圆片与计数器，还能表示其他数吗？拨一拨、试一试。

2. 拓展

实践作业：3个圆片与计数器，又能创造出哪些数呢？用你喜欢的方式记录下来。

【设计意图：安排实践作业，让学生在活动中进一步感悟与内化位值制的意义，促进学科实践指向学生操作活动中的知行自觉，形成知行合一的自觉学习样态。】

第四节　语文学科实践型课堂教学设计

统编版一年级上册　奇思妙想之旅
（设计：吴淑美、毛璐琳）

一、主题简析：探索身边的奥秘

本单元围绕"奇思妙想之旅"主题编排了《影子》《比尾巴》《青蛙写诗》《雨点儿》4篇课文及"我和大人一起读"之《谁会飞》，有儿歌、小故事等，体裁各异，内容活泼，符合学生的身心特点。此外，口语交际是"用多大的声音"，"语文园地六"里有教学生认识方向的儿歌、根据店名识字以及经典诵读积累《古朗月行（节选）》。这些内容从儿童的视角介绍了生活和自然界中奇妙的事，充满儿童情趣，能激发学生对生活、对自然的热爱和探究；同时，通过课文的教学，引导学生认识逗号、句号，初步建立句子的概念，学会数句子。

一年级学生注意力持久性比较薄弱，但是他们好奇心强、喜爱探究，因此在教学中要注意创设情境，开展多样化的活动，在游戏中解决教学重难点问题。教师要从小孩子的视角弯下腰来倾听儿童内心的声音。

本着"温故知新、循序渐进"的原则，并结合单元语文要素和学情分析，我们用主题词"奥秘"设计串联整个单元，设计一个单元学习的大情境：乘坐"探索号"神奇校车去探寻身边的奥秘。用这个大情境，驱动小情境，将内容重组，重构六大学习任务，涉及五大学习板块："日常生活、自然变化、动物奇趣、文学体验、知识探法"。并在此线索贯通下，开启"生活馆观奇""动物馆赏异""文学馆创趣""自然馆寻美""知识馆探法"等符合教学内容与任务特性的小情境，而每个情境背后承载识写、朗读、积累等学习任务，交叉进行，彼此渗透，优化听、说、读、写实践活动，激发学生学习兴趣，为基础性学习任务群的落实开辟有效路径。

二、学习目标

1. 借助拼音和偏旁，通过多种识字方法识记生字，初步了解汉字的上下结构和左右结构，将汉字按结构进行归类。展示在生活中自主识字的成果，养成自主识字的习惯。

2. 通过分角色朗读课文，读好人物说话的语气。借助拼音朗读儿歌，背诵儿歌。感受儿歌的生动有趣，积累气象谚语，培养学生热爱生活、留心观察生活的能力。

3. 借助情境，辨别前、后、左、右四个方位，并用这四个词来表达方位，积累一问一答的语言表达。根据场合，用合适的音量与他人交流。引导学生认识根据场合，用合适的音量与人交流是文明、有礼貌的表现，引领学生精神成长。

三、活动概览

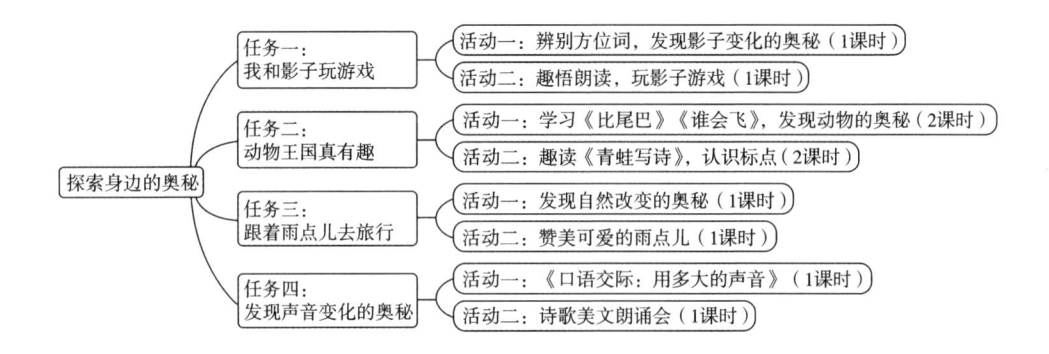

探索身边的奥秘

- 任务一：我和影子玩游戏
  - 活动一：辨别方位词，发现影子变化的奥秘（1课时）
  - 活动二：趣悟朗读，玩影子游戏（1课时）
- 任务二：动物王国真有趣
  - 活动一：学习《比尾巴》《谁会飞》，发现动物的奥秘（2课时）
  - 活动二：趣读《青蛙写诗》，认识标点（2课时）
- 任务三：跟着雨点儿去旅行
  - 活动一：发现自然改变的奥秘（1课时）
  - 活动二：赞美可爱的雨点儿（1课时）
- 任务四：发现声音变化的奥秘
  - 活动一：《口语交际：用多大的声音》（1课时）
  - 活动二：诗歌美文朗诵会（1课时）

四、活动实施（以任务一为例）

第一课时　辨别方位词，发现影子变化的奥秘

【活动目标】

1. 通过板画识字、随文识字、字源识字、儿歌识字等多种识字方法识记"影、前、后、黑、左、右、友"7个生字，归类识记"狗、好、朋"3个生字。能正确书写"在、后"两个生字，注意笔顺，写好不同形状的撇。展示

在生活中自主识字的成果，养成自主识字的习惯。

2. 通过联系阅读与生活经验，积累带"子"的轻声词及"前后左右"方位词，迁移运用"____着我"等动词，在生活中学习语文、运用语文。

3. 借助拼音以及情境，正确、有感情地朗读诗歌，初步感知影子会变、会动的特点，通过具身体验，激发探索影子奥秘的兴趣。

【活动流程】

（一）情境与任务

1. 单元统揽，揭示主题

孩子们，本单元我们将坐上探索号神奇校车，游历这么多场馆，感受大自然的五彩缤纷。这美丽的世界存在着无穷无尽的奥秘，我们跟随神奇校车来到第一站，先来探索《影子》的奥秘。

2. 勾连经验，激趣导学

课前带领学生聊一聊自己对于影子奥秘的认识，激发学生对影子进一步探索的兴趣。影子是我们的好朋友，在生活中无处不在。同时，引导学生用已经学过的方法来识记课题中的"影"字。提醒"子"作为后缀词，通常读轻声。

【设计意图：创设单元任务大情境，激发学生学习兴趣，让学生乘坐神奇校车进行探索之旅。在交流对影子的认识中，引出本课学习任务，让学生兴趣盎然地走进课文教学中。】

（二）探究与交流

1. 自读儿歌，读中习字

（1）检查朗读，随文识字

①第一步：直觉取象，识记"黑"

②第二步：字源推敲，识记"黑"

③第三步：形义相连，识记"好、朋、友"

④第四步：结构归类，识记"狗、好、朋"

⑤第五步：偏旁识认，识记"好、朋"

2. 有感情朗读，读好节奏

（1）师范读，男女生赛读

（2）朗读魔法棒摇出"节奏星"

评价标准	评价内容	星级
准确	能借助汉语拼音朗读课文，字音准确，吐字清晰，不读错字。	★
流利	按句号停顿，不唱读，不顿读，不漏字，不重复。	★★
有感情	态度大方，声音响亮，语调自然，能用恰当的语气朗读课文。	★★★

3. 识读方位，读中习字

（1）识读方位，读中习字

①请你先看看课文插图，再读诗歌，影子出现在哪些方位上？圈画出来。

②同桌之间相互交流。

评价标准	评价内容	星级
倾听	能认真倾听同桌的发言。	★
表达	能在小组内提出自己的想法。	★★
展示	能在全班同学面前表达自己的想法。	★★★

（2）识记"前、后、左、右"

编口诀：工在下就读左，口在下就读右。

总结：像这样很清楚地告诉我们方向的词语叫方位词。

【设计意图：学生初读课文，教师在随文识字中，一步一步引导学生用不同的识字方法认识新字。一年级的学生，识字是重点，也是难点，采用图片、视频等方法，可以激发兴趣。鼓励学生多元识字，为进入课文打下基础，为课文学习扫清阅读障碍。以直观、形象思维为主，喜欢形式丰富的讲解，充分利用插图，引导学生辨别方位，符合学生思维发展特点。】

（三）概括与提炼

1. 用上识字方法巧记生字。

2. 用上方位词能清楚介绍人、事、物。

3. 继续搭乘神奇校车，探究书写奥秘。

（1）最后一个挑战乘着神奇校车来了，今天我们要写两个生字：在、后。请小朋友先仔细观察课本上这两个生字的书写笔顺，拿起手指头跟着课文书空一下。

（2）跟着电脑老师写一遍。

（3）再观察这两个生字在田字格中的位置，写好它们，你有什么提醒？

在：写好长斜撇。其他笔画略收。左竖写在斜撇正中间。

205

后：竖撇稍弯口略扁。

①教师范写，学生练写。

②师生点评，学生再写。

评价标准	评价内容	星级
书写姿势正确	头正、肩平、身直、臂开、足安，三个"一"。	★
书写正确 卷面干净	字迹干净，无明显擦拭痕迹。	★★
书写规范	字迹端正，结构匀称，大小合适。	★★★

【设计意图：学习汉字是一个反复、长期的过程，用游戏的方式增加汉字与学生见面的机会，在不断复习中达到巩固认字的目的。在写好笔画的基础上进行生字书写，指导细致入微，让学生从小养成良好的写字习惯。】

(四) 迁移与拓展

1. 我们还学过哪些方位词，你们记得吗？（出示"语文园地读一读、背一背"）

　　早晨起来，面向太阳。

　　前面是东，后面是西。

　　左边是北，右边是南。

2. 说话训练：前、后、左、右，如果用上它们来介绍我们的同学，你们会不会？

　　我的前面（拼音）是_____。

　　我的_____面是_____。

　　我的左边是_____。

　　我的_____边是_____。

【设计意图：当学习内容和学生熟悉的生活背景贴近，学生接纳知识的程度就越高，越能激发他们的学习兴趣。联系生活，将所学的知识迁移运用，不但能达到巩固知识的目的，也能进一步激发学生的求知欲和探索欲。】

第二课时　玩影子游戏，朗读趣悟

【活动目标】

1. 正确、流利、有感情地朗读课文，读出对影子的喜爱之情。

2. 认识一个新笔画"斜钩",能正确书写"我"和"好"两个字。

3. 师生合作对"影子"的现象进行探究,感受影子的特点,发现影子变化的奥秘,激发学生用心观察、探索自然奥秘的兴趣。

【活动流程】

(一) 情境与任务

1. 以旧促新,谈话导入。

同学们,上节课我们搭乘"探索号"神奇校车初步探索了影子的秘密,同时还发现了生字的奥秘。看,生字宝宝们跟着神奇校车又来啦!你们还认识它们吗?

2. 开火车读,复习本课生字。

3. 联结本单元园地六中的"字词句运用——连一连",玩摘苹果游戏,发现汉字结构奥秘。

【设计意图:通过搭乘"探索号"神奇校车的情境,进行开火车巩固识字效果,同时联结园地内容,启发学生按照汉字的有机规律自行进行综合,把识字的过程变成活跃思维的过程,增强记忆。教师的情境导入,又把学生引入到文本之中,让学生带着浓厚的兴趣去学习。】

(二) 探究与交流

1. 自读课文第一小节,边读边思考:影子像什么?为什么?

2. 游戏导学,趣悟朗读。

★学习"读出重点"

(1) 读第一小节,边读边思考:影子像什么?为什么?

(2) 游戏一:小狗帮忙,师生互动,学习朗读方法。教师请出事先准备好的"小黑狗"照片,问学生:"你们看,这是谁?"引导学生体会影子的"黑",在朗读时突出"小黑狗"的"黑"字。

(3) 小结:第一关游戏让我们感受到了朗读要读出重点。

★学习"带上表情"

(1) 游戏二:看表情猜心情,教师表演表情,学生猜心情。引导学生体悟影子像小黑狗一样可爱,指导带上微笑的表情读一读第一小节。

(2) 出示评价标准,指名朗读,学生评价。

评价标准	评价内容	星级
准确	能借助汉语拼音朗读课文，字音准确，吐字清晰，不读错字。	★
流利	按句号停顿，不唱读，不顿读，不漏字，不重复。	★★
有感情	态度大方，声音响亮，语调自然，能用恰当的语气朗读课文。	★★★

（3）聚焦"常常"：课文中"常常"能换成"总是"吗？

①同桌合作讨论。

评价标准	评价内容	星级
倾听	能认真聆听同桌的发言。	★
表达	能在小组内提出自己的想法。	★★
展示	能在全班同学面前表达自己的想法。	★★★

②全班交流，收获"影子"的奥秘：影子产生的前提之一是要有光源。

【设计意图：通过两个有趣的游戏来引导学生体会朗读方法，寓教于乐，让学生在轻松愉快的氛围中掌握朗读技巧。】

(三) 概括与提炼

1. 总结朗读小妙招：突出重点，带上表情。

2. 迁移运用，同桌练读第二小节。

3. 出示评价标准，指名朗读，学生点评，全班齐读。

评价标准	评价内容	星级
准确	能借助汉语拼音朗读课文，字音准确，吐字清晰，不读错字。	★
流利	按句号停顿，不唱读，不顿读，不漏字，不重复。	★★
有感情	态度大方，声音响亮，语调自然，能用恰当的语气朗读课文。	★★★

4. 联结之前学过的《天地人》和《四季》中出现的"他"字，引导学生探讨如何区分"它"和"他"。

【设计意图：重视朗读，以读为本，通过创设多种读的途径进行朗读训练，读中悟，悟中读，使学生参与到读中来，收到以读代讲、以读促思、以读悟情的效果。同时，通过总结学法，突出重点、带上表情，并进行迁移运用，自主练读第二小节，体悟朗读方法。】

（四）迁移与拓展

你们看，这影子忽左忽右，忽前忽后，变化无常（板贴：变化），真是太神奇了（板贴：神奇）。影子的奥秘只有这些吗？

1. 实验观察，探寻影子产生的奥秘。

邀请学生一起进行手影游戏，体悟影子会变深、变浅，会消失、出现，会变大、变小的奥秘。

2. 仿说练习：学着课文的样子，将刚刚发现的影子的秘密也编成一首小诗。

3. 展示交流。

4. 继续搭乘神奇校车，探究书写奥秘。

（1）指导书写"我"。注意新笔画斜钩，观察在田字格中的位置，做到点、横、撇的收笔在同一直线上，整个字左短右长。

（2）指导书写"在"。撇要写长，三横长短不同，两竖的位置不同。

（3）指导书写"好"。区分"女"字和"女"字旁的不同写法，做到横的位置要正确，做到左上右下，中间有穿插。

（4）出示评价标准，学生点评。

评价标准	评价内容	星级
书写姿势正确	头正、肩平、身直、臂开、足安，三个"一"。	★
书写正确 卷面干净	字迹干净，无明显擦拭痕迹。	★★
书写规范	字迹端正，结构匀称，大小合适。	★★★

5. 阅读绘本，拓展延伸。

请大家读一读《影子是我的好朋友》，相信大家会有更多的发现！

【设计意图：做手影游戏极大地调动了学生的好奇心，激发了学生探究的愿望，学生在细心观察和讨论交流中弄明白影子的奥秘。在仿说练习中，再次引导学生体会课文语言的形象生动，学以致用，做到对语言的积累、内化和吸收。推荐课外绘本，通过教师引导，激发学生课外阅读的兴趣，拓宽学生的语文学习和运用领域，从生活中去发现、去观察、去感受事物。】

统编版四年级上册　神话故事的魅力
（设计：吴花花）

一、主题简析：我是神话传讲人

统编版小学四年级上册第四单元围绕"神话，永久的魅力，人类童年时代飞腾的幻想"这一人文主题展开，共编排了四篇中外著名神话，有《盘古开天地》《精卫填海》《普罗米修斯》三篇精读课文，《女娲补天》一篇略读课文，其中《精卫填海》是一篇文言文。本单元还编排了单元习作《我和_____过一天》、语文园地和快乐读书吧。

语文要素包括阅读要素和习作要素。阅读要素为："了解故事的起因、经过、结果，学习把握文章的主要内容。""感受神话中神奇的想象和鲜明的人物形象。"本单元习作的具体要求为："展开想象，写一个故事。"其中前两项为阅读训练要素。"感受神话中神奇的想象和鲜明的人物形象"这一阅读训练要素与单元人文主题密切相关，揭示了神话最本质的特点——想象和幻想。

四年级的学生处于想象力顶峰时期，教学时根据课标中提出的第二学段"阅读与鉴赏"教学目标，要让学生学会阅读神话故事，感受神话文体特点和语言特色。要练习把握主要内容复述课文，能把故事讲述给别人听。

本单元在课程内容上属于"文学阅读与创意表达"和"整本书阅读"两个学习任务群。结合课标通过开展"我是神话传讲人"大情境活动，帮助学生通过整体感知、联想想象，感受《精卫填海》文学语言和形象的独特魅力，获得个性化的审美体验、提高审美品位、尝试创作文学作品。

二、学习目标

1. 通过预习单分享、设置语境交流、识字成果展示等语用活动，引导学生感受汉字的构字组词特点，体会汉字蕴含的智慧，提升文化自信。

2. 通过开展"诵读小会"活动，找出神话故事中的人物语言描写、动作描写和神奇的情节、场景等描写，体会神话人物的鲜明个性和精神品质，感受神话的神奇，提升学生的审美感知能力。

3. 通过思维导图梳理故事，了解叙事性文本的起因、经过和结果。再结合神话中人物的本领及个性，想象自己和故事人物共度一天的神奇经历，把起因、经过和结果写下来，锻炼学生的语言表达能力和审美创造能力。

4. 通过开展"神话传讲人"活动，培养学生大胆表达的语言能力和自由想象的思维能力，传承先人的优秀精神品质。

三、活动概览

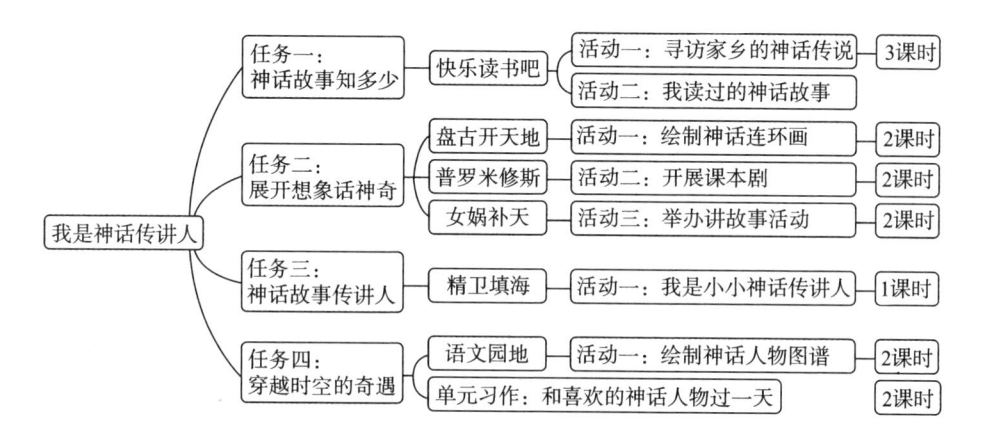

```
我是神话传讲人
├─ 任务一：神话故事知多少 ─ 快乐读书吧 ─┬─ 活动一：寻访家乡的神话传说  3课时
│                                      └─ 活动二：我读过的神话故事
├─ 任务二：展开想象话神奇 ─┬─ 盘古开天地 ─ 活动一：绘制神话连环画    2课时
│                         ├─ 普罗米修斯 ─ 活动二：开展课本剧        2课时
│                         └─ 女娲补天   ─ 活动三：举办讲故事活动    2课时
├─ 任务三：神话故事传讲人 ─ 精卫填海 ─ 活动一：我是小小神话传讲人   1课时
└─ 任务四：穿越时空的奇遇 ─┬─ 语文园地 ─ 活动一：绘制神话人物图谱  2课时
                          └─ 单元习作：和喜欢的神话人物过一天     2课时
```

四、活动实施（以任务三为例）

第一课时：我是小小神话传讲人

【活动目标】

1. 借助语境认识生字词，通过预习单分享与交流，进行识字成果展示，感受汉字的构字组词特点，体会汉字蕴含的智慧。

2. 通过开展"文言文诵读"比赛，能正确、流利地朗读课文，背诵课文，获得个性化的审美体验。

3. 通过开展"我是神话传讲人"活动，运用注释，找出神话故事中神奇的情节描写，尝试用自己的话讲述精卫填海的故事，并和同学交流精卫给自己留下的印象，培养学生大胆想象，传承先人的优秀精神品质和中华传统文化。

【活动流程】

（一）情境与任务

1. 检查预习，试读课文

2. 揭示课题，激趣导入

（1）出示课文，齐读课题

（2）交流《山海经》资料

3. 检查预习单中的"生字新词"预学情况，自读课文。

学习要求一：朗读课文，读准字音，读通句子，读好文言文的节奏。（时间约1分钟）

评价标准：读正确、读流利、有节奏。

①请生读课文并评价，出示节奏，再全班齐读。

②认识多音字"少"，检查生字词。

③书写"衔"字，示范写。

4. 出示情境任务邀请函

班级将挑选同学参加"神话传讲人"活动，故事内容是《精卫填海》。

【设计意图：读是学习文言文的法宝，学生在多层次、多形式的朗读中把握字音、节奏，理解文言文的内容，同时在大量的朗读中领会文言语感。设置情境，一方面引起学生的学习兴趣，另一方面将单元要素融入情境之中，使大单元教学贯穿整个教学过程。】

（二）实践与探究

1. 回顾方法，梳理脉络

（1）回顾：学习文言文的方法有哪些？

（2）交流预习单中的"内容感知"。

（3）分享内容。

（4）了解故事的起因、经过、结果，把握故事的主要内容。

2. 找出神奇，交流形象

（1）找出神话故事中神奇的情节、场景等描写，感受神话的神奇。

（2）出示学习要求，完成学习单，发现神奇。

学习要求二：再读课文，用"＿＿＿"画出神奇的情节，找出关键词句填入学习单中，并说理由。精卫给你留下怎样的印象？小组讨论交流。（时间约4分钟）

学习单	
神奇的情节（关键词句）	鲜明的形象

（3）学生交流分享。

预设：

（4）分享下感到神奇的地方在哪？从中体会到精卫是个怎样的人？

人变鸟之神奇，突出执着。（出示精卫鸟的板贴画）

"溺而不返，故为精卫。"从人变鸟的神奇。

（5）那这只精卫鸟长什么样呢？（出示课件介绍精卫鸟）

3. 聚焦"西山"—"东海"，从"距离"品出坚持不懈。

（1）出示"东海"与"西山"的资料，拓展想象，引发思考这两者距离有多远。

出示："常衔西山之木石，以堙于东海"。

拓展资料："西山"指的是海拔 1600 米的发鸠山，"东海"指的是发鸠山山脚下的浊漳河。

（2）引导想象：你们看，它叼着木枝和石头。

当它遇到波涛汹涌的时候……

当它遇到倾盆大雨的时候……

当它遇到狂风暴雪的时候……

（融入想象：距离远、遇到的困难、精卫的坚持）

4. 聚焦"东海"—"女娃、木石"，从"大小"对比，品出艰辛

（1）东海之大与木石、女娃之小，形成对比，展开想象东海如何大，女娃如何渺小。

（2）揭示精卫的锲而不舍与艰辛。

5. 想象画面，讲故事

根据评价标准，小组内互相说一说，评一评。

学习要求三：根据课文内容，展开想象讲故事。小组内说一说并评一评。

（时间约 4 分钟）

讲故事评价表		
序号	讲故事要求	评价星级
1	根据注释等方法，将文言文的意思说准确	★★★
2	故事的情节要讲具体	★★★
3	通过合理想象，拓展讲故事	★★★
4	讲述时，语言生动，有肢体语言	★★★

【设计意图：在理解文言文的基础上感受神话想象的神奇，以问题驱动学生主动学习，在语文实践活动中体会精卫填海的不易，感受人物形象，同时借助学习单讲故事，锻炼学生的语言表达能力。通过创设情境，展开想象，通过想象故事发生时的环境，主人公的心理活动、语言、动作描写，促使学生的情感体验与故事主人公相交融，为把故事讲得清楚、具体、生动做准备。】

（三）概括与提炼

1. 分析人物，概括形象

（1）交流精卫给自己留下的印象，思考从精卫的哪些行为中感受到精卫的形象。

（2）提炼人物品质，升华人物形象。

人变鸟之神奇，突出执着。

聚焦"西山"——"东海"，从"距离"品出坚持不懈。

聚焦"东海"——"女娃、木石"，从"大小"对比，品出艰辛。

神话故事中蕴藏着伟大的中华民族精神。《快乐读书吧》中推荐了很多有趣的神话故事，爱读书的你一定能从很久很久以前的故事中感受神话故事神奇的想象和鲜明的人物形象。相信你读得越多，收获就越大，为班级读书活动"争当神话故事传讲人"做准备，真正成为优秀的神话故事传讲人！

【设计意图：由学文走向学习一种精神，让学生产生文化认同，将培根铸魂落实于课堂。】

（四）迁移与拓展

1. （议一议）迁移阅读，思考价值

《山海经》还记载了"盘古开天地""女娲补天""愚公移山"等大家熟悉

的故事，思考为什么这么古老的故事还要继续读？

2. （用一用）运用方法，拓展阅读

运用本节课学习《精卫填海》的文言文的方法，拓展阅读文言文形式的神话故事《鲧窃息壤》，能根据文本内容找出鲧窃息壤的起因、经过、结果，并说说鲧的人物形象。找出故事中神奇的情节，发挥想象讲述故事。

【设计意图：《语文课程标准》指出："逐步培养学生探究性阅读和创造性阅读的能力，提倡多角度的、有创意的阅读。"这就要求教师采取合适的教学策略，拓宽语文学习和运用的领域。"拓展迁移"正好为学生构建了一个开放而有活力的教学平台。其内容丰富多彩，形式生动活泼，思路和答案多元化，既开阔了视野，活跃了思维，又激发了学习的积极性和主动性。】

统编版六年级上册 艺术之美

（设计：黄泽宇）

一、主题简析：班级艺术家鉴赏会

统编版小学语文六年级上册第七单元围绕"艺术之美"主题，选编了《文言文二则》《月光曲》《京剧趣谈》三篇课文，从音乐、绘画、戏曲等不同角度诠释了艺术的魅力。本单元要求借助语言文字展开想象，体会艺术之美，同时还要学会把感受、看法写出来。

本单元提出了一个指向阅读策略的阅读训练目标设定——"借助语言文字展开想象，体会艺术之美"。此处向学生介绍了一种阅读艺术类内容文本的策略，那就是对语言文字展开想象，在头脑中形成声情并茂的画面。对于想象能力的培养，小学低段就已经开始，中段和高段也继续进行有针对性的训练。随着年龄的增长、知识经验的积累和思维能力的发展，高年级小学生不仅能将看到的具体事物说出来或写出来，而且能增强想象的概括性、逻辑性，并加入不少创造性成分，想象的内容也更细致、丰富。因此，对学生想象力的培养需依据其发展规律，循序渐进地开展。

对标《义务教育语文课程标准（2022年版）》，本单元侧重"文学阅读与创意表达"学习任务群，可以作为文学阅读与创意表达学习任务群中第三学段"阅读表现人与社会的优秀文学作品，走进广阔的文学艺术世界，学习品味作品语言、欣赏艺术形象，复述印象深刻的故事情节，积累多样的情感体验，学习联想与想象，尝试富有创意地表达"这个具体学习内容的教学资源。适当兼顾"跨学科学习任务群"。学科实践倡导学生的学习必须基于实践、通过实践、为了实践。因此，根据学习任务群对学生审美体验的定位和第三学段学习联想与想象的方法定位，整合本单元的学习内容、学习资源，提炼"班级艺术家鉴赏会"学习主题，引导学生围绕主题，在具体的语文实践活动中，通过整体感知、联想想象、参与文化活动等感受想象的独特魅力，获得个性化的审美体验，进而感受艺术之美，提高审美品位。

二、学习目标

1. 通过课前阅读，在开展莆阳艺术探寻前，能够运用多种方法、多种途

径，初步体会不同年代、不同形式艺术的丰富美感。

2. 通过小组设计的研学活动方案，开展参观体验式的研学，在莆阳名片设计活动中能运用跨媒介形式分享研学成果，走进真实的家乡艺术，在实践中丰富体验。

3. 通过《伯牙鼓琴》与《月光曲》的语篇学习，能够利用课文中的语言文字展开合理的想象，并通过讲述故事、观摩视听材料、溯源历史文化等多种形式，深度聚焦音乐艺术之美，感受音乐传递出的心灵之音。

4. 通过《书戴嵩画牛》与《聊聊书法》的学习，在"书画讲解员"活动中能针对自己感兴趣和喜爱的书画、诗文等艺术作品，运用恰当的方式，展开想象与联想，并将脑海中想象的画面、场景等通过口述、写作等多样化的形式展现出来。

5. 通过拿手好戏展示，发现生活中的艺术。会运用列提纲的方法完成"我的拿手好戏"，把重点部分写具体，能用积累的词句表现不同艺术的特点，尝试在表达艺术之美的过程中体会艺术创作的美好。

三、活动概览

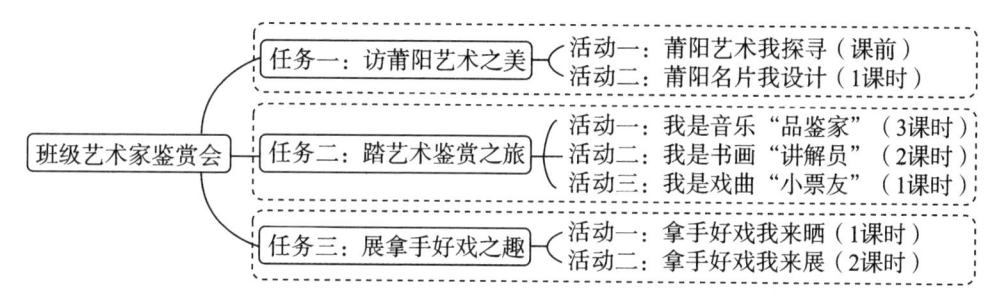

班级艺术家鉴赏会
- 任务一：访莆阳艺术之美
  - 活动一：莆阳艺术我探寻（课前）
  - 活动二：莆阳名片我设计（1课时）
- 任务二：踏艺术鉴赏之旅
  - 活动一：我是音乐"品鉴家"（3课时）
  - 活动二：我是书画"讲解员"（2课时）
  - 活动三：我是戏曲"小票友"（1课时）
- 任务三：展拿手好戏之趣
  - 活动一：拿手好戏我来晒（1课时）
  - 活动二：拿手好戏我来展（2课时）

四、活动实施（以任务一为例）

课前活动　莆阳艺术我探寻

【活动目标】

1. 通过研学，走出校园，亲近家乡艺术、热爱家乡艺术，感受家乡艺术的独特文化魅力。

2. 通过在游中学，学中研，研中思，思中行，研学并举，知行合一，在此过程中拓宽视野、丰富知识、增强沟通能力、调查研究能力、合作能力和实践能力。

【活动流程】

（一）情境与任务

1. 艺术初探

提前一周阅读《莆仙戏（叶妮玲）》《文人画家顾恺之》《北风南帆》《皮影戏》，也可以在此基础上自选其他与艺术有关的文本。

2. 出发

提前一周通过自由探访名人故居、走访民间艺人、云游博物馆等方式进行艺术采风的研学活动。

【设计意图：本活动安排在课外进行，目的是勾连艺术与生活，开启学生艺术之门的钥匙。推荐学生读艺术相关课外读物，了解中华民族优秀传统艺术。鼓励学生深入家乡，寻访记录家乡特有艺术成就。通过艺术采风，让抽象的艺术形式变得具体可感，为任务二的学习提供必要的情感体验和基本认知。】

（二）探究与交流

1. 提前分组，结伴参加研学，共同体验莆田艺术特色。

2. 在研学现场，把寻访到的家乡艺术用文字、图片、小视频等形式记录下来，与同学共享资源。

【设计意图：让艺术融入生活，融入思维，融入灵魂，活在当下。帮助学生增长见识，拓宽眼界，具有深远的教育意义，也能更好地认识和传承本土文化。实现育人的目的和价值，促进学生对家乡文化的认可和传承。】

（三）概括与提炼

（1）利用周末时间，通过小组分工合作，以幻灯片的形式制作研学报告，在下周课堂上通过小组展示的方式分享收获。

【设计意图：要求学生在研学中通过实地、实物勘查，结合图书资料与网络信息资源，对家乡艺术进行深入研究。过程中有影像记录、PPT制作等，要求小组成员分工合作，通过活动切实增强合作与协调能力、文字和口头表达能力、探究能力等。】

（四）迁移与拓展

（1）线上开展"家乡艺术热搜榜"活动，提前票选出受到广泛关注和喜爱的家乡艺术形式，为之后的"莆阳名片设计"活动预热。

【设计意图：通过这一活动，能够深入挖掘和展示家乡独特的艺术魅力，进一步激发学生对家乡文化的热爱和认同感。同时，也为"莆阳名片设计"活动奠定坚实的基础，推动其取得更加圆满的成功。】

评价量规			
学生活动	典范	良好	合格
1. 通过阅读《莆仙戏（叶妮玲）》《文人画家顾恺之》《北风南帆》《皮影戏》等与艺术有关的文本，能初步了解中华优秀传统艺术的形式、代表流派、艺术家等内容。	★★★	★★	★
2. 通过参与寻访莆阳艺术活动，能借助文字、图片、小视频等形式进行记录。	★★★	★★	★

第一课时　莆阳名片我设计

【活动目标】

1. 通过体验式的研学，在莆阳名片设计活动中能运用跨媒介形式分享研学成果，走进真实的家乡艺术，在实践中丰富体验。

2. 通过莆阳名片的展示介绍，能在巡展活动中创造性地使用"日积月累"中的成语，更好地介绍家乡。

【活动流程】

（一）情境与任务

一场经典的莆仙戏、一个艺术性的莆田木雕、一首地道的十音八乐……都带着浓郁的莆阳艺术特色，它们或在民间艺人的手中，或在名人雅士的笔下，或保存在某座故居之中，或珍藏于某座博物馆。在课前的寻访活动中，你用自己喜欢的方式了解莆田的艺术，用心去记录莆田异彩纷呈的艺术成就。接下来，带着你的成果和小伙伴们一起设计一份莆阳艺术名片吧！

【设计意图：经过前期的认真阅读和实地采风，学生们对"艺术"这一概念有了更为深刻且贴近实际的体会。通过制作家乡艺术名片的方式，系统整理在采风过程中收集到的各类图文和视频资料，从而进一步深化对艺术的感

知和理解。】

(二) 探究与交流

交流研学中的感受与收获。

【设计意图：在研学后，深入交流在此过程中的感悟与所得，系统整理相关资料，对艺术之美有了初步的认识和体验，为下一步制作"莆阳艺术名片"奠定了坚实的基础。】

(三) 概括与提炼

1. 选出自己最感兴趣的一类艺术，尝试为它设计艺术名片。
2. 小组合作，一起制作莆阳艺术名片。

【设计意图：在"莆阳名片我设计"活动中，灵活运用了"有条理地表达"和"对感兴趣的话题深入交谈"的口语交际技巧，充分展示了家乡丰富多彩的艺术成果。】

(四) 迁移与拓展

在班级中展示、介绍，评选出最受欢迎的莆阳艺术名片，参加年级"莆阳艺术名片"巡展活动。（介绍前，教师出示语文园地中"日积月累"的成语）

【设计意图：尝试运用《语文园地》"日积月累"中的成语，使表达更有艺术色彩，勾连课内外让学生进一步感知艺术的丰富多彩，感受艺术给人们带来的美的享受，培养学生对于家乡文化的认同感。】

评价量规			
学生活动	典范	良好	合格
1. 能根据选择的艺术门类，组建学习小组，借助采风搜集的资料，为家乡艺术设计名片——标语响亮、图文并茂、突出家乡艺术的特点。	★★★	★★	★
2. 能用上"日积月累"中的成语介绍家乡艺术。	★★★	★★	★

统编版二年级上册　美丽中国
（设计：黄佳惠）

一、主题简析：美丽中国

本单元是二年级语文上册第四单元，教材编排了《古诗两首》《黄山奇石》《日月潭》和《葡萄沟》四篇课文。课文用优美生动的语言、形象生动的笔法分别描绘了九曲黄河、庐山瀑布、黄山奇石、台湾日月潭、新疆葡萄沟等壮美的山川风光，展现了中国的辽阔和美丽，激发学生热爱祖国的感情。

本单元的教学重点是"联系上下文和生活经验，了解词句的意思"。如，《黄山奇石》中指导学生"联系生活猜出'陡峭'的意思"，《葡萄沟》一课中指导学生"联系上下文了解'五光十色'的意思"，《语文园地》"字词句运用"第二题。教学中鼓励学生遇到不懂的词语，先联系上下文和生活经验推测意思，再查字典验证，启发学生了解词语在具体语境中的意思，并将词语与真实的生活情境建立联系，避免死记硬背词语意思，逐步形成边读边思考的良好习惯，提高独立阅读能力。

"学习课文的语言表达，积累语言"是本单元的另一个重点。四篇课文都是写景文章，语言优美，形象生动。教材在《黄山奇石》《葡萄沟》等课文中安排了比喻句、罗列铺陈等仿写的练习，在《古诗二首》《日月潭》等课文中安排了词语的拓展积累，在多篇课文后安排了背诵课文或片段的练习。

《义务教育语文课程标准（2022年版）》把"大单元整体教学"作为教学实施、落地的方式，强调单元整体教学设计的理念。教师应统筹安排教学目标、内容结构、学习方式、资源体系、作业系统及评价方式，使学生建立知识之间的关联，在学习、迁移、应用中提升核心素养。

本单元以"我的旅行手账"为大单元学习情境，将识字写字、课文朗读与背诵、字词句运用、学写留言条等内容统整在"我的游览路线""我们出发了""请到我的家乡来"这三个学习任务的十个活动中，学生在读读、想想、画画、说说中感受祖国山河的壮美、家乡的可爱，体会语言的形象、生动与丰富。同时，在整体把握单元学习内容框架的基础上，牢牢抓住单元语文要素，在听说读写的语文实践中，交流、分享、思辨、讨论，语文要素，培养学生的语文核心素养。

二年级学生在识字方面，通过一年级的学习，已经掌握了基本的识字方法，具备一定识字能力；词句理解能力方面，通过一年级的学习，学生已初步掌握通过联系上下文、结合插图、联系生活经验等理解词句的方法；词句品读能力方面，学生通过一年级儿歌、童话故事的学习建立了对比喻、拟人修辞表达的初步印象，能说简单的比喻句。本单元课文，是学生首次接触以"美丽中国"为主题的文章。在本单元学习中，学生继续学习联系上下文和生活经验，了解词句的意思，提升阅读能力；通过写景文进一步体会比喻句、拟人句等形象的表达效果，尝试仿说仿写，从而落实"学习课文的语言表达，积累优美词句"的单元语文要素。低段学生对家乡美景和生活中的风景熟悉但缺少有效观察，词句积累较少，表达喜爱只是只言片语，尚不能将对家乡风景的热爱之情有效传递和充分表达。

二、学习目标

1. 通过趣味情境，在互动合作推进中进行多元扩词；积累具有规律性构词的表示颜色的词语以及具有特点的描写景色的词语，体会汉语的魅力。

2. 通过积累风景名言，体会祖国山河的壮美，感受中国文化底蕴，建立文化自信。

3. 通过朗读，联系已学，在语境中理解词语；发挥自己的想象力，认识比喻句，学习使用比喻句，提升语言运用能力。

4. 通过语言实践活动，了解留言条的用处，学写留言条。

三、活动概览

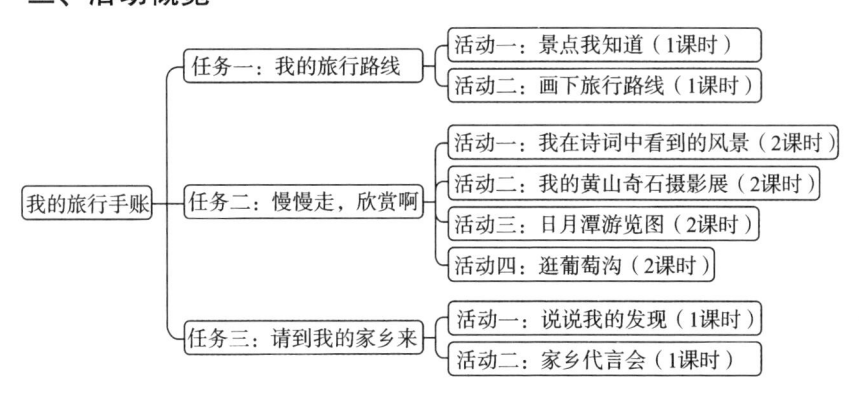

我的旅行手账
- 任务一：我的旅行路线
  - 活动一：景点我知道（1课时）
  - 活动二：画下旅行路线（1课时）
- 任务二：慢慢走，欣赏啊
  - 活动一：我在诗词中看到的风景（2课时）
  - 活动二：我的黄山奇石摄影展（2课时）
  - 活动三：日月潭游览图（2课时）
  - 活动四：逛葡萄沟（2课时）
- 任务三：请到我的家乡来
  - 活动一：说说我的发现（1课时）
  - 活动二：家乡代言会（1课时）

四、活动实施（以任务三为例）

第一课时　说说我的发现

【活动目标】

1. 借助火车票上的信息认识 8 个生字，增强在生活中主动识字的意识。
2. 能展开想象，用"像"说生活中的事物。
3. 能联系上下文理解词句的意思。
4. 了解留言条的基本内容和格式，并能根据实际情况学会写留言条。

【活动流程】

（一）情境与任务

1. 谈话导入：同学们，通过第四单元的四篇课文，我们一起领略了祖国的大好河山。今天，我们要一起带上这张火车票，乘坐知识的列车去发现更多介绍风景的小妙招。

2. 出示课本中火车票的图片。引导观察：请同学们观察，你们认识车票上的哪些字？

3. 展示识字方法。

4. 交流分享：课件出示从昆明到惠州的火车票，同桌交流，说一说从这张火车票上学会了哪些新字？

5. 小结：生活处处皆学问，只要处处留心，善于思考，你就可以在生活中认识很多生字。

【设计意图：火车票是现实生活中的事物，学生或多或少都有接触，再通过生活识字的方法，激发起学生在生活中识字的兴趣。】

（二）探究与交流

1. 奇思妙想绘事物

（1）诗人李白把庐山瀑布比作银河，让人形象地感受到了瀑布的雄伟壮观。每一个事物都能找到它另外的模样。同样是"鞋子"，弟弟的鞋像鸟窝，爸爸的鞋像小船。

（2）读《语文园地四》"字词句运用"里的词语，说一说它们像什么，比比谁想得妙，说得多。

2. 根据语境解词义

（1）想象是一种本领，有时候还能帮助我们理解词语的意思呢！读读《语文园地四》"字词句运用"句子，想象八路军"隐蔽"、小明"烦恼"、人们"流连忘返"时的样子。

（2）结合语境，联系上下文理解词意。

【设计意图：引导学生在具体的任务情境和活动中，通过朗读、想象、背诵等多种语文实践活动，理解词语意思，发现词语构词规律。】

（三）**概括与提炼**

1. 总结学到的认字识词造句的方法，体会这些方法的好处。

2. 说说自己在介绍家乡的过程中可以用上哪些比喻。

【设计意图：引导学生感受语言的形象优美，体会语言的生动与丰富，在语境中积累、运用词语。】

（四）**迁移与拓展**

> 濠濠：
> 　　听说你的家乡很美，我和朋友们都很想去莆田旅游呢！你能为我们简单介绍一下吗?
> 　　　　　　　　　　　　　　　　　　小可

1. 读读留言条。阅读远方朋友的留言条，借助小气泡说说"留言条"的要点，观察并总结留言条的书写格式。

2. 试写留言条。请你根据小可的留言条，也给小可留言，注意格式正确。

3. 我说你来评。全班交流，评价重点：留言条的格式是否正确，事情是否说清。

【设计意图：创造性改变教材中的留言条，将传统的留言条与现代生活相结合，促进语言运用的交际功能，激发学生在真实情境中交往的兴趣和能力。】

第二课时　家乡代言会

【活动目标】

1. 发现描写颜色的词语的构词规律，并积累相关的词语。
2. 背诵风景名句，初步感受祖国山河的壮美。
3. 阅读《画家乡》，感受家乡的美，尝试为自己的家乡代言。

【活动流程】

（一）情境与任务

我们从课文中学到了很多介绍美景的方法，现在我们就学着课本里的作者，认真介绍自己的家乡，邀请远方的客人来我们的家乡做客吧！

【设计意图：以任务导入，创设情境，激发学生的表达愿望，加强积累与运用的联系，培养学生的语用意识。】

（二）探究与交流

1. 词语的色彩秘密

自由认读《语文园地四：我的发现》，发现词语用事物来区分色彩的秘密，用合适的词说说生活中的事物。

2. 俗语里的名胜风景

"读万卷书，行万里路。"边旅行边吟诗，有远方有诗歌。诵读《语文园地四：日积月累》，注意读准字音，读通句子，读出节奏与韵味，想象诗句中的画面，做到熟读成诵。

3. 介绍我的家乡

（1）读读学生画的自己的美丽家乡。相应呈现海边、山里、平原、草原、城市的图片，让学生了解不同地区都有自己独特的美丽，都有与众不同的风景。

（2）想一想：他们的家乡在哪里？他们的家乡有什么景物？他们在家乡做什么？

（3）思考问题：请同学们自读文章，在文章中画出答案来。

（4）说一说找到的相关信息。教师相机展示相关图片。

【设计意图：在具体的任务情境和活动中，联系上下文理解词语意思，品

读欣赏文本中的优美词句,体会语言表达的生动与丰富,在语境中达成积累、运用词语等语文任务。】

(三) 概括与提炼

(1) 故事中的孩子们爱自己的家乡,把家乡介绍给大家。相信同学们也非常热爱自己的家乡,请你也来画一画、说一说自己的家乡。

(2) 抓住特点,画画自己的家乡。

(3) 小组合作,说说家乡美景。

学习借鉴课文用词和写法,从家乡位置、家乡特产、风景名胜、风俗文化、特色小吃等方面任选其一,介绍自己的家乡,并用上合适的词语。

(4) 同桌互相评一评:是否把家乡的美和特点表现出来。

评价标准	
1. 能说一段较完整的话	★
2. 能抓住家乡的特点	★★
3. 能使用本单元积累的词句或比喻	★★★

【设计意图:通过让学生学着《画家乡》中的方式画一画自己的家乡,激发学生对自己家乡的热爱之情。】

(四) 迁移与拓展

(1) 把自己说的内容写下来,为自己的家乡代言。

(2) 把自己对家乡的介绍上传到美篇上,配上自己画的图,可配乐。

【设计意图:通过家乡代言会这一语文实践活动,让学生在情境中学语文、用语文,将语文学习落到实处。】

统编版五年级上册　舐犊之情
（设计：翁雯）

一、主题简析：流淌在血液里的温暖与爱

本单元围绕人文主题"舐犊之情，流淌在血液里的爱和温暖"组织选文，编排了两篇精读课文《慈母情深》《父爱之舟》，一篇略读课文《"精彩极了"和"糟糕透了"》。语文要素是"体会作者描写的场景、细节中蕴含的感情""用恰当的语言表达自己的看法和感受"，人文主题与语文要素有机结合，在达成语文要素的过程中落实人文主题。《慈母情深》选自梁晓声的《母亲》，在那样贫穷艰苦的条件下，母亲依然舍得给"我"钱买书，文章饱含深沉的母爱，也体现了作者对母亲的敬佩之情。《父爱之舟》记录了著名画家吴冠中对父亲的回忆，歌颂了庄重而深刻、朴实而真挚的父爱。《"精彩极了"和"糟糕透了"》的作者是美国作家巴德·舒尔伯格，父爱与母爱表达方式虽然不同，但是爱意却是一样，都对巴德的成长产生了深远的影响。这三篇课文，无论哪一篇都可以让学生联系自身体会父母之爱，也都可以作为话题契机。"口语交际"谈的是"父母之爱"，习作要求用书信的方式写下自己想对父母说的话。

本单元阅读训练要素和"交流平台"需要落实：品味印象深刻的场景和细节，更好体会作者的思想感情。体会作品思想感情的方法有很多种，统编版小学语文教材根据学生的具体学情和能力，将相关的方法进行了横向的纵向的、持续的、有层次的设计安排。

册序	单元	阅读训练要素
二上	第七单元	展开想象，获得初步的情感体验
四下	第一单元	抓住关键语句，初步体会课文表达的思想感情
四下	第三单元	初步了解现代诗的特点，体会诗歌的感情
四下	第四单元	体会作家是如何表达对动物的喜爱之情的
五上	第一单元	初步了解课文借助具体事物抒发感情的方法

续表

册序	单元	阅读训练要素
五上	第四单元	结合查找的资料，体会课文表达的思想感情
五上	第六单元	体会作者描写的场景、细节中蕴含的感情
五下	第一单元	体会课文表达的思想感情
六上	第三单元	体会文章是怎样表达感情的

从以上表格中，我们可以看出统编教材将"体会作品思想感情"这一阅读训练要素集中安排在小学中高段。低中年级，主要是借助想象，运用图像化的阅读策略。四年级下册第一单元给出了明确的方法：抓住关键语句，这一方法是承接三年级的阅读训练要素，因为三年级上册第六单元的阅读训练要素是"借助关键语句理解一段话的意思"，三年级下册第四单元的阅读训练要素是"借助关键语句概括一段话的大意"，所以这一方法的提出对学生而言并不陌生。三、四单元虽然都提出体会感情，但是没有提出具体方法，这样的安排能让学生既巩固第一单元体会感情的方法，又积累对体会文本感情的浪漫感知，五年级上册三个单元都给出了具体的方法，这就让学生对体会文本的思想感情有了一个系统的训练。本单元提到的方法其实是与四年级下册第一单元一脉相承的，因为对"场景、细节"的捕捉就是必须要找到与之相关的语句，这些语句也就是读者体会文本思想感情的重要语句。五年级下册是综合运用以上方法来体会作者想要表达的思想感情，六年级下册提出了更高的要求，不仅要能体会思想感情，还要知道文章是如何将这感情表达出来的。这样的设计符合各阶段学生的认知特点，且具有层次性。

对标《义务教育语文课程标准（2022年版）》"课程内容"中的"主题与载体形式"发现，本单元属于"中华优秀传统文化"中的孝老爱亲，所属"文学阅读与创意表达"学习任务群，其中第三学段提到"阅读表现人与社会的优秀文学作品，走进广阔的文学艺术世界，学习品味作品语言、欣赏艺术形象，复述印象深刻的故事情节，积累多样的情感体验"和"学习运用细节描写等表现手法，描述自己成长中的故事"。"教学提示"中提出，第三学段可以围绕"爱与责任"等主题展开，"在主题情境中，开展文学阅读和创意表达活动，引导学生感受文学之美，表达自己的独特感受，促进学生的精神成长"。同时提出，三、四学段"评价学生文学作品的欣赏水平，关注研讨、交流及创意表达能力"。因此，我们创设单元整组"流淌在血液里的温暖与爱"学习主题，整合口语交际与《"精彩极了"和"糟糕透了"》，引导学生开展"父母之爱交流会"，谈谈自己理解的父母之爱；再通过"说一说慈母情""画一画父爱之舟"等学习活动感知文学作品中不同的父母之爱；最后举办"见字如面"活动，学生借助书信、朗诵形式学会表达自己对父母之爱。

二、学习目标

1. 通过丰富的语言实践活动，体会作者描写的场景、细节中蕴含的感情。

2. 通过已有的认知经验，用恰当的语言表达自己的看法和感受，提升语言运用能力。

3. 通过阅读同一主题的文本，感知场景描写的特点。

三、活动概览

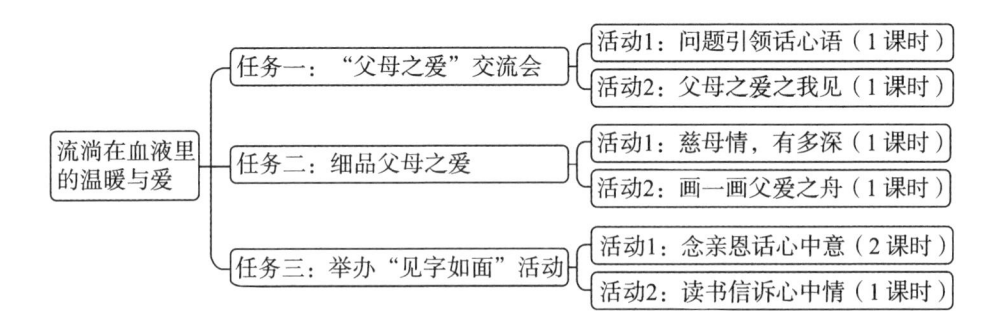

```
                    ┌─ 任务一："父母之爱"交流会 ─┬─ 活动1：问题引领话心语（1课时）
                    │                            └─ 活动2：父母之爱之我见（1课时）
流淌在血液里 ───────┼─ 任务二：细品父母之爱 ─────┬─ 活动1：慈母情，有多深（1课时）
的温暖与爱          │                            └─ 活动2：画一画父爱之舟（1课时）
                    └─ 任务三：举办"见字如面"活动 ┬─ 活动1：念亲恩话心中意（2课时）
                                                 └─ 活动2：读书信诉心中情（1课时）
```

四、活动实施（以任务二为例）

第一课时　慈母情，有多深

【活动目标】

1. 有感情地朗读课文，结合具体语言文字，想象课文描写的场景、细节，感受"慈母情深"。

2. 体会文中反复出现的词语的表达效果。

3. 能联系生活实际，写出自己"鼻子一酸"的经历。

【活动流程】

（一）情境与任务

1. 请学生先说说母亲在自己心中的形象。

2. 导入背景：这节课带着大家一起跨越时空的洪流，回到20世纪60年代，去看看作家梁晓声的母亲是什么样子的。

3. 师配乐朗读梁晓声的话和对那个年代的介绍。

4. 初读课文，整体感知。

（1）自由朗读课文，边读边思考，本文主要写了一件什么事？

（2）文中的母亲给你留下怎样的印象？

【设计意图：通过对作者和时代背景的导入介绍，拉近学生与文本的距离，为体会作者的情感作铺垫；引导学生通过朗读进入到文本情境中，初步感受作者描绘的母亲形象。】

（二）探究与交流

1. 个人自学：自由读课文中四个场景的内容，根据表格提示，关注每个场景中描写母亲细节的句子，找出描写细节的关键词，你从中体会到什么感情？自主完成表格（5—8分钟）。

场景	细节（关键词）	感情
找到母亲		
向母亲要钱		
母亲塞钱给"我"		
母亲继续工作		

2. 小组合作讨论（5分钟），要求：

（1）每个组员选择自己最有把握的一个场景中的细节描写并在小组交流。

交流时用这样的句式：我汇报的场景是_____，我找到的细节是_____，我体会到的感情是_____。

（2）听的同学：注意倾听同伴的汇报，补充发言，完善自己的阅读成果，对照评价标准互相评价。

（3）组长做好分工，为小组展示汇报做准备。

评价标准：

1. 能关注相关场景	★
2. 能抓住相关细节	★★
3. 能说出母子间的感情（比较完整）	★★★
4. 能说出母子间的感情（完整）	★★★★

3. 全班展示。（每个小组汇报一个场景）

要求：

（1）汇报小组：全组站起来，小组代表汇报一个场景，组内其他组员做补充；汇报句式与小组讨论的句式相同；

（2）其他组的同学：认真倾听，积极补充，对照评价标准评价；

（3）评价标准：与小组讨论标准相同。

4. 朗读展示。

【设计意图：通过议一议、评一评、读一读，梳理文中描写的场景、细节，通过联系生活和上下文、读文字想象场景、借助关键词语等方法，体会作者的所见所感以及细节中流露出的真情实感。】

（三）概括与提炼

1. 感知"我"的鼻子一酸：联系上下文，体会"我"拿到钱时为什么会鼻子一酸。

2. 再次出示女工的那段话，追问：文中的母亲与一般母亲爱孩子的方式有何不同？

【设计意图：引导学生结合自己的知识储备和生活体会作者的"鼻子一酸"，同时引导学生关注角色表达，从而体会人物情感。】

（四）迁移与拓展

1. 搜集、整理与赞扬母爱有关的名言名句，在组内向同学分享；遇到自己喜欢的句子，要及时摘录下来。

2. 写一段"鼻子一酸"的经历，要表达出自己的真情实感。试着运用课文中学到的通过场景、细节表达情感的方法。

3. 拍照上传平台，读读，评评，改改。

【设计意图：开展小组合作学习，培养学生合作能力，并在相互分享佳句的过程中帮助学生搜集喜欢的句子，为段落、习作撰写奠定扎实的基础。小练笔由人及己，课堂延伸，打通生活与文本的联系，引发学生的情感共鸣，让学生进行方法迁移，达到学以致用的目的。】

第二课时　画一画父爱之舟

【活动目标】

1. 回顾"我"的梦中出现的难忘的场景，品味印象深刻的细节描写，体会作者复杂的内心世界以及父亲深切的爱。

2. 结合课文相关内容及作者生平资料，说明课文以"父爱之舟"为题的原因。

3. 结合自己的理解，为这艘载着父爱的小船配上文字。

【活动流程】

（一）情境与任务

1. 出示征稿启事，动画播放吴冠中的江南水墨画。

交流发现，小结：不仅他的画里有舟，他的文章里也有舟，请跟随作者的文字，再次踏入他的"父爱之舟"。

2. 出示核心问题，借助课前预习单，找出"我"梦中出现的难忘的场景，并拟上小标题。

（1）出示子问题1：你记得哪些场景和舟有关呢？

（2）出示子问题2：这几个场景中，哪个给你留下的印象最深？

3. 小组相互分享，印象最深的场景及理由。

【设计意图：以"云游吴冠中艺术馆，写写征言"为学习情境，以"创编征言——为'父爱之舟'配上文字"为学习任务，借助预习单厘清文章描写了几个场景，并概括成小标题，训练了学生的信息筛选能力和概括能力，为下一步深入理解课文内容和写作方法作准备。】

（二）探究与交流

第一，关联内容，体会"新滋味"

1. 出示子问题3：如何从印象深刻的场景、细节中来体会作者表达的情

感？出示学习提示和批注小贴士，学生自主阅读、批注。（板书：读场景 品细节）

2. 学生交流，教师及时点评，随机板书：期望、理解。

（1）学生交流，相机点评。

（2）引出句子，指名读。

这是我第一次真正心酸的哭，与在家里撒娇的哭、发脾气的哭、打架的哭都大不一样，是人生道路中品尝到的新滋味。

（3）联系上下文，理解"新滋味"。

（4）出示社会背景资料和作者家庭背景，不同形式指导朗读。

第二，入境表达，深化父爱体验

过渡：刚才，我们和吴冠中一起回忆了他童年的那些场景，和他一起用真情构思，用画笔描摹。如果我们把镜头再拉近一些，一定还会发现更多藏在画面中的爱的细节。

1. 学习活动：选择印象深刻的一个画面展开想象，描摹父爱的细节（5—8分钟）。

2. 班级展示，相互评价。学习提示：注意捕捉父亲的动作、神情的细节，把"爱"藏在其中。

评价标准	
场景真实感人	★
细节生动具体	★★
情感藏于其间	★★★

3. 出示吴冠中先生一生取得的成就。（引读、理解）

我什么时候能够用自己手中的笔，把那只载着父爱的小船画出来就好了！

【设计意图：带领学生继续品读场景、细节，并引导学生围绕印象深刻的一个画面展开想象，描绘场景和细节，让学生充分发挥自主性，鼓励学生先说出自己的阅读感受，再适时点拨，深化学生的阅读感受，将父爱这一笼统的概念具体化。】

（三）概括与提炼

课文为什么以"父爱之舟"为题？从文中找出相关内容说说你的理解。

引导学生发现文中小渔船都与围绕父亲送"我"考学、上学有关。在这样贫寒的家庭条件下，宁可省吃俭用也要送儿子上学。小舟既寄托了父亲的期许，也见证了作者求学路上的成长。

【设计意图：该学习任务是前一任务的延续和提升。引导学生对文题进行研读，揭示出文本深层的意蕴，让学生在深入地与文本、与作者对话的过程中成长为"主动的阅读者、积极的分享者和有创意的表达者"。】

（四）迁移与拓展

过渡：我们品读了和父爱之舟关联最密切的场景和细节，又关联了其他父爱的表现，知道了这艘小船上承载了太多太多情感，无法用画笔描绘出来。就让我们用手中的笔，为这艘载着父爱的小船配上文字吧。

1. 出示征稿启事和任务，学生明确任务要求，进行创作。

2. 学生展示自己的创作。

3. 总结学习，推荐阅读"父爱"之作——朱自清《背影》，体会"融于场景、藏在细节"的情感。

【设计意图：征言创编让学生进行方法迁移，丰盈了学生的感知力，让学生有序思考的思维可视化；通过对比阅读训练学生自主阅读能力，引导学生将课堂中所学阅读方法应用到自主阅读中，并体会聚焦细微之处表达爱的写作方法。】

统编版三年级上册　我眼中的缤纷世界
（设计：王震仙、林丽清）

一、主题简析：描绘我眼中的缤纷世界

本习作单元学习不同于常规单元，旨在引导学生体会观察的细致和好处，增强留心观察的意识，并在此基础上完成单元习作学习任务。本单元以"描绘我眼中的缤纷世界"为主题，编排了《搭船的鸟》《金色的草地》两篇精读课文和《我家的小狗》《我爱故乡的杨梅》两篇习作例文。四篇课文以日常生活中的动物、植物和场景为描写对象，表现五彩缤纷的世界，选文内容贴近儿童生活，表达方式契合儿童认知发展。习作单元分为六大板块，其中单元导语"生活中不缺少美，只是缺少发现美的眼睛"，以法国雕塑艺术家罗丹名言为引，学生在朗读名言、积累名言的过程中初步感悟观察的重要性：善于观察，从生活中发现美的东西，获得美的感受。

三年级学生在第五单元学习时，经过了前四次习作，已经掌握了习作的基本格式，了解如何完成一篇习作。通过第二单元的学习，也已经有了观察生活的意识，本单元的习作主题是"观察"，小学阶段对于"观察"这一能力的形成，也是梯度螺旋上升的培养过程。三年级对"观察"的要求是留心观察，培养层级意识。

本单元隶属于"文学阅读与创意表达"学习任务群。通过整体感知、联想想象、阅读与观察等学科实践方式，感受文学语言和形象的独特魅力，获得个性化的审美体验，达成热爱国家通用语言文字，初步了解和借鉴人类文明优秀成果，具有比较开阔的文化视野和一定的文化底蕴的文化自信；具有正确、规范运用语言文字的意识和能力，能在具体语言情境中有效交流沟通；感受语言文字的丰富内涵，对国家通用语言文字具有深厚感情的语言运用能力；有好奇心、求知欲，崇尚真知，勇于探索创新，养成积极思考的习惯的思维能力；具有初步的感受美、发现美和运用语言文字表现美、创造美的审美创造能力。

二、学习目标

1. 借助闯关任务卡认识生字词，通过分享与交流，进行识字成果展示，

感受汉字的构字组词特点，体会汉字蕴含的智慧。

2. 通过"描绘我眼中的缤纷世界"文本学习，运用多种观察法、联系生活实际、想象朗读等实践活动，体验文中所写情境的画面形象感，同时把文字还原为观察，以文字理解的方式体会观察的细致和好处，增强留心观察的意识。

3. 通过已有的认知经验，迁移运用五感观察法，表达真情实感，提升语言运用能力。

4. 通过丰富的语言实践活动，阅读、观察、获取、整合有价值的信息；通过联想、想象等方式，获得个性化的审美体验。

三、活动概览

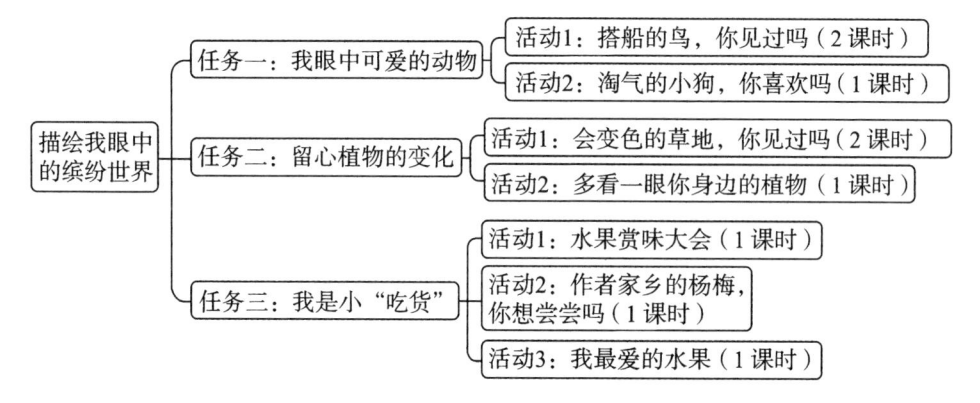

描绘我眼中的缤纷世界
- 任务一：我眼中可爱的动物
  - 活动1：搭船的鸟，你见过吗（2课时）
  - 活动2：淘气的小狗，你喜欢吗（1课时）
- 任务二：留心植物的变化
  - 活动1：会变色的草地，你见过吗（2课时）
  - 活动2：多看一眼你身边的植物（1课时）
- 任务三：我是小"吃货"
  - 活动1：水果赏味大会（1课时）
  - 活动2：作者家乡的杨梅，你想尝尝吗（1课时）
  - 活动3：我最爱的水果（1课时）

四、活动实施（以任务一为例）

搭船的鸟，你见过吗
第一课时

【活动目标】

1. 通过闯关任务卡活动学习本课生字、新词，通过分享与交流，进行识字成果展示，感受汉字的构字组词特点，体会汉字蕴含的智慧，并能有感情地朗读课文。

2. 通过品读描写翠鸟外形的语句，感受作者观察的细致，学习作者的观察方法，体会留心观察的好处，提炼观察方法。

【活动流程】

（一）情境与任务

导入：同学们，告诉大家一个好消息，校德育处准备招募"红领巾小记者团"啦！在这里你可以实现记者梦，在这里你将获得深度的实践机会，以一位新闻工作者的视角去观察学校动态，记录学校的奇闻趣事，欢迎各位有志之士踊跃报名哦！

师："红领巾小记者团"第一个挑战专场是"动物小站观察记"，已报名的同学需要领取闯关任务卡，才有机会加入我们的"红领巾记者团"。让我们来看看都有哪些任务卡？

【设计意图：创设招募"红领巾小记者团"的情境，以"动物小站观察记"为导引，吸引学生的兴趣，提高学生的积极性和主动性。】

（二）探究与交流

以领取小记者闯关任务卡的形式，检测预学情况。

1. 反馈预学单

	预学单	自我评价
熟读课文	朗读单元课文，熟读《搭船的鸟》。	★★★
识记字词	学习生字词，归类积累词语。（如积累关于"船""鸟"的词串）	★★★
内容感知	1. 关注单元导语页。	★★★
	2. 读课文，思考作者对哪些事物做了细致观察？	★★★
	3. 查找课外资料，了解翠鸟。	★★★

2. 任务卡箱中抽取任务卡

音形义　　字词含义　　内容感知

【设计意图：从三年级上册到六年级下册，统编教材围绕观察、想象、写事、写景、写物、写人、围绕中心意思写、表达真情实感等习作关键要素共编排了八个习作单元。教学习作单元的课文，既要有别于传统教材中的精读

237

课文教学，也要防止过于功利的直扑习作技法的发现。所以，检查字词、语句的朗读，整体感知课文，仍是需要认真落实的。】

（三）概括和提炼

自由朗读第2自然段，抓关键词语，结合课外查找资料，为翠鸟写一写简介，同桌交流，相互评价。

评价项目	评价标准	评价方式	推荐指数
我为翠鸟写简介	观察细致，讲述具体，能让听者感受到翠鸟的美丽。	同桌评价	★★★★★

1. 同桌互相交流
2. 生反馈

师：你更喜欢谁的介绍？为什么？

生：她的介绍给我留下深刻印象。

师：你印象深刻是因为她介绍的时候……

生：抓住了翠鸟的色彩特征。

师：说得很好！这位同学用眼观外形，抓住了关键词，让我们体会到翠鸟色彩之美（羽毛：翠绿；翅膀：蓝色；长嘴：红色），而且她的表达能力也很强，有加入小记者采访部的潜力。

【设计意图：通过"为翠鸟写简介"这一情境活动，学生认真学习作者留心观察的具体方法。在自主发现、师生讨论过程中，学生能够深刻体会到留心观察的好处，这将推动他们在今后生活中逐步养成观察的好习惯。】

（四）迁移与拓展

细致观察，尝试用所学的观察方法写一写以下情景。

雨停了，我和妈妈去买菜，在路上看到好几只小蜗牛正慢悠悠地过马路，请你为蜗牛写一写简介。

【设计意图：走出文本场景，把观察、描写翠鸟的方法迁移到蜗牛等其他小动物，再次强化观察的意识和方法，逐渐做到观察细致，提高学生观察的能力。】

第二课时

【活动目标】

1. 通过品读描写翠鸟外形与捕鱼动作的语句，运用多种观察法、联系生活实际等实践活动，体会文中所写的画面形象感，同时把文字还原为观察，以文字理解的方式体会观察的细致和好处，增强留心观察的意识。

2. 通过已有的认知经验，迁移运用扩展静态与动态描写，表达真情实感，提升语言运用能力。

3. 通过丰富的语言实践活动，感受鸟和人在自然中的和谐共处，获得个性化的审美体验。

【活动流程】

（一）情境与任务

师：同学们，上节课我们已经学会了用文字来介绍翠鸟，文字的介绍已经吸引了大家的目光，我想你们肯定也想看看图片，对不对？可是，这次的图片得由你们来提供。作为一名小记者，会摄影可是一项基本功。

【设计意图：创设"为翠鸟摄影"的情境，提高学生观察的积极性和主动性。】

（二）探究与交流

默读课文，结合文本，选择你最喜欢的部分作为拍摄镜头为翠鸟拍一张美图，并说说理由，小组内交流，相互评价。

评价项目	评价标准	评价方式	推荐指数
我为翠鸟写简介	观察细致，讲述具体，能让听者感受到翠鸟的美丽。	同桌评价	★★★★★
我为翠鸟拍美图	主题突出，构图大方，画面赏心悦目。	小组评价	★★★★★

1. 小组内交流

2. 生反馈

师：如果让你为翠鸟拍一张美图，你最想拍哪个画画？说说理由。

预设：我想拍这个镜头——我看见一只彩色的小鸟站在船头，多么美丽啊！它的羽毛是翠绿的，翅膀有一些蓝色，比鹦鹉还漂亮。它还有一张红色的长嘴。

师：为什么想拍这个镜头？

生：翠鸟的外形引人注目，羽毛鲜艳，非常美丽。

（请生评价）

师：静观外形，感受美丽，你不仅用眼看到了翠鸟这个"物"，更看到了美。还有谁来说说？

预设：我想拍这个镜头——它悄悄地停在船头不知有多久了。

师：能说说这个画面吸引你的是什么吗？

生：静态的翠鸟，给人无限想象的空间。

师：观察需要"用心"，你有一颗热爱生活的心。为你敏锐的观察力与想象力点赞！还有谁来说说？

预设：我想拍这个镜头——它飞起来了，红色的长嘴衔着条小鱼。它站在船头，一口把小鱼吞了下去。

师：说说你的理由。

生：动态的翠鸟让人感觉特别有生命力。

师：从静态到动态，你的观察非常细致。静态的事物可以反复看，而动态的画面则需要敏锐的动态捕捉力，为你观察时愿意付出耐心点赞！其实，有一个好方法可以帮你，能猜出来吗？

生：录像。

师：聪明的孩子。刚刚听了大家的分享，也看了大家的评价表，看来，不少同学加入摄影部是没问题的。可要想成为一名合格的小记者，不仅要有一支"新闻笔"会写，一双"新闻眼"会看，还要有一双"新闻耳"会听。瞧！你们的新任务来啦！

【设计意图：关于观察，方法其实并不是第一位的。也就是说，习作单元的"观察"，首先要解决的应该是积极的情感活动，那便是要唤醒学生观察的意识，激发学生观察的兴趣，影响学生观察的性灵，使他们时刻能用心热爱生活、留意生活、体察生活。】

（三）概括和提炼

浏览课文，找出文中描写翠鸟的精彩段落，小组合作，完成《搭船的鸟》

录制脚本。

"小小记者团"招募会集星表			
评价项目	评价标准	评价方式	推荐指数
活动一：我为翠鸟写简介	观察细致，讲述具体，能让听者感受到翠鸟的美丽。	同桌评价	★★★★★
活动二：我为翠鸟拍美图	主题突出，构图大方，画面赏心悦目。	小组评价	★★★★★
活动三：我为翠鸟录视频	封面美观，运镜自然，有氛围感。	小组评价	★★★★★

《搭船的鸟》视频录制脚本			
序号	画面内容	镜头形式（全景、特写、慢镜头等）	推荐指数
镜头1			★★★★★
镜头2			★★★★★
镜头3			★★★★★
……			★★★★★

1. 小组内交流
2. 小组派代表分享

师：你的角度很独特，你为什么想把雨点打在船篷上作为镜头1呢？

生：雨天船上的场景可以渲染氛围。

师：观察不仅可以用眼看，还可以用耳听，如这沙拉沙拉的雨点声。

师：老师发现不少同学选了翠鸟捕鱼的镜头，你们觉得画面用什么镜头拍比较恰当？

生：慢镜头。

师：我们可以细察翠鸟捕鱼的动作，"冲""飞""衔""站""吞"，作者正是因为观察细致才能将一瞬间发生的情景用一连串连续的动词写清楚。

师：为何课题叫"搭船的鸟"而不叫翠鸟呢？

师：因为小作者的观察细致，翠鸟给小作者的旅途增添了不少快乐与惊喜，搭船的鸟其实就是想告诉我们，做个生活的有心人，才能发现生活中的美。

【设计意图：通过情境的需求，学生学会了全方位的观察方法，也懂得了动物的静态美和动态美。】

（四）迁移与拓展

我家萌宠也可爱学习单	
我给萌宠画张像	
我给萌宠做名片	
我给萌宠拍特写	

1. 读一读：分享"我家萌宠也可爱"学习单。
2. 写一写：请你结合平时的观察，写下最佳代言词。

（生交流分享）

师：同学们，通过今天的"动物小站观察"之旅，老师发现了不少有潜力的小记者，你们会观察，会发现，会记录，会分享。罗丹说过，生活中不缺少美，只是缺少发现美的眼睛。希望你们都能做生活的有心人，去发现生活中更多的美。

【设计意图：更换观察的对象，再次强化观察的意识和方法，逐渐做到观察细致，提高学生观察的能力。】

淘气的小狗，你喜欢吗
第一课时

【活动目标】

1. 通过文本学习，运用多种观察法，体会观察的细致和好处，增强留心观察的意识。

2. 通过已有的认知经验，总结抓住小狗特点和运用多种感官细致描写事物的方法，提升语言运用能力。

【活动流程】

（一）情境与任务

1. 出示多媒体课件：不同形态的狗。

同学们，在日常生活中我们认识了很多小动物，它们很可爱，给我们带来了快乐。狗就是其中的一种。你们喜欢狗吗？狗给你留下什么样的印象呢？

2. 今天，我们就来一起走近博·希哈先生家的狗——"王子"。

【设计意图：兴趣是最好的老师，是最直接的学习动力。此环节，结合学生日常生活实际，创设有效的教学情境，能很好地激发学生的学习兴趣，充分调动学生学习的内驱力，为深入理解课文内容做好铺垫。】

（二）探究与交流

1. 自由读课文，注意要读准字音，读懂字词。圈画出生字新词和不理解的地方，然后和小组同学交流。

2. 预习汇报。

【设计意图：预习是培养学生自主学习能力的一个重要环节。通过预习，学生可对新知识有初步理解，通过自己的独立思考，提高自主分析问题和解决问题的能力。】

3. 读一读，说一说：小狗"王子"有什么特点？结合表格说一说，它什么时候最淘气可爱？

观察的时间	小狗"王子"的表现
一起外出时	跑得特别快，不过很乖，它总是在前面等着我。
教它认字时	
平时相处时	
火车经过时	

学生交流分享。其他组的同学认真倾听，积极补充，对照评价标准评价。

评价标准：

素养标准		评价等级
语言运用	能用自己的话说一说小狗"王子"的表现。	★
思维能力	能在分享交流时，清晰准确地表达自己的想法，养成爱思考的好习惯。	★★
审美创造	能够联系自己的生活，联想到作者是如何观察的。	★★★

【设计意图：引导学生动口动脑，在多媒体课件的辅助下，让学生在反复品读中体会作者用词的精当，体会作者蕴藏于文字间的对狗的喜爱之情。】

（三）概括和提炼

1. 博·希哈家的狗真是淘气又可爱。（引读："它既____又____"，学生接读）。

2. 结合板书，梳理全文。

【设计意图：引导学生结合板书梳理全文，提高学生学习效率和积极性。】

（四）迁移与拓展

小练笔。写一种自己喜欢的小动物。

注意观察要细致，抓住特点写，写出事物的变化。

【设计意图：一堂课的结尾不只是画上了一个句号，而是寻求一种延伸和开放。学以致用，课文是学生学习写作最好的范本，在结尾之处，设计课堂小练笔，既能增加学生对课文内容的理解，又使学生思维向更深处发展，学生的能力得以运用和提高。】

第五节 其他学科实践型课堂教学设计

闽教版英语四年级上册 Unit 8 The Spring Festival
（设计：陈义清）

一、主题简析：The Spring Festival

本课例是闽教版小学英语四年级上册 Unit 8 的教学内容。本单元内容围绕 the Spring Festival 这一主题展开，该主题属于"人与社会"主题范畴下"常见节假日，文化体验"子主题。本单元涉及两个语篇，均为对话。语篇一是小学生日常生活对话。Sally 向 Yang Ming 和 Lily 了解什么是 the Spring Festival，以及中国人如何度过春节。该语篇介绍了春节的部分习俗。语篇二也是小学生日常生活对话。内容继续围绕 the Spring Festival 展开，还是 Sally 向 Yang Ming 和 Lily 继续了解春节习俗。该语篇是对语篇一的补充和拓展。两个语篇从不同的角度谈论春节的风俗习惯和活动。通过研读语篇，本课例在提炼语言知识相关性的基础上，重建了课时内容之间的关联，在春节的大单元主题下分解成了四个相互关联的子主题，即"What to eat""What to do""Where to go"和"What to say"。各课时围绕单元主题和子主题展开，课时之间既相互独立又紧密联系。

四年级学生已经初步养成了良好的学习习惯，开始产生英语语感，能用简单的基本语言与他人交流熟悉的事物。他们有主动了解和分享中国优秀传统文化和家乡传统习俗的强烈愿望。能在教师的指导与帮助下，围绕春节主题，学习、理解有关春节的简单的语言材料（包括一般疑问句的学习与运用），识别、提取和梳理关于春节的表层信息，在探寻春节主题的实践过程中建构语言、文化、思维一体的知识体系，提升语言交际能力，发展核心素养，坚定文化自信。

本课例结合所在学校与新疆学校进行交流学习的契机，创设了向新疆小朋友介绍莆田人民庆祝春节这一实践任务，引导学生在体验和实践中发展综合素养。学生在问题的驱动下，通过完成三个子任务，即了解春节、介绍春节和介绍莆田春节，将零散的知识内容有意义地联系起来，循序渐进地构建起关于春节的结构化知识。这一过程可以培养学生的文化意识，发展其语言运用能力，锻炼其实践能力和思维能力，使学生的核心素养得到全面的提升。

二、学习目标

通过参与"向新疆小朋友介绍莆田人民庆祝春节的方式"这一实践活动，学生能够：

1. 通过欣赏歌曲、观看视频、互动交流等活动，理解 Sally 与同学间的对话内容，获取关于春节的多种信息，并在春节的语境中感知和理解一般疑问句的用法，发展英语语言能力。

2. 提取有关春节信息，通过讨论、归纳、分类等活动，激活已有的与春节主题相关的知识与经验，建立起关于春节的结构化知识，如春节的典型食品（what to eat）、春节的庆祝方式（what to do）、春节常去的地方（where to go）、春节会说的话（what to say），有效提升思维品质与发展语言能力。

3. 通过与小组同伴合作以及组间修改交流，从四个方面介绍莆田的春节，在介绍过程中内化和运用语言，整合新旧知识，发展语言能力，提高学习能力，增强文化自信。

4. 通过独立完成或者与同伴合作制作介绍莆田春节的海报，与同伴合作拍摄视频，发展动手实践能力，增强互助合作能力与沟通能力。

三、活动概览

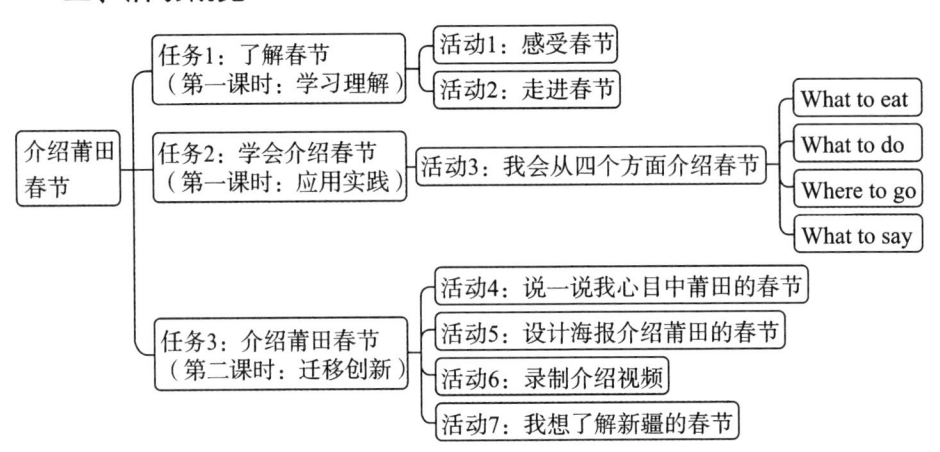

介绍莆田春节
- 任务1：了解春节（第一课时：学习理解）
  - 活动1：感受春节
  - 活动2：走进春节
- 任务2：学会介绍春节（第一课时：应用实践）
  - 活动3：我会从四个方面介绍春节
    - What to eat
    - What to do
    - Where to go
    - What to say
- 任务3：介绍莆田春节（第二课时：迁移创新）
  - 活动4：说一说我心目中莆田的春节
  - 活动5：设计海报介绍莆田的春节
  - 活动6：录制介绍视频
  - 活动7：我想了解新疆的春节

四、活动实施

第一课时

(一) 情境与任务

我们学校每年都会与新疆不同的学校开展交流活动。春节将至，请同学们向新疆学校的朋友介绍一下我们莆田人民庆祝春节的情况，并积极思考：怎样才能更好地介绍家乡人民是如何庆祝春节的？

(二) 探究与交流

任务1：了解春节

活动1：感受春节

1. 欣赏歌曲 Happy New Year

播放歌曲，带领学生随着音乐节奏一起唱歌，利用歌曲渲染气氛，创设话题语境。通过提问"What is Chinese New Year?"导入课题"The Spring Festival"。

2. 大家一起来布置

用学生课前准备好的实物资料布置教室，如照片、绘画、剪纸等，营造春节活动氛围。

3. 师生交流春节感受

Do you like the Spring Festival?

Are you happy in the Spring Festival?

Are you proud of the Spring Festival?

……

活动2：走进春节

1. 观看课文视频，整体感知课文情节。

教师鼓励学生通过观看视频，找到问题"Who is curious about the Spring Festival?"、"How to ask about the Spring Festival?" "How do people spend the Spring Festival?"的答案，以问题为导向激发学生的探究欲望，引导学生了解一般疑问句的使用以及获联关于春节的信息。

2. 阅读课文内容，选出春节的活动图片。

相关词组如下：

make dumplings

make rice cakes

get some presents

get some New Year's money

go to the park/ go to the fair

have a family dinner

watch the Spring Festival party on TV

go to see our friends

say Happy New Year

3. 说一说你们最喜欢的春节活动有哪些？

【设计意图：通过观看视频和挑选图片，激活学生关于春节的已有经验和知识，思考并表达希望进一步了解的信息，让学生带着任务阅读语篇，借助图片提取、梳理核心信息。】

（三）概括与提炼

任务2：学会介绍春节

活动3：我可以从四个方面介绍春节

学生在教师的引导下讨论并得出结论，这些关于春节的介绍可以分成四个版块：what to eat；what to do；where to go；what to say。同时把春节活动图片贴在相应的版块上。

What to eat：dumplings

rice cakes

What to do：make dumplings/ rice cakes

get some presents

get some New Year's money

have a family dinner

watch the Spring Festival party on TV

Where to go：go to the park

go to the fair

go to see our friends

What to say：Happy New Year

【设计意图：这一部分是指导学生对语篇中的信息进行提取、梳理和整合。可以把文本中线性排列的信息变成立体、有层次的信息结构，从而建构结构化知识。结构化知识的建构有利于提高学生在其他情境中迁移和运用知识的能力，有利于促进学生高阶思维的发展。】

第二课时

（四）迁移和拓展

任务 4：介绍莆田的春节

活动 4：说一说我心目中莆田的春节

我们可以从四个版块来介绍春节。莆田人民庆祝春节时在这四个版块上有什么自己的特色呢？我们可以分组来讨论一下。

1. 每个小组选择一个版块进行讨论，并分别用以下句型来表达。

We eat…．

We make/get/ watch/…．

We go to the…．

We say…．（本地方言也可以）

2. 写下讨论结果，并在旁边绘制精美的图画作为装饰。

【设计意图：这一环节，教师引导学生构建主题语用框架，使学生通过讨论、梳理和归纳，经过举一反三，让脑海中的知识网络更加完善，以实现有序的语言表达。】

活动 5：设计介绍莆田春节的海报

1. 分小组在班级汇报阶段性讨论结果，其他小组成员可以积极提出修改建议，集全班的力量改进阶段性讨论结果。

2. 共同整合绘制介绍莆田人民庆祝春节的海报，并撰写介绍文字。

活动 6：录制介绍视频

1. 通过全班讨论，确定各组在班级做介绍时的先后顺序，并录制各小组做介绍的视频。

2. 录制完视频之后，学生可以在信息技术老师的指导下合成并编辑视频。

【设计意图：这一环节是引领学生根据活动需要进行统筹安排，分工合作，在独立思考与合作沟通中实践和应用所学语言，并能够通过持续性学习实践，整合多个学科的知识、方法、能力等，打破学科边界创造性解决问题并形成公开成果。】

活动 7：我想了解新疆的春节

1. 各组用"Do you...?"句型写下 3—5 个对新疆人民如何庆祝春节感兴趣的问题，连同视频一起发送给新疆学校的朋友们。

2. 课后继续开展线上互动与交流。

【设计意图：这一环节实现了知识的迁移和运用，注重真实情境的浸润作用，帮助学生在真实情境下聚焦真实问题，激发他们学习语言和运用语言的兴趣和动机，让他们通过多种途径和方式继续开展真实任务，在相互交流和合作学习中保持浓厚的英语学习交流兴趣，从而提升语言运用能力，增强文化认同，推进文化交流，帮助学生形成异地文化沟通与交流的意识与能力，提升其核心素养。】

表 1 自评表

评价标准	自我评价 ★★★★★
1. 我对春节习俗有了更深入的了解。	
2. 我能与同伴合作用英语介绍春节。	
3. 我能与同伴合作制作介绍春节的海报。	
4. 我能在活动中主动为同伴提供帮助。	
5. 我能在活动中听取同学反馈的意见，改进讲述的语言。	

注：以不同数量的★进行评价，最少 1 颗星，最多 5 颗星。

表 2　小组成员互评表

评价标准	组员 1 姓名：	组员 2 姓名：	组员 3 姓名：	组员 4 姓名：	组员 5 姓名：	组员 6 姓名：
1. 他/她能主动参与组内活动。						
2. 他/她能主动表达自己的想法。						
3. 他/她的意见对我很有帮助。						
4. 他/她能按要求完成组内任务。						
5. 他/她有为小组做出贡献。						

注：

1. 组员排名不分先后；

2. 以不同数量的★进行评价，最少 1 颗星，最多 5 颗星。

四年级科学 我们的朋友——鸟类
（设计：蔡俊萍）

一、主题简析：我们的朋友——鸟类

《动物大家族》单元主要涉及 13 个学科核心概念中的"生命系统构成层次"，通过各类动物共同特征的描述活动和对动物的辨析活动，让学生在有限的时间内运用比较与分类的研究的方法，建构学科核心概念和提高实践探究能力。通过《义务教育科学课程标准（2022 版）》针对科学课程提出 4 个学科核心素养并根据不同学段提出要求，从 13 个学科核心概念中理解跨学科概念。在"生命的构成层次"这一核心概念中，对于三四年级的学业要求是能比较生物与非生物，能描述常见动物、植物的共同特征；能根据某些特征对动物进行分类，能设计简单方案等。学习这一核心概念，有助于学生形成结构与功能、系统与模型等跨学科概念。

四年级学生在一、二、三年级学习过《植物》《动物的一生》等，对生物与环境，特别是植物与环境的相适应性有了一定的认知和了解，但是动物与环境之间的联系相比植物要复杂得多，在教学中可以采用类比教学的方法，通过回忆之前的学习认识到生物与环境是息息相关的，环境决定了生物的结构，结构影响功能，从而让学生逐步过渡到较为抽象的认知。

基于此，以生为本的学科实践课堂中心，结合学校实践园中的鸟鱼共生池，引导学生查阅资料、观察获取直接经验，通过"观察动物—熟悉动物—动物住处—为动物建个家"等系列活动，进行实物模型制作，解决实际问题，培养学生在学习过程中逐步加深认同自然、保护环境的责任感，并能建立起科学思维方法——类比展开总结，为自主学习铺路，懂得制订简单计划并全面研究分析。

二、学习目标

通过对不同动物的观察、比较等活动，归纳概括某类动物的共同特征，并根据有关特征对生活中的动物进行简单分类。

通过阅读图文资料，采用比较科学的词汇、图示符号、统计图表等方式

记录整理信息。

通过多个实践活动，依据证据运用分析、比较、推理、概括等方法，分析结果，得出结论。

三、活动概览

分类研究动物是系统认识动物的有效途径，所以本单元以根据某些特征给动物分类作为起始课。首先，了解生物学家将动物分为脊椎动物和无脊椎动物两大类，认识脊椎的结构和功能，认识我国的一些珍稀动物；接着，通过对典型动物的系统比较探究其异同，找出它们之间的类群关系，揭示某类动物的共同特征，引导学生经历从个别到一般的归纳思维过程；然后，根据动物的共同特征识别某种动物的类别，经历从一般到个别的演绎思维过程；最后，带领学生通过观察、实验等方法认识与某类动物本质特征相关的器官的结构和功能，活动如下。

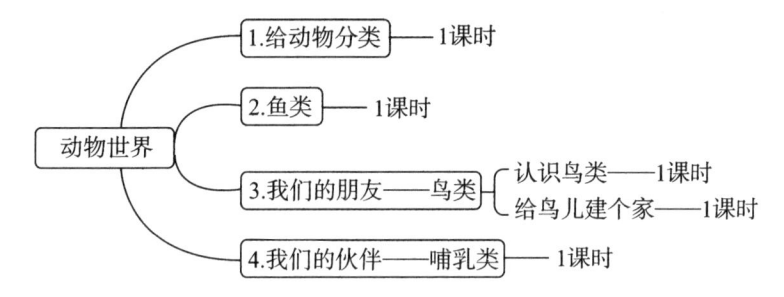

```
                    ┌── 1.给动物分类 ──── 1课时
                    │
                    ├── 2.鱼类 ──────── 1课时
                    │
    动物世界 ───────┤                         ┌── 认识鸟类 ──── 1课时
                    ├── 3.我们的朋友──鸟类 ──┤
                    │                         └── 给鸟儿建个家 ── 1课时
                    │
                    └── 4.我们的伙伴──哺乳类 ── 1课时
```

四、活动实施

以本单元《我们的朋友——鸟类》为例。

【活动目标】

通过观察鸟儿的外部形态的活动，认识动物的某些身体结构与行为具有维持自身生存的功能，能分析不同的鸟类所需的生存环境。

通过观察并描述鸟儿的身体结构的活动，分析并表达各结构之间的关系，找到不同鸟类间的重要、共同特征。

通过对比几种羽毛，将它们的功能相似性进行类比，分析事物的特征及结构，尝试建立事实与观点间的联系。

通过对鸟儿及环境进行观察和比较并分析鸟足鸟喙的特点，提出可探究的科学问题，并基于已有经验提出假设，制订简单计划。

通过为鸟儿建个家活动，知道人类生活的不当行为会对鸟儿产生影响，知道保护环境的重要性。

【活动流程】

首先，本课《我们的朋友——鸟类》在苏教版四年级上册第一单元第3课的基础上，结合现有资源尝试重新整合进行活动设计，落实教学目标。因此本次实践活动从学生熟悉的动物入手，增加综合性、探究性和创新性活动，通过"观察鸟儿—熟悉鸟儿—鸟儿住处—为鸟儿建个家"等系列活动，体现以"教师为主导，学生为主体，体验为主线"的教学思想，使学生在获得知识的同时体验和领悟构建知识的过程和方法，提升探究能力，激发对鸟类研究的兴趣。

其次，在教学过程中，引导学生通过搜集资料、动手实践、观察记录等方式了解鸟儿的外部形态，知道鸟儿的共同特征，采用分类归纳等方法建立概念。

最后，采用设计的特色作业，作为本活动的补充资源，从真实情境中增设真实资料，学生在阅读资料进行整合时获取新知识，拓宽知识面，进一步潜移默化影响学生的核心素养，提高学生科学观念、科学思维等素养。

【课前准备】

学生材料：正羽、绒羽、剪刀、清水、滴管、放大镜。

第一课时 识鸟类

（一）情境与任务

观察鸟儿的外部形态，总结特点。创设情境：校园有好多动物朋友，最近迎来了新朋友"小太阳"。除此之外，还有小太阳的朋友"玄凤"，你们想不想认识它们？你们想知道些什么，请写在任务单上。（分发评价表）

提问：如何观察他们？

活动一：带领学生进入实践园，观察小太阳、玄凤、鸽子、孔雀，将观察到的动物特征写在任务单中，并思考其作用。（猜一猜）

根据任务单上学生观察情况寻找鸟类的共同特征，并提供补充资料：小太阳、玄凤、鸽子、孔雀的身体表面、运动方式等资料，引导学生归纳鸟类具有的共同特征并提出鸟类的概念。鸟类是身体表面有羽毛、有翅膀、恒温、卵生的脊椎动物。

【设计意图：通过真实熟悉的情境，从学生喜欢的鸟儿入手，学生在对鸟儿的观察中获取直接经验，如实进行记录，对数据进行整理，发现几种动物的共同特征，引导学生归纳，形成较为全面系统的认识。】

活动二：判断鸟儿对与错

出示几种动物图片，让学生判断是否是鸟类。

【设计意图：根据所学鸟类判断方法，学生尝试将所学知识和方法应用于生活实际，同时诊断学习过程。】

(二) 探究与交流

观察羽毛实验。分小组研究几种动物的羽毛，用放大镜观察正羽、绒羽，进行滴水实验等，对比两者结构上的差别，思考这些特点对鸟儿起到了什么作用。

【设计意图：通过感官以及借助放大镜了解羽毛的不同，其作用也不同，在此基础上建立结构与功能的观念，通过动手实践提高学生动手操作能力，培养学生正确操作的意识，并能对实验结果进行分析。】

活动三：分析鸟儿的喙，推测鸟儿取食方式

观察鸟儿的足，推测鸟儿生存环境。

①出示现场记录的学生图画以及鸟儿图片分析鸟儿的喙，推测鸟的进食方式。

②出示现场记录的学生图画以及鸟儿图片分析鸟儿的足，推测鸟的生存环境。

【设计意图：通过从结构出发，学生自主推测其作用，建立"结构—功能"之间的联系，同时学生了解生物体身体结构与其生活方式的联系，也为后面的实践做铺垫。】

（三）梳理与提炼

全班汇报4种鸟的推理分析，按照给定的方式——从鸟喙的模拟实验可以推断环境是怎样的？结合鸟足综合分析，可以推断鸟的生活环境。归纳总结鸟的结构与功能的联系。

将这些鸟喙与它们各适合吃的食物连线。

这些鸟的足有什么特点？它们各适合在什么环境生活？

适合在 __水中__ 生活　适合在 __空中__ 生活　适合在 __沙漠__ 生活　适合在 __水中__ 生活

（四）迁移与拓展

怎么为一只不知名的鸟儿找到一个适宜的放生地？

总结方法：（1）环境为鸟类的生存提供了哪些条件？（2）鸟类的身体结构是什么样的？（3）鸟类身体结构和环境是什么样的关系？

【设计意图：通过总结归纳，针对真实情境问题，提出方案，诊断自己的学习过程。】

第二课时 给鸟儿建个家

（一）情境与任务

为鸟类建个家。看似简单的一个小小鸟巢，里面蕴含着许多专业的门道，不同的鸟儿们都喜欢住什么样的鸟巢？我们的新朋友——玄凤又会喜欢怎样的鸟窝呢？

（二）探究与交流

分享鸟类生存环境资料。课前分组查找资料并分享某几种鸟儿生存环境特点，根据鸟儿的特征分析适合学校小太阳、玄凤生活的环境，设计鸟儿的小屋，在A4纸上绘画小屋（包含所需材料，构造特点等）。设计后小组交流思考实现的可能性，并修正方案，设计一款鸟儿的家。

【设计意图：将所学知识与实际生活联系，动手操作，培养学生的创新能力，并且在改善和修正作品中像工程师一样思考。】

（三）梳理与提炼

什么样的设计能保障鸟巢的干燥卫生？

【设计意图：通过总结归纳，提升学生面对真实问题，提出创新建议的能力。】

（四）迁移与拓展

成果交流"鸟儿的家"成果展以及我国珍稀鸟类介绍，思考：人类与鸟类应如何相处？把你的想法写一份倡议书或者是宣传画，呼吁大家保护珍稀鸟类。

【设计意图：学生通过设计鸟巢感受到人与自然和谐相处的重要意义，将生命教育也融入其中，引导学生保护大自然并付诸行动。】

二年级上册音乐 音乐小剧场
（设计：林泽芬）

一、主题简析：音乐小剧场

二年级上册《音乐小剧场》大单元是由民乐合奏曲《阿细跳月》、歌曲《丰收之歌》、乐曲《在钟表店里》构成的。《阿细跳月》是一首以云南彝族民间音乐为素材创作的民乐合奏曲，描述了云南彝族阿细人的传统歌舞"跳月"。在节日或农闲的月夜里，阿细人喜欢聚集在树林边或空旷草坪上举行"跳月"。乐曲采用富有特点的5/4拍子，旋律活泼跳荡，富于动感，特色鲜明，表现了云南彝族阿细人热情豪放的性格。《丰收之歌》是一首丹麦民歌，一段体结构，2/4拍，大调式。一共六个乐句，第一、三乐句的旋律完全重复，第二、四、六乐句的旋律也完全重复，其旋律呈波浪形发展，显得活泼、跳跃。歌词描写秋天田野上的庄稼都已经收割，果园里的水果也已摘完，勤劳的人们获得了丰收，同时也不忘帮助别人，表现了丰收后的田野到处是欢歌笑语、热烈欢腾的场面。《在钟表店里》是德国奥尔特所作，是一首描绘性较强的音乐作品，描写了琳琅满目的钟表店里，修表工人在清脆的钟表声中愉快工作的情景。乐曲一开始以"嘀嗒嘀嗒"的声响把人们带进钟表店，大钟响起庄重而洪亮的报时声，接着出现乐曲的主题，模拟钟表嘀嗒的摆动声，以欢快跳跃的旋律表现人们紧张而愉快的劳动节奏。当主题再次出现时，插入杜鹃报时钟的音响，时钟敲了三下，接着闹钟"叮铃铃"响了，仿佛告诉人们：该休息了。这时奏出另一段轻快的旋律，象征各式各样的钟表在欢快地走动。乐曲的中间部分是一段如歌的慢板，描述工人们看着自己辛勤劳动的成果，感到无比的高兴。主题再现前，音乐声止，这时出现了给钟上发条的声音。接着，一部分的音乐按变化了的顺序部分再现，情绪更为热烈，展示出钟表店里热闹的景象。最后，杜鹃报时钟和大钟先后响起，乐曲在报时的钟声中结束。乐曲巧妙地利用旋律、节奏、音色、速度的变化、再现，生动地描绘了形形色色的钟表形象，抒发了劳动者成功后喜悦的心情。

本单元的设计是根据低年段学生的年龄、身心特点，由浅入深地融入了演唱、演奏、编创、律动等内容；结合该段学生的生活经验，创设与音乐情景相适应、与生活相关联的环境和氛围，充分调动了学生的听觉、触觉、视觉等，引导学生多感官地体验音乐，让学生在玩中学、动中学、乐中学，激发学生学习音乐的兴趣。小学音乐欣赏课是学生对乐曲进行鉴赏学习、对情感进行体验的重要途径，通过情景表演的方式可以很好地将抽象的音乐作品外化，使学生通过视觉和身体律动感知，对音乐作品有更丰富的感知体验，帮助学生进一步提升音乐鉴赏能力。《义务教育艺术课程标准（2022版）》中指出，聆听是音乐学习的基础，是培养学生核心素养的重要途径。良好的音乐听觉和欣赏能力对学生丰富情感体验、积累音乐听觉经验、感受音乐的美好、身心健康成长具有重要的意义。

基于该段学生的学情，本单元的教学活动设计融入了演唱、演奏、编创、欣赏、律动、舞蹈等，并加入了姊妹学科——美术，丰富学生的艺术实践体验，教学活动秉持趣味化、生活化、情境化、综合化的原则，有效合理地融入课程之中。通过以上教学活动，让学生在游戏和表演中更好地感受、体验音乐特点，也符合新课程标准中学生能根据音乐特点进行动作创编或即兴表演，通过身体动作、语言描述或色彩、线条等艺术实践方式表达自己的感受、表现音乐要素和音乐特点等要求，从而提升学生发现美、感知美的审美情趣，展现美的实践能力，同时还培养学生的创新意识和团队合作精神等艺术课程核心素养。

二、学习目标

艺术课程标准对第一学段聆听音乐、情景表演方面的学业要求做出了明确指导。学生在聆听或表现音乐的过程中，能根据音乐的情绪自然流露出相应的表情或做出体态反应，说出音乐情绪的相同与不同，简要描述音乐表现的形象与内容；能判断音乐的高低、快慢、强弱、长短、音色变化，并作出相应的体态反应或简单描述；能根据音乐特点、情景、主题进行动作创编或即兴表演。

三、活动概览

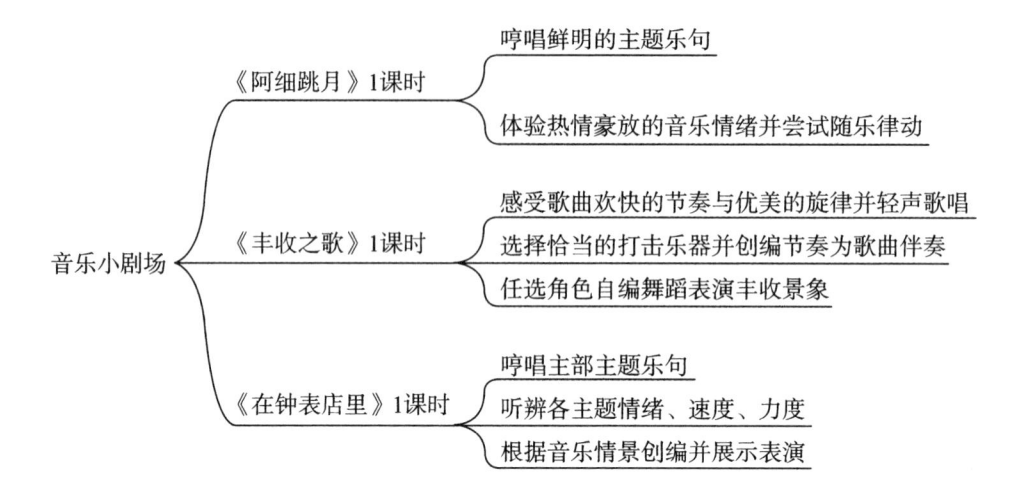

音乐小剧场
- 《阿细跳月》1课时
  - 哼唱鲜明的主题乐句
  - 体验热情豪放的音乐情绪并尝试随乐律动
- 《丰收之歌》1课时
  - 感受歌曲欢快的节奏与优美的旋律并轻声歌唱
  - 选择恰当的打击乐器并创编节奏为歌曲伴奏
  - 任选角色自编舞蹈表演丰收景象
- 《在钟表店里》1课时
  - 哼唱主部主题乐句
  - 听辨各主题情绪、速度、力度
  - 根据音乐情景创编并展示表演

四、活动实施

第一课时　阿细跳月

【课时目标】

1. 学生通过欣赏民乐合奏《阿细跳月》，感受热烈的舞蹈性音乐，培养聆听音乐的良好习惯。

2. 学生通过聆听乐曲寻找音乐旋律中的重复音调，激发对音乐的探索兴趣，培养对音乐的感知能力。

3. 学生运用身体律动和打击乐器表现乐曲，体验音乐特点，丰富音乐实践体验，增强对音乐要素的表现能力。

【活动流程】

（一）情境与任务

任务1：聆听全曲，感受乐曲的基本情绪并简单描述

【设计意图：初步感受乐曲的情绪，能简要描述音乐表现的内容，培养聆听音乐的良好习惯。】

（二）探究与交流

任务1：再次聆听乐曲，寻找乐曲中的旋律规律

任务2：用击掌的方式表达节奏强拍

【设计意图：通过反复聆听，引导学生找到音乐旋律的重复音调。模唱、记忆音乐的旋律能让学生更深刻地体会音乐。】

（三）迁移与拓展

任务1：选择合适的打击乐器为乐曲伴奏

任务2：分组表演乐曲，营造彝族人民欢聚月下载歌载舞的场景

【设计意图：参与活动，发挥学生的主观能动性，引发思考，体验音乐热烈活泼的情绪，全身心体验律动感。】

第二课时　丰收之歌

【课时目标】

1. 学生通过聆听歌曲《丰收之歌》，感受歌曲欢快的节奏，哼唱优美的旋律，联想秋天热闹的丰收景象，初步培养关注音乐与生活联系的能力。

2. 学生运用固定节奏使用打击乐器为歌曲伴奏，自主创编符合歌曲旋律的节奏，培养音乐自主创新的能力，激发学习兴趣。

3. 学生根据音乐旋律特点，选择自己喜欢的方式，表达对秋天的美好回忆和想象，提高艺术表达能力和创造能力。

【活动流程】

（一）情境与任务

任务1：聆听歌曲《丰收之歌》

生描述歌曲的画面感，点明歌曲情绪特点。

【设计意图：能根据音乐的情绪简要描述音乐表现的形象与内容，培养学生音乐感知能力。】

（二）概括与提炼

任务1：哼唱旋律，用歌声表现秋收的欢乐之情

任务2：分组演唱，生互评

【设计意图：培养学生的歌唱素养，激发学生的学习兴趣。】

（三）迁移与拓展

任务1：使用固定节奏，运用打击乐器为歌曲伴奏

任务2：创编新的节奏型为歌曲伴奏

任务3：选择各自喜爱的方式随乐表达秋收热闹的场景

（1）歌伴舞

（2）随乐作画

（3）生互评，师评

【设计意图：引导学生多元化感受音乐、表现音乐、创造音乐，在艺术实践活动中提升艺术核心素养。】

第三课时 在钟表店里

【课时目标】

1. 学生通过聆听《在钟表店里》感受音乐所描绘的钟表形象，体验乐曲轻松愉快的音乐情绪，激发学习音乐的乐趣。

2. 学生熟悉本作品音乐主题，能听辨主题情绪、速度、力度等音乐要素的变化并初步了解本作品的曲式结构，培养音乐审美感知的能力。

3. 学生通过体态律动来加深对作品的理解与记忆，并尝试创编律动表达对音乐的理解，提高艺术实践能力和创造能力。

【活动流程】

（一）情境与任务

律动感知，聆听全曲

任务1：师播放乐曲并律动，学生聆听并模仿

任务2：第一遍完整聆听，师生合作表演钟表工人制作钟表的场景

任务3：聆听音乐，找一找相同的部分，生哼唱主题乐句

任务4：第二遍完整聆听，生二次律动，听辨各段速度、情绪，分析曲式结构

【设计意图：创设钟表店情景，运用身体律动在情境表演活动中感知音乐要素并记忆主题乐句，听辨乐曲曲式】

（二）探究与交流

添加创意，分段聆听

任务 1：聆听主部 A 段主题——钟表工人快乐歌唱

（1）熟悉主题乐句

a. 加入体态律动念童谣

b. 加入体态律动唱主题乐句（第一次聆听）

（2）角色扮演

（3）加入串铃伴奏，完整表演（第二次聆听）

任务 2：聆听插部 B 段主题——钟表开舞会

（1）随师律动（踏步走圈、手拉手转圈），谈谈所感受到的画面（第一次聆听）

师点出结尾处乐曲发生了变化，请学生思考

（2）展示图谱，再次聆听律动（第二次聆听）

任务 3：聆听插部 C 段主题——钟表诉说交谈

（1）随乐表演（第一次聆听）

（2）再次表演（第二次聆听）

任务 4：聆听主部 A' 段主题——钟表们模仿工人工作的样子

【设计意图：分段感知乐段，通过多样的教学手段，帮助学生在音乐体验中掌握音乐基本要素，激发学生的主观能动性和参与音乐活动的积极性。】

（三）概括与提炼、迁移与拓展

——随乐创编《钟表店之奇妙夜》

任务 1：生听乐曲，完整表演

任务 2：生自评、师评

【设计意图：通过创编环节，让学生在理解音乐作品的基础上发挥想象和联想，自主地表达音乐体验，享受音乐表现的乐趣，提高音乐实践能力，增强团队合作意识。】

四、评价量表

小组名称：＿＿＿＿＿＿＿＿＿　　组员姓名：＿＿＿＿＿＿＿＿＿

类别	具体评价内容	评价方式	自我评价	同伴评价	教师评价
学科素养评价	用正确的姿势、自然的声音，有感情地独唱或齐唱歌曲或者主题乐句。	学生展示学习成果			
	听辨出音乐的情绪并简要描述音乐表现的形象与内容。				
	根据音乐特点、情景、主题等运用体态律动进行创编或即兴表演。				
学习表现评价	积极参与小组讨论。	课堂观察 课后问卷 小组活动			
	明确清晰地表达自己的观点。				
	乐于分享自己认为最恰当的感受。				
	在小组创编或展示比赛中有一定的贡献度。				
	公平公正地对同伴的表现进行评价。				

体育　篮球运动

（设计：涂如萍）

一、主题解析：原地运球

以篮球运动为抓手，特别是以原地运球为例，可以提升教师在大单元教学设计方面的能力。这一主题的重要性和价值在于它涵盖了教学方法、体育运动技能培养以及教师专业素养的综合提升。

首先，篮球运动本身作为一项普及率极高的体育运动，具有许多优点：例如全身性的锻炼、团队合作的培养以及心理素质的提升等。在教育教学中，将篮球运动引入教学设计，不仅能够促进学生的身心健康，还可以培养其团队协作精神和竞技意识。而原地运球作为篮球运动中的基础动作之一，不仅能够培养学生的基本篮球技能，还能锻炼其手眼协调能力和反应速度。因此，以原地运球为例来提升教师的大单元教学设计能力，是一个既能够促进学生全面发展，又能够提升教师专业水平的有效途径。

其次，通过篮球运动的教学设计，特别是原地运球的教学设计，教师可以在实践中提升自身的教学设计能力。教学设计是教学活动的基础，它直接影响着教学的效果和质量。在以篮球运动为媒介的教学设计中，教师需要考虑如何设定合适的教学目标、选择有效的教学内容、设计恰当的教学方法以及进行科学的教学评价等方面。尤其是在原地运球这一具体动作的教学设计中，教师需要精心设计各种练习活动，引导学生逐步掌握运球技巧，同时还需要及时给予学生反馈，指导其改进。通过这一过程，教师不仅能够提升自身的教学设计能力，还能够增强对教学实践的认识和把握能力，从而提高教学效果。

另外，以篮球运动为抓手来提升教师的大单元教学设计能力，还有助于促进教育教学改革和创新。教育教学改革是教育事业发展的重要动力，而教学设计作为教学改革的核心环节之一，对于推动教育教学改革具有重要意义。通过以篮球运动为媒介的教学设计，教师可以不断尝试新的教学方法和手段，创新教学模式，激发学生学习兴趣，提高学习效果。同时，这种以篮球运动为抓手的教学设计还能够为学生提供广阔的发展空间,培养其创新思维和实践能力,从而促进学校教育的全面发展。

综上所述,以篮球运动为抓手来提升教师的大单元教学设计能力,不仅有助于促进学生的全面发展,提高教学效果,还能够推动教育教学改革和创新。因此,这一主题的研究和实践具有重要的理论意义和实践价值,值得进一步深入探讨和推广。

年级	上学期活动	下学期活动
一年级	原地运球初步练习	基础传接球练习
二年级	简单投篮技巧练习	进阶运球技巧练习
三年级	基础防守技巧介绍	进阶投篮技巧练习
四年级	基础传球技巧练习	进阶防守技巧训练
五年级	进阶团队战术训练	比赛技能提升
六年级	比赛技能继续提升	比赛战术提升

二、学习目标

1. 通过学练,熟练运用原地运球的基本技巧,提高运球的稳定性和速度,进而提升整体的控球能力,达成技能掌握与自我提升。

2. 通过在运球过程中锻炼身体的平衡和协调,同时快速反应篮球的运动轨迹,增强学生的体质,培养在运动中保持专注和灵活应变的能力,达成身体素质增强与运动适应能力。

3. 学生通过学、练、赛中之间的合作与鼓励,学会了比赛要遵守一定的规则,相互支持、共同进步,从而增强团队合作能力,培养社会交往能力和团队协作精神。

三、活动概览

活动将以原地运球为核心,通过分阶段的任务设计,引导小学生逐步掌握运球技术,并在实践中培养其团队协作精神和竞技意识。

任务一:认识篮球运动

1. 介绍篮球运动的起源和基本规则。

2. 观看篮球比赛视频片段,了解篮球运动的魅力。

3. 分享篮球运动对身心健康的益处,激发学生的学习兴趣。

任务二：掌握基本运球姿势

1. 教授原地运球的基本姿势和手部动作。

2. 进行示范，引导学生模仿正确的运球姿势。

3. 分组练习，让学生互相观察、纠正。

任务三：练习基本运球技巧

1. 设计多种基础练习项目，如单手原地运球、双手交替运球等。

2. 分组比赛，通过游戏形式巩固基本技巧，增加学生的参与度。

3. 引导学生自我反思，提出改进意见，互相学习，共同进步。

任务四：应用运球技巧进行比赛

1. 安排原地运球比赛或技能表演，让学生展示所学技能。

2. 比赛设定简单的规则，如限时原地运球、避开障碍物等，增加趣味性和挑战性。

3. 组织学生进行团队合作，共同制订战术，增强集体荣誉感。

任务五：反馈与总结

1. 教师对活动进行总结，表扬表现优秀的学生，并指出需要改进的地方。

2. 学生进行自我评价，分享在活动中的收获和感想。

3. 鼓励学生继续练习篮球运动，保持良好的身体素质和积极的精神状态。

通过以上任务设计，小学生将在有趣的活动中逐步掌握原地运球技术，并培养其团队合作精神和竞技意识，同时也能促进教师在大单元教学设计方面能力的提升。

四、活动实施

1. 活动一：认识篮球运动

（1）教师介绍篮球运动的起源和基本规则，让学生了解篮球运动的背景和意义。

（2）观看篮球比赛视频片段，让学生感受篮球比赛的激烈和精彩，激发他们的学习兴趣。

（3）学生进行小组讨论，分享篮球运动对身心健康的益处，提升他们对篮球运动的认识和热爱度。

2. 活动二：掌握基本运球姿势

（1）教师详细介绍原地运球的基本姿势和手部动作，让学生理解并模仿。

（2）教师进行示范，让学生观察和模仿正确的运球姿势。

（3）学生分组练习，相互观察、交流，帮助彼此纠正错误，巩固基本姿势。

3. 活动三：练习基本运球技巧

（1）学生分组进行练习，各组成员轮流进行练习并相互指导。

（2）示范：在练习开始前，教师选择一个学生作为示范者，展示正确的原地运球姿势和技巧。其他学生观察示范者的动作，以便理解正确的运球方式。

（3）小组练习：将学生分成小组，每个小组由4—5名学生组成。每个小组成员轮流进行原地运球练习，其他小组成员观察并给予反馈。例如，小组中的学生可以注意观察同组成员的手部动作、脚步移动和身体姿势是否正确，然后提出建议或指出错误之处。

（4）互相交流监督：在练习过程中，学生之间进行积极的交流和监督。例如，当一个学生发现另一个学生的手部动作不正确时，可以及时提醒并指导对方调整姿势。这种互相监督和交流，可以帮助学生更快地发现并改正错误，提升运球技巧。

通过这样的活动安排，学生不仅有机会进行实践练习，还能够通过观察和交流，从同伴身上学习到正确的技术动作，发现自己的错误并进行纠正，从而更加全面地掌握原地运球技巧。

4. 活动四：应用运球技巧进行比赛

（1）安排原地运球比赛或技能表演，让学生展示所学技能。

（2）比赛设定简单的规则，如限时原地运球、避开障碍物等，增加趣味性和挑战性。

（3）组织学生进行团队合作，共同制定战术，增强集体荣誉感。

5. 活动结束后：反馈与总结

在篮球运动课程中，反馈与总结是评估学生学习成果、发现问题并制订改进计划的重要环节。通过及时反馈和全面总结，可以帮助学生更好地理解自己的学习状况，激发他们对篮球运动的兴趣，并不断提高技能水平。

（1）反馈

个别评价：每节课结束后，教师会针对学生的表现进行个别评价。教师会注意观察每个学生的运球、传球、投篮等技能表现，并提供针对性的反馈，指出学生的优点和需要改进的地方。

小组讨论：在实践中，学生会分成小组进行活动。教师鼓励小组成员相互交流、相互帮助，并在小组讨论中提供指导和反馈。学生通过互相交流，能够更好地发现自己的不足之处，并得到同伴和教师的帮助。

实时指导：在学生进行练习和比赛时，教师会进行实时指导。教师会观察学生的动作和表现，并随时给予指导和建议，帮助他们及时纠正错误，改进技术动作。

（2）总结

学生自我评价：在课程结束时，教师引导学生进行自我评价。学生可以对自己的表现进行反思，总结自己在课程中的收获和进步，并提出自己的想法和建议。

教师会对整节课的教学进行总结，并回顾本节课的教学内容和学生表现。

通过以上的反馈与总结，学生和教师可以共同评估学习成果，发现问题并制订改进计划，以持续提高篮球技能水平。

通过以上活动实施，学生在轻松愉快的氛围中学会了原地运球技巧，培养了团队合作意识和竞技精神。同时，教师也通过指导学生在实践中学习运球技术，提升了自身的教学设计能力。

图书在版编目（CIP）数据

基于学科实践的课堂教学新样态/莆田市第二实验小学编写. —福州：福建教育出版社，2024.8. —（"新时代课堂教学深化改革"丛书/余文森，陈国文主编）.
ISBN 978-7-5758-0007-5

Ⅰ.G622.421

中国国家版本馆 CIP 数据核字第 2024N4F922 号

"新时代课堂教学深化改革"丛书

丛书主编　余文森　陈国文

Jiyu Xueke Shijian De Ketang Jiaoxue Xinyangtai

基于学科实践的课堂教学新样态

莆田市第二实验小学　编写

出版发行	福建教育出版社
	（福州市梦山路 27 号　邮编：350025　网址：www.fep.com.cn
	编辑部电话：0591-83779615　83726908
	发行部电话：0591-83721876　87115073　010-62024258）
出 版 人	江金辉
印　　刷	福州万达印刷有限公司
	（福州市闽侯县荆溪镇徐家村 166-1 号厂房第三层　邮编：350101）
开　　本	710 毫米×1000 毫米　1/16
印　　张	17.5
字　　数	268 千字
插　　页	1
版　　次	2024 年 8 月第 1 版　2024 年 8 月第 1 次印刷
书　　号	ISBN 978-7-5758-0007-5
定　　价	49.00 元

如发现本书印装质量问题，请向本社出版科（电话：0591-83726019）调换。